# 湖南摩崖上的中兴气象

敖 炼 /著

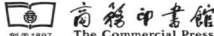

商务印书馆(上海)有限公司 出品
The Commercial Press (Shanghai) Co. Ltd.

敖炼，1989年生，湖南岳阳人。文学硕士，中南大学文学与新闻传播学院毕业。现为湘南学院讲师，兼任湖南省濂溪学研究会常务理事、湖南省金石文化研究会理事。主要研究方向为地方文献、石刻文献。曾在洛阳非物质文化遗产传拓中心、国家图书馆、中国古籍保护协会学习传拓技艺和碑刻研究，并获得相关证书。出版合著1部，注译古籍1部，参编著作3种，发表学术论文10余篇，主持省级课题3项。

湖南省教育厅重点项目：潇湘流域摩崖石刻的文学研究（项目编号：22A0582）

湖南省社会科学成果评审委员会一般课题：湖南摩崖石刻的"中兴"主题研究（项目编号：XSP2023WXC057）

湖南省哲学社会科学基金"学术湖南"精品培育项目：湖南碑刻研究（项目编号：20ZDAJ007）

# 湖南摩崖石刻中的中华中兴颂（代序）

张京华

## 一 湖南碑刻的主体是摩崖

摩崖石刻是石刻中的一个单独类型；摩崖石刻作品均为唯一的、不可替代的、不可移动的文物遗存。

湖南摩崖石刻就其文本内容而言，是以文学和书法艺术为主。在文学方面，可以称之为"石刻上的文学史"，或者径称为"摩崖文学"。在书法方面，因为载体与环境的不同，书家的多样化和作品的总量巨大，亦足以形成单独的一类，可以称之为"摩崖书法"。

除了文学和书法的内容以外，摩崖石刻同时又与史学、文博考古学、哲学、图书馆文献学、文字学、民俗学相关，是名副其实的交叉学科。

湖南摩崖石刻是沿潇湘等水路通道分布的景群布局，石刻文物与沿江分布的丹霞地貌的水石环境融为一体。摩崖的情景交融，可能超过了所有纸质的文学作品和所有传世的书帖。清冯云鹏《金石索》曰："就其山而凿之，曰摩崖。"唐代元结频繁称道"潇湘水石"，此"水"指的是江南河川的活水，此"石"指的是整个的山体，或者现出高崖，或者现出溶洞，而非人工切割的碑版。

摩崖往往坐落于城市的郊外，人迹罕至之处，而非城市的中心。清光稷甫《重修朝阳岩启》云："不有君子，则斯岩之兴犹有待。"一方面摩崖常常孤寂地静待百世之后的知音；另一方面摩崖因为不可移动，而多少避免了人为的破坏。

前代圣贤的手泽真迹，苍崖丹壁，点画犹然，于此便与古人亲接，衣冠音容，如在目前，光风霁月，通透和畅，千古圣法，会然于心。

## 二 湖南摩崖石刻的多元内涵

湖南碑刻具有鲜明的政治内涵。唐代元结、颜真卿的大幅石刻《大唐中兴颂》，灿烂金石，清夺湘流，世称"摩崖碑"。历代将《大唐中兴颂》《大宋中兴颂》《大明中兴颂》镂刻金石，突出反映了中国人对于国家统一、繁荣富强、民族中兴的美好期盼。

湖南碑刻具有强烈的人文内涵。摩崖原本是冰冷的死体，一经品题却有了温度。明安孝《游朝岩漫吟》云："真乐不在岩，只在吾渊衷。人苟能寻之，旨趣固无穷。"摩崖是从水石到人文的创造性转化，是中华优秀传统文化的实践理性精神之体现。

湖南碑刻具有突出的地理、地质内涵。大量摩崖沿潇湘水路分布，成点、成线、成片，摩崖、扪石、剡苔、剔藓，成为湖南碑刻的习语。"喀斯特地貌"的石林、天坑和溶洞，"丹霞地貌"造就的含铁质石灰岩的色彩，衬托出"潇湘水石"。杜绾为此而著《云林石谱》，徐霞客为此而有《楚游日记》。

湖南碑刻具有清晰的历史内涵。唐虞之道、盛唐气象、理学渊源、明清吏治，乃至民族文化融合、中外文化交流，一步步标记着文明进程的历史，一篇篇表达着人文教化的灿烂。

湖南碑刻具有丰富的文旅内涵。先圣后圣，乡贤寓贤，勾勒出一幅圣贤之旅的长卷。元结《欸乃曲》、柳宗元《渔翁歌》、宋迪《潇湘八景图》、米芾《题潇湘八景诗》，映照出一片潇湘意象，是潇湘美景的生动体现。纵横交错的摩崖石刻景群，是古代的旅游观光地图，同时也是现代的跟帖打卡胜地。

湖南碑刻具有独特的书法内涵。摩崖犹如湖南的巨幅书法走廊。岳麓山有岳麓书院、麓山寺，《麓山寺碑》"忠孝廉节"碑、"极高明道中庸"碑等，琳琅满目。衡山道教、佛教并兴，宫观数百，碑刻遍布。浯溪在永州北百余里，祁阳县南五里，山溪诸水汇流于此，流入湘江。《大唐中兴颂》一篇，自唐人皇甫湜，宋人黄庭坚、范成大、洪迈、岳珂、米芾、李清照以下，各有品题。湖南摩崖石刻大多沿江分布，水清石白，风景秀丽，书法艺术得江山之助而闪烁古今。

## 三　中华中兴颂的宏大主题

湖南浯溪为湘江支流，在永州城北100余里，祁阳县南5里，自双井发源，经漫郎宅，过渡香桥，汇入湘江。"浯溪八景"有唐亭六庆、磨崖三绝、峿台晴旭、㝉尊夜月、书院秋声、香桥野色、漫郎宅籁、笑岘亭岚。王士禛《浯溪考·自序》云："山水之胜首潇湘，潇湘之胜首浯溪。"徐霞客《楚游日记》写道："余念浯溪胜，不可不登，乃沿江南五里渡之东，已在浯溪下。溪由东西入湘，流甚细，溪北三崖骈峙，西临湘江，中崖最高，颜鲁公所书《中兴颂》高镌崖壁，前有亭，下临湘水，崖巅巉石，簇立如芙蓉丛萼。余病怯不能登，卧崖边石上，仰观久之。"

浯溪碑林刻写的《大唐中兴颂》《大宋中兴颂》和《大明中兴颂》，构成了中华中兴颂的宏大主题。

### 1.《大唐中兴颂》

公元757年（唐肃宗至德二年），唐军收复两京，唐玄宗回到长安，移居太极宫。公元761年（唐肃宗上元二年），先后担任山南东道节度使参谋和荆南节度判官、整兵拒贼的元结，写下《大唐中兴颂》，盛赞玄宗、肃宗两朝"复两京，还京师""宗庙再安，二圣重欢"而比隆于前代帝王盛德大业。到了公元771年（唐代宗大历六年），从道州刺史、容州刺史、容管经略使卸任之后，元结改写《大唐中兴颂》原文，请一生忠义抗贼的颜真卿书写，大字深刻，镌石于湖南永州境内湘江崖岸的浯溪，一篇大字摩崖碑诞生了。《大唐中兴颂》文辞古雅，书字奇伟，忠肝义胆，胸襟磊落。上元二年，元结为荆南节度判官，在江陵撰文。大历二年，元结任道州刺史，奉母居于湖南祁阳，购溪筑室。至大历六年，元结时任容州都督兼容管经略使，加左金吾卫将军兼御史中丞，仍家浯溪，号其居曰"漫郎宅"。此年闰三月，颜真卿罢任抚州刺史，夏六月到达浯溪，撰写《大唐中兴颂》上石。

《大唐中兴颂》全文332字，其中序文81字，铭文15韵180字。石刻高300厘米，宽320厘米，字径约15厘米。正书，左行。正文中敬语挪抬。共计21行，每行满格20字。形制巨大，世称之曰"摩崖碑"。

宋洪迈《容斋随笔》云："次山《中兴颂》，与日月争光。"元辛文房《唐才子传》云："《大唐中兴颂》一文，灿烂金石，清夺湘流。"近人柯昌泗《语石异同评》云："湖湘间唐碑，宋人著录本不为少，惜皆湮逸。巨擘推麓山寺碑，宋代即已重剜……余则元次山诸刻。海内求次山之迹者，必于永道间，亦湘中石刻之特异者也。"元王荣忠《重修笑岘亭记》："次山爱君忧国，不以进退生死累其心，乃撰立《大唐中兴颂》，鲁国公颜真卿为之书，雄文健笔，焕耀今古。发明君臣父子之义，千载不磨。"宋朱熹《跋程沙随帖》云："唐肃宗中兴之业，上比汉东京固有愧，而下方晋元帝则有余矣。"

安史之乱爆发，河朔尽陷，颜真卿与从父兄颜杲卿起兵抗敌，河北十七郡同日归顺，横绝燕赵。其后颜杲卿被擒，骂不绝口，一门死于刀锯者30余人。史称"真卿大节，炳著史册"。宋欧阳修《集古录》云："《大唐中兴颂》元结撰，颜真卿书，书字尤奇伟，而文辞古雅，世多模以黄绢为图障，碑在永州磨崖石。"明王世贞《弇州四部稿》云："摩崖碑《中兴颂》，元结撰，颜真卿书，字画方正平稳，不露筋骨，当为鲁公法书第一。"明萧泰登《题浯溪诗》："灵武归来大难纾，忠臣孝子义何如。浯溪石刻人争重，只为平原太守书。"

## 2.《大宋中兴颂》

公元1126年（北宋钦宗靖康元年），金兵攻陷汴京，高宗即位，改元建炎，史称南宋。北宋传9帝，国祚167年，国家结束了唐末五代军阀割据的混乱局面，五星聚奎，文运大兴。南宋亦传9帝，国祚152年，南方经济得到长足发展，国家走向了历代文治的顶峰。公元1166年（乾道二年），时任永州通判的皇宋宗室赵不愚写下《皇宋中兴圣德颂》，即《大宋中兴颂》，盛赞高宗、孝宗两朝"揖逊之风，孝治之美，自唐虞以来未有盛于今日"。公元1171年（乾道七年）刻石于夔州，公元1209年（嘉定二年）再刻于浯溪，位于《大唐中兴颂》之侧。钟兴嗣诗"盍观我宋朝，崖上中兴碑"，曾焕诗"元颂颜书山谷诗，还镌我宋中兴碑"，李祐孙诗"浯溪崖石与天齐，两刻中兴大业碑"，皆咏此颂。书写者赵公硕亦为赵宋宗室，与魏了翁交友，学者评价《皇宋中兴圣德颂》"不在鲁公《中兴颂》下"。

赵不愚，字仁仲，绍兴二十七年（1157）进士，历官金华县丞、永州通判、开州知州、夔州路转运判官。其父赵士圁被金人所俘，随宋徽宗北迁五国。金朝完颜烈来宋朝，赵不愚为使馆副伴，与金使相见，对揖抗礼。赵不愚平生敬重朱熹、张栻。曾上书请起用朱熹，并为张栻请谥；与叶适交友，叶适为赵不愚撰写了《行状》，有云："平生所敬重者朱熹、张栻，尝请赐张公谥，且乞用朱公，云'某与公相见晚……'。所著《论语解》一编，他文未次第。永州时为《宋中兴圣德颂》，刻诸崖石，楚、蜀间传之。"《宋史·宗室四·赵不愚传》有传称："性笃孝，生七岁，遭父北迁，每思慕涕泣。长力学，母曹氏止之，答曰：'君父仇未报，非敢志富贵也。'……居官所至有声，立朝好言天下事……所敬者朱熹、张栻，栻死为请谥，又请用熹。其好尚如此。"

赵公硕，浚仪（今河南开封）人，绍兴二十一年进士，历官余杭知县、四川总领、福建路转运副使、建州知州、宁国府知府、巴州知州、浙东提刑。赵公硕亦为赵宋宗室。

《皇宋中兴圣德颂》原文作于永州，后翻刻于浯溪，有款跋。初刻在夔州府奉节县，县有瞿塘峡，峡口称为夔门。夔门两侧为高山，其南名为白盐山，白盐山至夔门间的陡峭岩壁，古称粉壁堂。清吴式芬《金石汇目分编》记载：《皇宋中兴圣德颂》在"峡门石壁上，字大如斗，端楷庄重，远望可读。惟壁陡逼江，水急风高，不便模拓"。2002年，初刻因修建三峡水库，切割搬迁到重庆中国三峡博物馆。

《大宋中兴颂》长710厘米，高452厘米，共计49行，满行26字。洋洋千言，形制巨大，文字俊美。而宋朝皇室率多精于书法，颂文亦非虚美。

### 3.《大明中兴颂》

明武宗正德帝在位期间，外有鞑靼达延汗进犯、内有宦官擅政和民变发生，南倭北虏，危机重重。加上明武宗荒淫无度，朝政败坏，明丁懋儒《大明中兴颂（有序）》"悍夫竖孽，中外汹汹"。继之而起的三朝君主，世宗嘉靖帝、穆宗隆庆帝、神宗万历帝，用张居正改革，辅政十年，严惩贪官污吏，裁汰冗员；用戚继光总督蓟、昌、保三镇练兵，镇守长城；又有王阳明讨平宁王朱宸濠的叛乱，总督两广，创办阳明书院，倡导"知行合一""致良知"，出现了嘉靖中兴、隆庆新政、万历中兴的新迹象。公元1575年（万历三年），丁懋儒在永州知府任上，撰文、书写了《大明中兴颂》，率永州官属共同镌刻于浯溪崖壁，盛道世宗、穆宗、神宗三朝以来惟精惟一、右文守成、威加漠北、海内以宁的中兴景象。

丁懋儒，字聘卿，号观峰，别号三观主人，山东聊城人。万历二年任永州知府，有惠政。曾编纂刊刻《宋濂溪周元公先生集》，访濂溪故里，作《谒元公祭文》。丁懋儒在浯溪，有《与邓郡伯来溪李太尹诚斋游浯溪》诗，诗刻今存。

"经乱年年厌别离，歌声喜似太平时。词臣更有《中兴颂》，磨取莲峰便作碑。"(司空图诗）大唐中兴，大宋中兴，大明中兴，三朝中兴颂蝉联刻写在永州浯溪高崖之上，悠久高明，吉祥止止。浯溪摩崖石刻寄托了全国人民对于中华中兴、国家富强、民族昌盛的永久期盼，同时也构成了湖南碑刻中最为宏大的人文主题。

# 目  录

湖南摩崖石刻中的中华中兴颂（代序）/ 张京华 ............... 1

引言 "让璀璨的中华文明照亮复兴之路"
　　——潇湘摩崖石刻景群 ............... 1

## 上篇 《大唐中兴颂》
　　——大唐中兴与盛唐气象 ............... 13
　一　地辟天开，瑞庆大来：《大唐中兴颂》　　　13
　二　文被丘壑：元结遗刻　　　17
　三　世有人知：历代议中兴　　　30
　四　公者千古：纪咏元结　　　58

## 中篇 《大宋中兴颂》
　　——大宋中兴与濂溪理学 ............... 75
　一　刻之坚珉，粲如日星：《皇宋中兴圣德颂》　　　76
　二　濂溪真迹：周子手书　　　82
　三　天水一脉：赵氏宗亲　　　92
　四　宣抚德教：永州知府陈瞻　　　105
　五　歌吟永州：武陵柳氏兄弟　　　114
　六　文高节奇：苏轼同年蒋之奇　　　127
　七　山崖慰己：二程弟子邢和叔　　　139
　八　暮年山谷：黄庭坚家族与永州　　　147

九　赋诗招隐：乡贤达士李长庚　　　　　　　　　　157
　　十　书法名世：掌御书臣李挺祖　　　　　　　　　　166
　　十一　乾坤嘉会：宋儒群贤风雅　　　　　　　　　　172

下篇　《大明中兴颂》
　　　——大明中兴与阳明心学............219
　　一　庆流罔极，昭示来世：《大明中兴颂》　　　　　219
　　二　归止儒宗：阳明后学　　　　　　　　　　　　　224
　　三　理学别境：纪咏周子　　　　　　　　　　　　　237
　　四　文学德兴：儒官吏治　　　　　　　　　　　　　258

结语　"中华文化为什么'兴'"
　　　——中华文明、湘江文明的连续性和璀璨性.........285
　　一　唐代开辟　　　　　　　　　　　　　　　　　　285
　　二　宋代流衍　　　　　　　　　　　　　　　　　　285
　　三　明代追摹　　　　　　　　　　　　　　　　　　286
　　四　清代考据　　　　　　　　　　　　　　　　　　286

后　记.............287

# 引言 "让璀璨的中华文明照亮复兴之路"

## ——潇湘摩崖石刻景群

摩崖石刻是直接题写在山体上的石刻,是最壮观、最自然、最富于情怀的石刻。"摩崖"又写作"磨崖""摩厓","就其山而凿之,曰摩崖"(《金石索》)。

湖广湘漓一线,自古为荆楚至岭南的水路通道,沿岸水石清秀,溶洞密布,因此全国摩崖石刻以湘南永州与广西桂北最为密集。大书深刻,萃聚湘岸,丹崖白石,蔚为大观。湖南永州目前已经批准为国家重点文物保护单位的摩崖石刻景观,共有七处。

阳华岩摩崖石刻

阳华岩在永州江华县境内，是元结开辟的第一处摩崖石刻。

道光《永州府志》记载："江华复岭重冈，地远而险，其山之秀异者，自古称阳华岩。"

阳华岩山势向阳，陡峭如劈，中有石磬，下有寒泉。外岩自东向西倾斜，如同一道天然石廊。岩洞敞开向南，一股清泉自山岩内部涌出，沿石壁西流。渠水两侧，洞壁平整，现存唐至清代石刻40余通。

元结，字次山，号漫叟、聱叟、漫郎，河南鲁山（今河南平顶山市）人，北魏常山王遵十五代孙。唐代宗宝应二年（广德元年，763）任道州刺史，永泰二年（大历元年，766）再任。元结在永州前后跨越十年，计所游历，有三溪、三岩、二崖、一谷。所著文章及石刻，共计有"十九铭一颂"。凡游则有铭，凡铭则有刻，足迹所至，摩崖刻石，皆成景观。元结在阳华岩刻有《阳华岩铭（有序）》：

> 道州江华县东南六七里有回山，南面峻秀，下有大岩。岩当阳端，故以"阳华"命之。吾游处山林几三十年，所见泉石，如阳华殊异而可家者未也，故作铭称之。铭曰：
> 九疑万峰，不如阳华。阳华巉巉，其下可家。
> 洞开为岩，岩当阳端。岩高气清，洞深泉寒。
> 阳华旋回，岑岭如辟。沟塍松竹，辉映水石。
> 尤宜逸民，亦宜退士。吾欲投节，穷老于此。
> ……
> 大唐永泰二年，岁次丙午，五月十一日刻。

《阳华岩铭》仿曹魏《正始石经》，江华县令瞿令问以大篆、小篆、隶书三体书写，最为复古。

阳华岩以元结《阳华岩铭》为主题，寄寓了贤人隐逸的思想情怀。

**朝阳岩摩崖石刻**

朝阳岩位于永州旧城西南二里，潇水西岸。零陵城外一段潇水，上自南津渡，下至蘋洲，以朝阳岩石崖最高，水位最深。

朝阳岩有二洞，上洞半凹如伞盖，下洞数十米为天然溶洞，洞中又有暗泉，流出成溪，坠落湘水如瀑布。

唐代宗永泰二年（766），元结再任道州刺史，经水路过永州，始来游之，维舟岩下，取名朝阳岩，作《朝阳岩铭》《朝阳岩下歌》。历代名贤题咏不绝，成为著名的摩崖石刻景观，迄今已历1250余年之久。现存历代石刻150余通，为世瑰宝，人文价值无可估量。

《诗经·大雅·卷阿》："凤凰鸣矣，于彼高冈。梧桐生矣，于彼朝阳。"朝阳岩由此得名。

元结《朝阳岩下歌》："朝阳岩下湘水深，朝阳洞口寒泉清。零陵城郭夹湘岸，岩洞幽奇带郡城。荒芜自古人不见，零陵徒有《先贤传》。水石为娱安可羡？长歌一曲留相劝。"

《朝阳岩下歌》追慕汉魏先贤，后人于此纪咏先贤、寓贤。晋人作《零陵先贤传》，宋人又作《零陵先贤赞》。唐人追慕汉晋先贤，明人又再追慕唐宋先贤。明代朝阳岩建有寓贤祠，祭祀元结、苏轼、苏辙、黄庭坚、邹浩、范纯仁、范祖禹、张浚、胡铨、蔡元定十人。朝阳岩遂以先贤、寓贤为主题。

朝阳岩能历唐、宋、明、清而盛传不息，皆本于元结的道德情怀。故言朝阳岩首当纪咏先贤。明安孝《游朝阳岩漫吟》云："真乐不在岩，只在吾渊衷。人苟能寻之，旨趣固无穷。纵使岩不游，其乐也融融。"清人光熙《重修朝阳岩启》云："不有君子，则斯岩之兴犹有待。"

南宋王象之《舆地纪胜》云："朝阳岩在零陵县南二里，下临潇江。旧云道州刺史元结以地高而东其门，故以'朝阳'名之，今所刻记犹在。岩下有洞，石洞自中出流入湘江。亭台凡十六所，自唐迄今名贤留题皆镌于石。"

道光《永州府志·名胜志》云："朝阳岩者，在城外西南二里潇江之浒，岩口东向。当朝暾初升，烟光石气，激射成采，郁为奇观。……岩中有洞名流香，石淙源源自群玉山，伏流出岩腹，色如雪，声如琴，气如兰蕙，冬夏不耗，可濯可湘，从石上奔入绿潭。"

明鲁承恩《朝阳岩寓贤祠碑》云："湖南惟永多崖洞，惟朝阳襟潇按湘，面城背岭，独为幽奇。"

唐大历十三年（778）张舟《题朝阳岩伤故元中丞》诗刻，作于元结卒后七年，为已知最早纪咏元结之作。宋治平三年（1066）程浚、鞫拯、周敦颐题刻，为周濂溪手迹，濂溪为理学鼻祖，思想意义最高。宋崇宁三年（1104）徐武、陶豫、黄庭坚、黄相、崇广题刻，为黄山谷临终前一年手迹，书法最佳。张舟、周敦颐、黄庭坚题刻3通，可谓朝阳岩摩崖石刻之"三宝"。

浯溪在永州北100余里，祁阳县南5里，山溪诸水汇流于此，流入湘江。唐道州刺史元结尝结庐溪岸，寓居于此，乃名溪为浯溪，崖为峿台，亭为㢽庼，合称"三吾"，各有铭。历代名贤吟咏不绝，现存历代石刻约500通。

《浯溪铭（有序）》："浯溪在湘水之南，北汇于湘，爱其胜异，

**浯溪摩崖石刻**

遂家溪畔。溪，世无名称者焉，为自爱之故，命曰'浯溪'……"

《峿台铭（有序）》："浯溪东北廿余丈，得怪石焉。周行三四百步，从未申至丑寅，涯壁斗绝。左属回鲜，前有磴道，高八九十尺，下当洄潭，其势硐磁，半出水底，苍苍然泛泛若在波上。石颠胜异之处，悉为亭堂，小峰嵌窦，宜闲松竹，掩映轩户，毕皆幽奇。"

《㦿庼铭（有序）》："浯溪之口有异石焉，高六十余尺，周回四十余步。山面在江中，东望峿台，北面临大渊，南枕浯溪。唐庼当乎石上，异木夹户，疏竹旁檐。瀛洲言无，谓此可信。若在庼上，目所厌者远山清川，耳所厌者水声松吹，霜朝厌者寒日，方暑厌者清风。"

《浯溪志》载："浯溪之东，潇湘江岸，有石壁矗起，高二百余尺，正临大江。舟行望之，如翠屏横展，云树交错。其崖自西南至东北三百余尺，皆平正陡峙，虽小有凸凹，无复皴破。加之石色清润，质理坚细，甚可磨琢。上刻颜鲁公书元次山《大唐中兴颂》。"

唐肃宗上元二年（675）秋八月，收复两京，玄宗还京师，元结作《大唐中兴颂》。大历六年（771）六月，元结请颜真卿楷书镌于崖壁，世称"摩崖碑"。共332字，字径15厘米，是颜书大字中最著名者。

《宣和书谱》云："（颜真卿）忠贯白日，识高天下……千变万化，各具一体，若《中兴颂》之闳伟，《家庙碑》之庄重，《仙坛记》之秀颖，《元鲁山铭》之深厚，种种不同。"

《墨池编》云："观《中兴颂》则闳伟发扬，状其功德之盛。观《家庙碑》则庄重笃实，见其承家之谨。观《仙坛记》则秀颖超举，象其志气之妙。观《元次山铭》则渟涵深厚，见其业履之纯。余皆可以类考。点如坠石，画如夏云，钩如屈金，戈如发弩，纵横有象，低昂有态……"

《大唐中兴颂》自唐人皇甫湜已有品题，宋人黄庭坚、范成大、洪迈、岳珂、米芾、李清照以下，各有诗文议论。《大唐中兴颂》之后，赵不惪撰刻《大宋中兴颂》，丁懋儒撰刻《大明中兴颂》。浯溪以"大唐中兴"为主题，兼及后人对元结的纪念。

玉琯岩摩崖石刻

玉琯岩在宁远县境内九疑山舜源峰下，岩体为一孤零石山，独立田峒之中，人称"天下第一盆景"。上生奇石怪树，下有岩洞。

《史记·五帝本纪》云：舜帝南巡狩，崩于苍梧之野，葬于江南九疑。

玉琯，又作"玉管"，即玉笛。《尚书大传》载："舜之时，西王母来献白玉管。"汉章帝时，零陵文学奚景，于舜祠下得白玉管。以竹为管，取其自然圆虚。以玉为管，取其体含廉润。以铜为管，所以同天下、齐风俗。玉琯岩因此得名。宋王象之《舆地纪胜》："玉琯岩，在宁远古舜祠之侧。汉哀帝时，零陵郡文学得玉琯十二于此岩前。"

玉琯岩有南宋方信孺"九疑山"大字榜书，有复刻东汉蔡邕《九疑山铭》，宋李挺祖"玉琯岩"榜书，清韩晋昌《奉命恭祀虞陵》小楷诗刻，故其主题为纪咏帝舜。

两宋为我国古代文治极盛时期，往来永州者率皆理学名臣，承接大唐遗风，开辟出月岩、澹岩、玉琯岩、月陂亭、九龙岩、石角山等摩崖景观。其所为文，大都寄托义理。其文字书法，率皆大字正书，郁勃敦厚，浩乎不可及。

月岩摩崖石刻

月岩，旧称"穿岩"，后别称"太极岩"。和永州众多其他的"岩"不同，月岩不只是一处溶洞，而且是一个巨大的天坑。它的奇特之处在于，除了天坑的上下落差之外，两端山腹间又有东西贯通的岩洞，由此形成了一岩三洞的奇观。

月岩的顶部是洞开的，它的环壁也是洞开而且贯通的，所以月岩是三洞相连，洞中同时可望三月。观者步步挪移，观察的位置缓缓变化，岩洞就会渐渐呈现上弦月与下弦月的月相变化，恰似"太极生两仪"。

月岩相传为周敦颐早年悟道之所。相传周敦颐幼年时曾经在此乘凉读书，领悟太极。道州境内与濂溪先生相关的景物主要有三处：道州城内的濂溪书院、濂溪祠和状元山；道州城外的濂溪故里、圣脉泉和道山；濂溪故里以西的月岩。

明万历《濂溪志》卷首载《元公年表》云："宋真宗天禧元年丁巳□月□日，先生生于道州营道县之营乐里……营乐里者，即濂溪保也。东距郡城二十里，有水萦纡如青罗带，是曰濂溪，周氏家其上。先生晚筑卢阜，构书堂，前临溪水，亦以濂溪名之，学者宗之，遂号为濂溪先生云……先生年十四。濂溪之西十里有山拔耸，中为岩洞，门通东西，当洞之中虚，其顶圆，象月之望。离而东西视之，则如月上下弦焉，故俗呼为月岩。先生好游其间，世传先生睹此而悟太极理，或然也。"

清宗绩辰道光《永州府志》有如下记载："濂溪以西十五里，营山之南，有山奇耸，中为月岩。旧名穿岩。其距州约四十里焉，岩形如圆廪，中可容数万斛。东西两门相通，望之若城阙。中虚其顶，侧行旁睨，如月上下弦，就中仰视，月形始满，以此得名。岩前奇石如走貔伏犀，形状不一。相传周子幼时，尝游息岩中，悟太极，故又称太极岩。有书堂在岩内，石壁环之。"

月岩今存摩崖63通，以南宋道州知州淳熙六年（1179）赵汝谊题刻为最早。石刻榜书有"广寒深处""清虚洞""风月长新""如月之中""浑然太极""豁然贯通""道在其中""理学渊源""参悟道真""悟道先迹""乾坤别境""浑涵造化""鸿濛一窍""先天道体""上弦月""下弦月""望月""月岩""太极岩""太极洞"等,灿然可观。

王阳明《太极岩二首》说:"一窍谁将混沌开,千年样子道州来。须知太极元无极,始信心非明镜台。""始信心非明镜台,须知明镜亦尘埃。人人有个圆圈在,莫向蒲团坐死灰。"

月岩在道州,邻近濂溪故里,故其主题为周敦颐、理学、《太极图说》。

澹岩摩崖石刻

淡岩,又写作"澹岩",又称"淡山岩",在永州零陵城南25里。有巨型溶洞与山体天坑相连,背山面河,气势恢宏,景致幽邃,被誉为永州之冠。

澹岩原有宋人石刻100余通,内有宋黄庭坚诗刻、周敦颐题名、柳应辰《澹岩记》、张昭远《祷雨诗》、宋迪题名等,明清石刻不计其数。

清宗绩辰道光《永州府志》卷二上《名胜志》:"澹山岩:滴

宦党人，放游西南者，多题记，惟黄庭坚诗帖最彰。邹浩诗，纪驯狐夜报，迹最奇。周茂叔、范淳父（祖禹）题名最重，蒋之奇长歌最工。"

黄庭坚《题永州淡山岩》之二：

> 淡山淡姓人安在，征君避秦亦不归。
> 石门竹径几时有，琼台瑶室至今疑。
> 回中明洁坐十客，亦可呼乐醉舞衣。
> 阆州城南果何似，永州淡岩天下稀。

现存历代石刻 30 余通。

澹岩有周贞实避秦乱遁居的传说，其主题为栖隐。

南宋祝穆《方舆胜览》载："澹岩石壁削成万仞，旁有石窍，古今莫测其远近，目之者有长往之志。"清卢崇耀《游澹岩记》称："永州多山水游观之美，而澹岩尤为奇绝。"道光《永州府志》称："澹岩去城南二十五里，有岩奇奥，为永州冠。"

**月陂亭摩崖石刻**

月陂亭在江永县上甘棠村,唐宋时正当湘粤古道,又邻近谢沐县,旧为繁华之所,号称"千年古村"。月陂亭为天然屏障,堪蔽风雨,以其圆曲如月,故名"月陂亭"。

清康熙《永明县志·艺文志》载唐刺史周如锡《月波亭观书》诗云:

> 痴儿事未了,山照已衔西。
> 数曲寻江路,层空步石梯。
> 楼高得月早,壁峭与天齐。
> 往矣初寮足,摩挲旧碣题。

月陂亭现存摩崖石刻20余通。有北宋靖康间所刻《步瀛桥记》,南宋咸淳间所刻《判府单溪题墨》,明天顺四年(1460)诗刻《甘棠八景诗》,以及王伟士临文天祥"忠孝廉节"榜书。

《甘棠八景诗》之《独石时耕》云:

> 一丛苍玉紫苔肥,农事方兴在及时。
> 且耨且耕春冉冉,载芟载柞昼迟迟。
> 谩期南亩云千顷,早趁东原雨一犁。
> 荷锸归来醉新酒,绿蓑高枕乐无涯。

《甘棠八景诗》之《甘棠晓读》云:

> 国老遗风历几秋,书声还在旧林丘。
> 一篝灯伴残星淡,半榻香消宿霭收。
> 闭户已闻心不息,步瀛曾慕志能酬。
> 古来贤达由兹进,谁似先生苦讲求?

"八景"的题名是景胜与美学的独到结合、地文与人文的独到结合。宋嘉祐八年（1063）宋迪到永州，游澹岩，题名石上，后作《潇湘八景诗图》，即以"潇湘夜雨"为始。明清时期，永州的祁阳、芝城、永明、江华、春陵、新田都各有八景，而东安有十景，展现着古代永州诗一般的村庄，诗一般的人民，诗一般的生活。

"八景诗"体现了乡村的美感教育，"忠孝廉节"体现了乡村的人文教化。

摩崖石刻自宋代以来始终是学术研究的前沿，摩崖石刻又是一个交叉的学术领域，体现着多种学科交叉的方法与范式。其所涉及的学科，有史学、文学、哲学、文物考古学、文献学、文字学、书法艺术、民俗学等。丰富多彩的永州摩崖石刻，恰似中华文明灿烂成就的一个缩影。

# 上篇 《大唐中兴颂》
## ——大唐中兴与盛唐气象

唐代开元、天宝时期,国家强盛,政治清明,对外开放,文化远播,成为8世纪前后世界文明的耀眼明星,史称"开天之治"。

唐初推崇经学,纂修《五经正义》;整饬吏治,纂修《大唐六典》;推行均田制,以农为本;实行府兵制,维护着东方世界的和平稳定。《旧唐书·玄宗本纪》:"于时垂髫之倪,皆知礼让;戴白之老,不识兵戈。"诚如袁行霈先生在《盛唐诗歌与盛唐气象》一文中所说:"这时国家统一,经济繁荣,政治开明,文化发达,对外交流频繁,社会充满自信,不仅是唐朝的高峰,也是中国封建社会的鼎盛期。盛唐涌现出以李白、杜甫、王维为代表的一大批诗人,他们共同开辟了一个气象恢宏的诗歌的黄金时代。"

唐代的哲学、史学、文学与书道书艺,都得到了长足发展,形成了"盛唐气象"。袁行霈《盛唐诗歌与盛唐气象》云:"所谓'盛唐气象',着眼于盛唐诗歌给人的总体印象,诗歌的时代风格、时代精神:博大、雄浑、深远、超逸;充沛的活力、创造的愉悦、崭新的体验;以及通过意象的运用、意境的呈现,性情和声色的结合,而形成的新的美感。热情洋溢、豪迈奔放、具有郁勃浓烈的浪漫气质,是盛唐诗的主要特征。这就是为后人所艳羡的'盛唐之音'。"

## 一 地辟天开,瑞庆大来:《大唐中兴颂》

元结是盛唐时期的名流。元结祖父元亨字利贞,父亲元延祖曾任道州延唐尉，族兄元德秀任河南鲁山令。元结两任道州刺史，亲历安史之乱与收复两京。元结的拓跋鲜卑族血统使他具有率直质朴、积极向上的进取精神，以及水石相娱、安逸洒脱的艺术气质。一篇《大唐中兴颂》反映了全国人民对于国家复兴的美好愿望。

《大唐中兴颂》由元结的挚友颜真卿用楷体大字书写。楷体是唐代的正体，在唐代诸家楷体中，颜体尤为雍容端正，恰与大唐中兴、盛唐气象相呼应。

元结（719—772），字次山，号漫叟、聱叟、漫郎，河南鲁山人，后魏常山王遵十五代孙。历官荆南节度判官、水部员外郎兼殿中侍御史、道州刺史、容州刺史。著《元子》十卷、《文编》十卷、《猗玕子》一卷，以及所集当时人诗为《箧中集》一卷。

元辛文房《唐才子传》："结，字次山，武昌人。鲁山令元紫芝族弟也。少不羁，弱冠始折节读书。天宝十三年进士。礼部侍郎杨浚见其文曰：'一第恩子耳。'遂擢高品。后举制科。会天下乱，沉浮人间，苏源明荐于肃宗，授右金吾兵曹。累迁御史，参山南来瑱府，除容管经略使。始隐商於山中，称'元子'。逃难入猗玕洞，称'猗玕子'。或称浪士，渔者或称'聱叟'，酒徒呼'漫叟'。及为官，呼'漫郎'。皆以命所著。性梗僻，深憎薄俗，有忧道悯世之心。《中兴颂》一文，灿烂金石，清夺湘流。作诗著辞，尚聱牙。天下皆知敬仰。复嗜酒，有句云'有时逢恶客'，自注：'非酒徒即恶客也。'有《文编》十卷及所集当时人诗为《箧中集》一卷，并传。"

《四库总目提要》评："结性不谐俗，亦往往迹涉诡激。初居商於山，自称'元子'。及逃难猗玕洞，称'猗玕子'，又或称'浪士'，或称'聱叟'，或称'漫叟'，为官或称'漫郎'，颇近于古之狂。然制行高洁，而深抱悯时忧国之心。文章戛戛自异，变排偶绮靡之习。杜甫尝和其《舂陵行》，称其'可为天地万物吐气'。晁公武谓其文如古钟磬，不谐俗耳。高似孙谓其文章奇古，不蹈袭。盖唐文在韩愈以前，毅然自为者，自结始，亦可谓耿介拔俗之姿矣。皇甫湜尝题其浯溪《中兴颂》曰：'次山有文章，可惋只在碎。然长于指叙，约结有余态。心语适相应，出句多分外。于诸作者间，拔戟成一队。'其品题亦颇近实也。"

1. 唐大历六年（771）元结撰、颜真卿书《大唐中兴颂（有序）》（314×289厘米）

### 大唐中兴颂有序

尚书水部员外郎兼殿中侍御史荆南节度判官元结撰

金紫光禄大夫前行抚州刺史上柱国鲁郡开国公颜真卿书

天宝十四年，安禄山陷洛阳。明年，陷长安，天子幸蜀，太子即位于灵武。明年，皇帝移军凤翔。其年复两京，上皇还京师。於戏！前代帝王有盛德大业者，必见于歌颂。若今歌颂大业，刻之金石，非老于文学，其谁宜为？颂曰：

　　噫嘻前朝，孽臣奸骄，为惛为妖。
　　边将骋兵，毒乱国经，群生失宁。
　　大驾南巡，百僚窜身，奉贼称臣。
　　天将昌唐，繄睨我皇，匹马北方。
　　独立一呼，千麾万旟，戎卒前驱。
　　我师其东，储皇抚戎，荡攘群凶。
　　复复指期，曾不逾时，有国无之。
　　事有至难，宗庙再安，二圣重欢。
　　地辟天开，蠲除袄灾，瑞庆大来。
　　凶徒逆俦，涵濡天休，死生堪羞。
　　功劳位尊，忠烈名存，泽流子孙。
　　盛德之兴，山高日升，万福是膺。
　　能令大君，声容沄沄，不在斯文。
　　湘江东西，中直浯溪，石崖天齐。
　　可磨可镌，刊此颂焉，何千万年。
　　上元二年秋八月撰，大历六年夏六月刻。

石刻位于祁阳浯溪，湘江南岸的崖壁上。

上元二年（761），元结为荆南节度判官，在江陵撰有此文。十年后，大历六年（771）在浯溪上石，故"湘江东西"二韵当是增补。

王昶《金石萃编》："按撰颂者元结，《新唐书·传》：史思明乱，命结发军，挫贼南锋。结屯洛阳守险，全十五城。以讨贼功，迁监察御史里行。荆南节度使吕諲请益兵拒贼，帝进结水部员外郎，佐諲府。与碑题衔合。《吕諲传》称：上元初拜荆州长史，澧、朗、峡、忠等五州节度使。则结之为判官，亦在其时。颂撰于上元二年，正与两传合也。碑题'颜真卿书'，末云'大历六年夏六月刻'。真卿官抚州刺史，亦在大历六年，则是元结撰颂后十年而后书且刻也。碑颂肃宗中兴、即位灵武、收复两京、上皇还京等事。《唐书·肃宗本纪》：至德二载十二月丙午，上皇天帝至自蜀郡。则撰颂又在还京后四年。颂磨崖在祁阳县浯溪，结判荆南时寓居于此。其刻《峿台铭》在大历二年。《浯溪铭》《㐌亭铭》俱在大历三年，不知何以刻此颂独迟至大历六年也？"元结是"好奇之士"，所作之文大多立即刻石，但对《大唐中兴颂》摩崖的选择较为审慎，体现对《大唐中兴颂》一文的重视，也体现对"中兴"的深刻寄托。

欧阳修《集古录》云："《大唐中兴颂》，元结撰，颜真卿书。书字尤奇伟，而文辞古雅，世多模以黄绢为图障。碑在永州，摩崖石而刻之。"

《舆地纪胜》卷五十六引《笑岘亭记》："次山文章遒劲，鲁公笔画雄伟，皆有以动人耳目。故《中兴颂》宝之中州士夫家，而浯溪之名因大著称。"

钱邦芑《浯溪记》点明颜鲁公的此幅书法受元结文辞的影响："为平原生平第一得意书，亦次山之文有以助其笔力，故与山水相映发耳。"

《大唐中兴颂》自唐人皇甫湜已有品题，宋人黄庭坚、范成大、洪迈、岳珂、米芾、李清照以下，各有诗文议论。《大唐中兴颂》在文辞上雄壮古雅，在书法上造诣极高，影响千古。

## 二　文被丘壑：元结遗刻

元结长于诗文，又编唐人诗为《箧中集》，他才华横溢，又精于鉴赏，所到之处，每见水石佳致，无不品题吟咏，以此寄托他对治世贤才的渴望。

元结是唐代古文运动的先驱人物，撰文喜用三代文体，多作铭，少作记。如《朝阳岩铭》等，均用四言，仿黄帝《巾几铭》；《大唐中兴颂》三句一韵，似峄山刻石。《阳华岩铭》用大篆、小篆、隶书三种字体书写，仿正始石经。

元结于唐代宗宝应二年（广德元年，763）任道州刺史，永泰二年（大历元年，766）再任。元结在永州前后跨越十年，计所游历，有三溪、三岩、二崖、一谷。所著文章及石刻，计有"十九铭一颂"。凡游则有铭，凡铭则有刻，足迹所至，摩崖刻石，皆成景观，计有阳华岩、寒亭暖谷、朝阳岩、浯溪，现均成为全国重点文物保护单位。

## 2. 唐永泰二年（766）元结撰、瞿令问书《阳华岩铭（有序）》（295×90厘米）

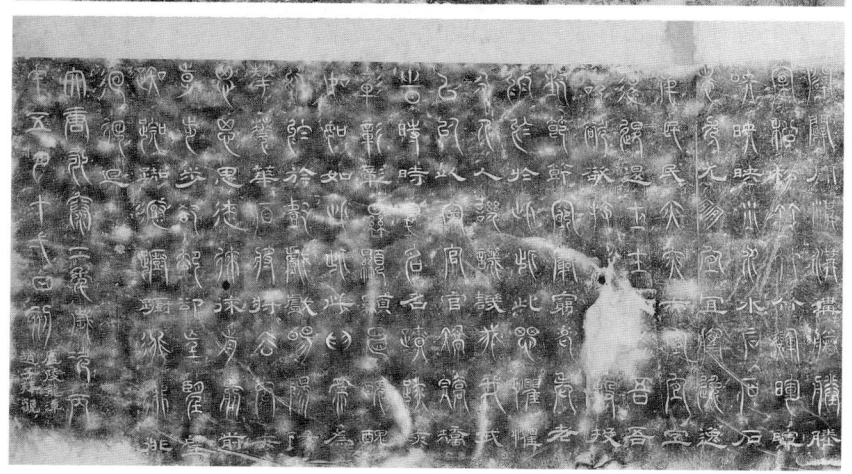

## 阳华岩铭有序

刺史元结

道州江华县东南六七里有回山，南面峻秀，下有大岩。岩当阳端，故以"阳华"命之。吾游处山林几三十年，所见泉石，如阳华殊异而可家者未也，故作铭称之。县大夫瞿令问，艺兼篆籀，俾依石经，刻之岩下。铭曰：

九疑万峰，不如阳华。阳华巉巉，其下可家。
洞开为岩，岩当阳端。岩高气清，洞深泉寒。
阳华旋回，岑岭如辟。沟塍松竹，辉映水石。
尤宜逸民，亦宜退士。吾欲投节，穷老于此。
惧人讥我，以官矫时。名迹彰显，丑如此为。
於戏阳华，将去思徕。前步却望，踟蹰徘徊。
大唐永泰二年，岁次丙午，五月十一日刻。

石刻位于江华阳华岩。

《阳华岩铭（有序）》成于唐永泰二年（766），由元结撰文，瞿令问书写，是阳华岩石刻的开山之作。共404字，44行。前9行隶书，包括题名及序文共90字；中间正文33行96字，仿正始石经，每字以大篆、小篆、隶书刻三次，因此共有288字；最后两行署款篆书，16字。铭文共24句，文风洗练，是元结复古观念的具体体现。

元结之父元延祖，曾任道州延唐县丞，其性"清净恬俭"，后弃官居鲁阳商於山，"商於灵药"遂成为"鲁山八景"之一。元结早年随父"习静"于商於山，自号"元子"，其后虽然科举入仕，但始终心怀退隐之志。颜真卿《容州都督兼御史中丞本管经略使元君表墓碑铭》称元结"雅好山水，闻有胜绝，未尝不枉路登览而铭赞之"。欧阳修《集古录跋尾》称元结"其所居山水必自名之，惟恐不奇，而其文章用意亦然"。

元结是唐代古文运动的先驱。钱基博《韩愈志》论元结："其为文章，宁朴无华，宁瘦无腴，宁拙无巧。而微伤削薄，未能雄浑，长于使劲，短于运气，以故遒而寡变，清而不玄。然戛戛自异，唐文在韩愈以前，力扫雕藻绮靡之习，而出之以清刚简质者，不得不推结为俶落权舆。韩愈之前有元结，犹陈涉之开汉高乎！"

全祖望《鲒埼亭集》："道州江华县有岩，次山以阳华名之，而为之铭，自以分书写其序，而使江华令瞿令问以三体写其铭，盖仿曹魏正始石经也。次山文章上接陈拾遗，下开韩退之，而是刻亦为金石家所稀有足珍也。"

王佐《新增格古要论》："《阳华岩铭》，元结次山作铭，邑令瞿令问以杂体篆，刻之崖上，在道州东南七里山下。"

叶昌炽《语石》："《阳华岩铭》，亦令问三体篆，阳冰之亚也。"

阳华岩为道州江华县名胜。道光《永州府志》："江华复岭重岗，地远而险，其山之秀异者，自古称阳华岩……山势向阳，清迥高朗，中有石磬，下有寒泉。唐元结守道州时作铭，属邑令瞿令问书之，刻诸崖石，世称名迹焉。"

瞿令问，工于篆书、隶书，时为江华县令。《古刻丛钞》辑有《唐故朗州武陵县令博陵瞿府君墓志铭》，其生平详见于此。洪武《永州府志》卷九《人物》："江华县令瞿令问，艺篆，元以《阳华岩铭》《㝡樽铭》《舜庙状》《舜祠表》皆其所书，今存。"康熙《永州府志》卷七《学校志》："江华县学：名宦祠：唐知县瞿令问。"同治《江华县志》："瞿令问：博陵人，代宗时为江华令。文学饰治，善篆书，永、道间金石铭识多其遗迹。后人重其名，为祠之，冠邑名宦焉。"元结在任时，所作文章多由瞿令问书写上石，除《阳华岩铭（有序）》外，还有《㝡樽铭》《寒亭记》等石刻，二人合作，相得益彰。

## 3. 唐永泰二年（766）元结撰、瞿令问书《寒亭记》（122×76厘米）

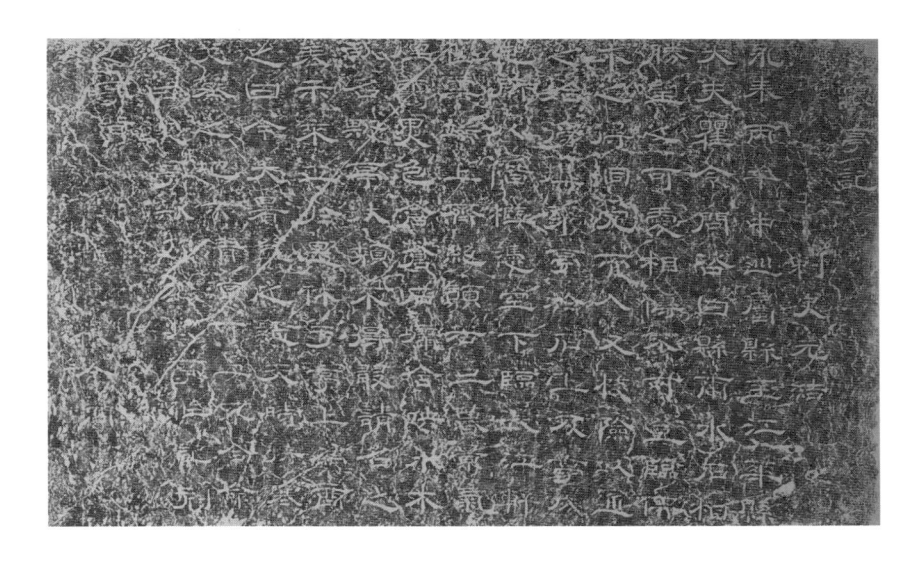

### 寒 亭 记

刺史元结

永泰丙午中，巡属县至江华，县大夫瞿令问咨曰："县南水石相胜，望之可爱，相传不可登临。俾求之，得洞穴而入，又栈险以通之，始得构茅亭于石上。及亭成也，所以阶槛凭空，下临长江，轩楹云端，上齐绝颠。若旦暮景气，烟霭异色，苍苍石墉，含映水木，欲名斯亭，状类不得，敢请名之，表示来世。"于是休于亭上，为商之曰："今大暑登之，疑天时将寒。炎蒸之地，而清凉可安。不合命之曰'寒亭'欤？"乃为寒亭作记，刻之亭背。

县令瞿令问书。

石刻位于江华寒亭暖谷，《舆地纪胜》《金石文编》《文苑英华》及地方志有记载。

瞿令问，详见上。

"寒亭"，弘治《永州府志》卷二《宫室》："寒亭，在县南隔江。

唐瞿令开栈险通入洞穴，因作亭石上。元次山登之，当暑而寒，故名。"

道光《永州府志》卷二下："寒亭，本唐元结、瞿令问所构。宋治平中，成纪李伯英始得此大小二洞，蒋之奇为作铭。之奇从祖蒋祁时为令，又纪以诗……由岩腹梯磴而上，绝壁千仞，上刻元结《寒亭记》，字尚可读。其西崖旧有空翠亭，绍兴中董嵎所筑也。"

同治《江华县志》卷二《建置》："寒亭：在县南，隔江三里暖谷上。唐邑令瞿令问建……壁刻道州刺史元结《记（并序）》。"

自元结、瞿令问修建寒亭、撰文刻石后，宋、明、清地方官员对其多次重修，崖壁及方志多有文字记载。尤其以宋代杜汪、杜子是、杜子恭父子为代表，今寒亭暖谷存三人相关的摩崖石刻12处，形式上包括诗刻、题记、题名、榜书。如淳祐三年（1243），杜汪父子重修栈道，题记曰："山巅木栈，自元丰间，赵公世卿沿崖发石易穴，路得径以通。及嘉熙己亥，熊公桂伐石以成梯级，然功尚欠缺。吾父子既新寒亭，自马石穴磴以下，碍者夷之，隘者广之，险者安之。仍以石为柱，以竹为栏，虽八九十老翁，亦得手扪而上。是径也，诚唐文之三变欤？"

## 4. 唐永泰二年（766）元结撰、瞿令问书《窊尊铭（有序）》

### 窊尊铭有序

刺史元结

道州城东有左湖，湖东二十步有小石□□山，山颠有窊石，可以为尊，乃为亭尊上，刻铭为志。铭曰：

片石何状，如兽之踆。其背类窊，可以为尊。
空而临之，长岑深壑。广亭之内，如见山岳。
满而临之，曲浦洄渊。长瓢之下，江湖在焉。
彼成全器，谁为之力？天地开凿，日月抆拭。
寒暑琢磨，风雨润色。此器太璞，尤宜真纯。
勒名亭下，以告后人。
瞿令问书。永泰二年十一月廿日刻。

石刻位于道县县城，今已难寻，尚有清代旧拓传世。

《古泉山馆金石文编》有著录考证。陆增祥《八琼室金石补正》著录："高二尺九寸，广三尺四寸，十五行，行十二字，古篆书，在道州。"引《集古录跋》："右《㐖樽铭》，元结撰，瞿令问书。次山喜名之士也，其所有为，惟恐不异于人，所以自传于后世者，亦惟恐不奇，而无以动人之耳目也。视其词翰，可以知矣。古之君子，诚耻于无闻，然不如是之汲汲也。"又引《方舆胜览》："在道州城中报恩寺西。"又引《古泉山馆金石文编》："此碑结体遒劲，篆笔在《浯溪》《㾾亭》《峿台》诸刻之上。昔人有谓浯溪三铭，书皆出自公手者，观此恐未必然。公书此碑，所用古文，皆有依据，无一字杜撰，以此见公篆学之精深，实于唐宋诸儒中卓然可称者。"

㐖樽，原为天然形成之石，状似㐖。永州水石奇异，㐖樽尤多，道县、祁阳浯溪均有窊樽。弘治《永州府志》卷二载"窊樽石"条："有二。一在报恩寺西，一在城外左湖东二十步，有小石山，山颠有窊石，可以为樽。"元结另有《窊樽石》诗："巉巉小山石，数峰载窊亭。窊石堪为樽，状类不可名。"窊樽在全国各地常见，衡阳石鼓书院有窊樽；郴州有窊樽石，有宋代张浮休刻铭其上；武汉武昌有"窊樽"石刻，宋县令朱尧书；等等。苏轼《和陶归去来分辞》有："挹吾天醴，注之窪尊。""窪尊"即"窊樽"，古人风雅，以此盛酒，寓意酒在天地间，与天地同饮。

元结作《窊尊铭》，因此，舂陵十二景有"窊樽古酌"。

## 5. 唐大历二年（767）元结撰、李庾书《浯溪铭（有序）》（230× 69厘米）

### 浯溪铭有序

道州刺史河南元结字次山撰

李庾篆

浯溪在湘水之南，北汇于湘，爱其胜异，遂家溪畔。溪，世无名称者焉，为自爱之故，命曰"浯溪"，铭于溪口。铭曰：

湘水一曲，渊洄旁山。山开石门，溪流潺潺。
山开如何，巉巉双石。临渊断岸，隔溪绝壁。
山石殊怪，石又尤异。吾欲求退，将老兹地。
溪古荒芜，芜没盖久。命曰浯溪，旌吾独有。
人谁游之，铭在溪口。
有唐大历二年岁次丁未四月□日。

石刻位于祁阳浯溪，保存较为完整。

《浯溪铭》与《峿台铭》《㟡庼铭》合称"浯溪三铭"，俗称"老三铭"，均由元结创作。

《浯溪铭》，李庾书，玉箸篆。李庾或讹作李康、季康。作于大

历二年。孙望《元次山集》注："疑大历元年、二年间作。"《元次山年谱》："《浯溪铭》不纪年月，然读《峿台铭》，知峿台实因浯溪得名，则溪铭之作，宜在台铭之前也。"黄庭坚《答浯溪长老新公书》："季康撰元中丞《浯溪铭》，笔意甚佳。"误"李庚"为"季康"。

浯溪、峿台、㢘庼，合称"三吾"。三铭均以"吾"名。浯溪为水名，故从水作"浯"。台本义为筑高台以观望，其上有屋称为榭，无屋称为台；峿台因山而建，故从山作"峿"。庼意为小堂，故㢘庼从广。广本作厂，读作岩，本义为山石之崖岩，因之以为屋。

"浯""峿""㢘"三字均为元结造字命义，字义均是"吾"。元结作《自释》《自箴》，又作《心规》云"目不随人视，耳不随人听，口不随人语，鼻不随人气"，故称"我鼻我目，我口我耳"。元结归隐湘干，居家落籍，无非对此水石，情有独钟而已。

练潜夫《笑峴亭记》："次山之意以为好嗜与世异，而我所独之，故以'吾'名之，其言曰'命曰浯溪'，旌吾之所独有也。"

陈珩《题〈浯溪图〉》："元氏始命之意，因水以为浯溪，因山以为峿山，作屋以为㕔亭。'三吾'之称，我所自也。制字从水从山与广，我所命也。三者之自皆自吾焉，我所擅而有也。"

## 6. 唐大历二年（767）元结撰、瞿令问书《峿台铭（有序）》（120×240 厘米）

### 峿台铭有序

河南元结字次山撰

浯溪东北廿余丈，得怪石焉。周行三四百步，从未申至丑寅，涯壁斗绝。左属回鲜，前有磴道，高八九十尺，下当洄潭，其势碅磳，半出水底，苍苍然泛泛若在波上。石颠胜异之处，悉为亭堂，小峰嵌窦，宜闲松竹，掩映轩户，毕皆幽奇。於戏！古人有畜愤闷与病于时俗者，力不能筑高台以瞻眺，则必山颠海畔，伸颈歌吟，以自畅达。今取兹石，将为峿台，盖非愁怨，乃所好也。铭曰：

湘渊清深，峿台峭峻。登临长望，无远不尽。
谁厌朝市，羁牵局促。借君此台，壹纵心目。
阳崖砻琢，如瑾如珉。作铭刻之，彰示后人。
有唐大历二年岁次丁未六月十五日刻。

石刻位于祁阳浯溪，保存完整。

《峿台铭》，篆书无姓名，或云瞿令问书，悬针篆，但黄庭坚在《答浯溪长老新公书》中认为："以字法观之，《峿台铭》亦季康篆也。"

上篇 《大唐中兴颂》 27

欧阳修《集古录》："右斯人之作，非好古者不知为可爱也，然来者安知无同好邪？"

潘耒《金石文字记补遗》："《峿台铭》刻在台之背，甚完整。《溪铭》《亭铭》刻于东崖石上，随石欹斜，藓厚难拓，而篆笔特佳，视《台铭》为胜。"

宗绩辰《留云庵金石审》："此铭锋势秀整，俨若新刻，与潘稼堂见时无异。固由刻之精深，殆亦有神物护之，不使剥蚀耳。"

钱邦芑《搜访浯溪古迹记》："峿台之南，峻崖矗起，得次山《峿台铭》二百一十余字。篆书，无书者姓名。字阔一寸七分，长二寸八分，古丽清遒，实为罕觏。今人徒知浯溪有鲁公碑，盖未睹兹刻之奇俊也。"

道光《永州府志》《金石萃编》《古泉山馆金石文编》皆有著录和详细考证。

其中《古泉山馆金石文编》云："《峿台铭》首尾共十五行，文首二行十五字，余行皆十七字。因就崖石高低镌凿，故二行独参差不齐。篆书，无姓名。结体颇类《浯溪铭》，或如山谷所云一人之笔也。书多俗体，不合六书之旨，王述庵少司寇据《说文》等书正之。"

## 7. 唐大历三年（768）元结撰、袁滋书《唐㢿铭（有序）》（210×61厘米）

### 唐㢿铭有序

河南元结字次山撰

陈郡袁滋书

浯溪之口有异石焉，高六十余尺，周回四十余步。山面在江中，东望峿台，北面临大渊，南枕浯溪。唐㢿当乎石上，异木夹户，疏竹旁檐。瀛洲言无，谓此可信。若在㢿上，目所厌者远山清川，耳所厌者水声松吹，霜朝厌者寒日，方暑厌者清风。於呼！厌，不厌也；厌，犹爱也。命曰"唐㢿"，旌独有也。铭曰：

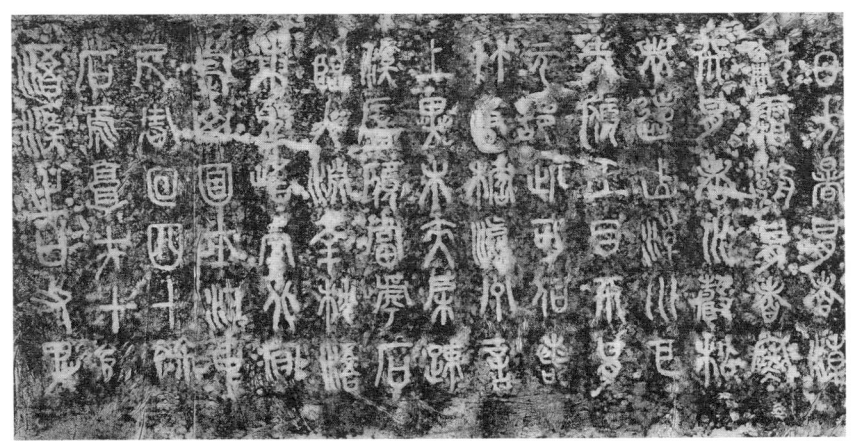

功名之伍，贵得茅土。林野之客，所耽水石。
年将五十，始有唐庼。愜心自适，与世忘情。
庼旁石上，篆刻此铭。
有唐大历三年岁次戊申闰六月九日
林云刻。

石刻位于祁阳浯溪，石面未经打磨，在《浯溪铭》左侧。左行。
《唐庼铭》，旧讹作《唐亭铭》，后世又误作《唐亭铭》。袁滋书，锺鼎篆。

《广湖南考古略》："《唐顾铭》：篆法与《峿台铭》相似而字较小。……山谷谓此铭袁滋篆，今'袁滋'二字姓名显然可辨，其非令问公书更无疑矣。"

黄庭坚曾作《答浯溪长老新公书》云："然犹有袁滋篆《唐亭铭》三十六行，何不墨本见惠？岂闽体也。袁滋，唐相也，他处未尝见篆文，此独有之，可贵也。"

《潜研堂金石文跋尾》："右《唐庼铭》，其文自左而右，篆法，与《峿台铭》相似，而字较小。《说文》：'庼，小堂也。'或作'庼'，读去颍切，与'亭'字音义各别。次山此铭，本是'庼'字，俗儒罕通六书，误读为'唐亭'，失之远矣。碑书'厌'为'冒'，盖取省文，但'厌'当从甘，此却从凵，未合六书之旨。"

袁滋，字德深，陈郡汝南（今河南汝南）人。外兄为道州刺史元结。袁滋与杜黄裳俱为相，拜中书侍郎、平章事，又拜检校吏部尚书、平章事、剑南西川节度使，曾任湖南观察使。工篆籀书，雅有古法。《唐书》有传。

"浯溪三铭"历经千年不朽，自是石坚之故，但也赖历代的保护，黄庭坚《答浯溪长老新公书》云："凡唐亭之东崖石上，刻次山文，合袁滋、季康篆共七十一行，为崖溜檐水所败，当日不如一日矣。若费三十竿大竹作厦，更以吞槽走檐水，其下开撅沙土见崖，令走水快，亦使袁公房祀干洁，祐院门免时有聒噪也。此事切希挂意。"

## 三　世有人知：历代议中兴

安史之乱的突然爆发，打断了唐代政治社会的正常发展。苏门四学士之一的黄庭坚，历经贬谪，坎坷不得志，对玄宗朝政治提出疑问，实则是对北宋后期的政治生态寄寓着忧虑。黄庭坚在《大唐中兴颂》侧刻有《中兴颂诗引并行记》，影响极大，王象之《舆地碑记目》说："山谷浯溪诗刻石，后人目为'小磨崖'。"黄庭坚猜测元结的文章明褒实贬，因此自此摩崖一出，引起后世的不断争论。如刘克庄《浯溪》诗："无端一首黄诗在，长与江山起是非。"又如宋溶《浯溪新志》云："《中兴颂》碑彪炳千有余岁矣，而立言之旨，议者纷纷，何昔贤心事之不能昭白于后人也？抑文人好为诟病使然欤？玄宗而既西狩矣，灵武之立，势非得已；不然，何以收众心而成大业乎？乃谓颂亦含讥，乐此而不为疲。则山谷一诗，实为聚讼之首。"王士禛《浯溪考》云："黄鲁直题磨崖碑，尤为深切。'抚军监国太子事，何乃趣取大物为？事有至难天幸耳，上皇跼蹐还京师'云云，所以揭表肃宗之罪极矣！"二人的观点即截然相反。从宋代到民国，持续1000多年对《大唐中兴颂》的主题展开讨论，形成一种文化现象，并且多有摩崖刻石，又形成一种文化景观。不管如何，都表达了古代知识分子对国家兴亡盛衰的关注与关切，寄寓了对民族振兴的热切渴望。

## 8. 宋熙宁八年（1075）米芾《过浯溪》诗刻（45×25厘米）

胡羯自干纪，唐纲竟不维。可怜德业浅，有愧此碑词。

米黻南官五年，求便养，得长沙掾。熙宁八年十月望经浯溪。

石刻位于祁阳浯溪，在《大唐中兴颂》右侧下。

米芾《宝晋英光集》著录，题为《过浯溪》。文渊阁《四库全书》本"胡羯"改为"横逆"，因清初避"胡"字。

祝穆《方舆胜览》著录诗文，不录跋。

米黻后更名米芾，熙宁八年，米芾时 25 岁，长沙掾即长沙县主簿。早期的米芾书法，尚属难得。《潜研堂金石文跋尾续》著录云："右米黻五言绝句，在祁阳县之浯溪，后题'米黻南官'云云廿三字。考元章生于皇祐辛卯，至是才二十五岁，笔力纵劲，已有颜平原风格，故知小技亦由天授也。"

《金石萃编》著录云："米黻，史传字符章，吴人。《宋诗纪事》作襄县人。以母侍宣仁后，藩邸旧恩，补含光尉，历知雍丘县、涟水军、太常博士、知无为军，召为书画学博士，擢礼部员外郎，出知淮扬军卒，未尝为长沙掾也。黄潜《笔记》云：'元章自署姓名，米或为芈，芾或为黻，史作米芾。'此题作米黻，无疑即一人。芾年四十九，《宋史纪事》称其官淮扬军在大观二年，其母常侍宣仁后在仁宗末年，则芾之官长沙便养母，当在神宗时。此题熙宁八年，正即其时也。由大观二年逆推至熙宁八年，三十余岁，则官长沙掾不及二十岁，年幼官卑，史文从略。又据潜研跋，谓元章生于皇祐三年辛卯，则熙宁八年为二十五岁，至四十九岁，为元符二年，则其官淮扬军不应在大观二年，《宋史纪事》恐误。史传但云'历知雍丘县'，则长沙掾隐括于'历知'二字中矣。"

《古泉山馆金石文编》著录云："右米黻诗，行书九行，在磨崖左韦瓘题名下。'怜'乃'憐'之俗字。元章书之可见俗字，有相沿已久者，书家不究六书，虽颜鲁公书碑，尚有缪体，所谓'羲之下笔即俗字'，非苛语也。"

《宋史·文苑传》云：米芾"为文奇险，不蹈袭前人轨辙。特妙于翰墨，沉着飞翥，得王献之笔意。画山水人物，自名一家，尤工临移，至乱真不可辨。精于鉴裁，遇古器物书画则极力求取，必得乃已。王安石尝摘其诗句书扇上，苏轼亦喜誉之。冠服效唐人，风神萧散，音吐清畅,所至人聚观之。而好洁成癖,至不与人同巾器。所为谲异,时有可传笑者。无为州治有巨石,状奇丑,芾见大喜曰:'此足以当吾拜!'具衣冠拜之,呼之为兄。又不能与世俯仰,故从仕数困"。

"胡羯"指安禄山,"干"谓干犯,"纪"谓纲维、政统。

## 9. 宋崇宁三年(1104)黄庭坚《中兴颂诗引并行记》(164×284厘米)

崇宁三年三月己卯,风雨中来泊浯溪。进士陶豫、李格,僧伯新、道遵,同至《中兴颂》崖下。明日,居士蒋大年、石君豫、太医成权及其侄逸,僧守能、志观、德清、义明等众俱来。又明日,萧褒及其弟袤来。三日徘回崖次,请余赋诗。老矣,不能为文,偶作数语。惜秦少游已下世,不得此妙墨镵之崖石耳。

春风吹船著浯溪,扶藜上读《中兴碑》。
平生半世看墨本,摩莎石刻鬓成丝。
明皇不作苞桑计,颠倒四海由禄儿。
九庙不守乘舆西,万官已作鸟择栖。
抚军监国太子事,何乃趣取大物为?
事有至难天幸耳,上皇蹢躅还京师。
内间张后色可否,外间李父颐指挥。
南内凄凉几苟活,高将军去事尤危。
臣结《春秋》二三策,臣甫《杜鹃》再拜诗。
安积忠臣痛至骨,世上但赏琼琚词。
同来野僧六七辈,亦有文士相追随。
断崖苍藓对立久,冻雨为洗前朝悲。

宋豫章黄庭坚字鲁直。诸子从行:相、梲、相、楷,春陵尼悟超(下原缺)。

康熙癸丑仲冬月,祁阳令曲安王颐重修刊。邑庠生蒋善苏监修,沁水张镎题。

涪翁此诗作于崇宁三年三月,未及上石,稿藏子发秀才家,乃以私钱刻之《中兴碑》侧。同来相观,南阳何安中得之(下原缺)。

令陆弅景庄，浯溪伯新。宣和庚子十二月廿日书。无诸释可环模刻。

　　石刻位于祁阳浯溪，《大唐中兴颂》左侧。

　　石刻无题。《山谷别集》题为《中兴颂诗引并行记》，《山谷年谱》题为《书磨崖碑后》，乾隆《祁阳县志》题为《黄庭坚中兴颂诗引并行记》，道光《永州府志》题为《宋黄庭坚浯溪题名并诗》。今从《山谷别集》。

　　石刻共有五段。

　　引一段，楷书，四行，大字。

　　诗一段，楷书，六行，大字。

　　记一段，楷书，一行，大字。前为署款"宋豫章黄庭坚字鲁直"，《山谷别集》改作"修水黄某字鲁直"。后为记"诸子从行：相、悦、相、楛，舂陵尼悟超"，"悟超"字后，道光《永州府志》作"□"，光绪《湖南通志》注"缺"。依黄庭坚朝阳岩题刻"崇宁三年三月辛丑，徐武、陶豫、黄庭坚及子相、僧崇广同来"之例，句末当有"同来"等字。

　　重修题记一段，楷书，一行。前为"康熙癸丑仲冬月，祁阳令曲安王颐重修刊"，大字；后为"邑庠生蒋善苏监修，沁水张锦题"，小字。

　　上石题记一段，楷书，字体略小，疑为四行。"涪翁此诗作于崇宁三年三月，未及上石，稿藏"18字，今不见，据桂多荪《浯溪志》补。瞿中溶《古泉山馆金石文编》云："宣和间人题语三行，似记模刻缘起也……宣和跋所存二行，上下亦多磨损不全……当时此诗未及刻石，而墨迹藏于子发秀才家，至宣和时乃勒石耳。"道光《永州府志》、《八琼室金石补正》、光绪《湖南通志》、张庭济《清仪阁题跋》引之，均未录出原文。今按：下文"子发秀才"与"令陆弅"两行对齐，此行18字如属实，似不宜在"子发秀才"之上，当在前一行，今为康熙重修题记所掩。"南阳何安中得之"，据道光《永州府志》补，下注"磨灭"。桂多荪《浯溪志》作"南阳何……"，少录四字。"令陆弁景庄，浯溪伯新。宣和庚子十二月廿日书"，提行另书。桂多荪《浯溪志》《湖湘碑刻·浯溪卷》作"祁阳令陆弁、景庄"，多"祁阳"二字，又误将"陆弁景庄"断句作为两人。"无诸释可环模刻"，今石面似有细字，字已不清，据道光《永州府志》、《八琼室金石补正》、光绪《湖南通志》、张庭济《清仪阁题跋》补，桂多荪《浯溪志》、《湖湘碑刻·浯溪卷》作"无诸释□刻"，少三字。

石刻左侧，有"王叟，古桂□山……"等字，石刻至此而止。

诗刻历代有名。《舆地碑目》云："山谷浯溪诗刻石，后人目为'小磨崖'。"但各家著录均不及桂多荪《浯溪志》详尽，该志揭示出诗刻的磨毁与复原状况。王士禛《浯溪考》："康熙四年，祁阳令某，刻推官某诗，磨去山谷书一角。"今按：原诗由黄庭坚于崇宁三年（1104）书写，交给蒋沛（蒋彦回）收藏。宣和二年（1120），由僧伯新（浯溪伯新）上石。清康熙四年（1665），永州推官张锩巡游浯溪，作五言排律十二韵。待张锩离去，祁阳县知县伊起莘为之上石，石工误将黄庭坚诗大约六行、每行四字磨去。康熙十二年，新任祁阳知县王颐，会同张锩及邑人蒋善苏，重新修复磨毁的部分。张锩诗刻磨毁黄庭坚诗一角，疑王颐修复又磨毁宣和题刻一行。凡此大都出于石工所为，作者往往身已离去，并不知情。

黄庭坚，详见后文。

伯新，又称僧伯新、浯溪伯新，黄庭坚《答浯溪长老新公书》称之为"长老新公"，浯溪禅寺（即中宫寺）住持。"浯溪伯新"意为浯溪禅寺主持。闽人。明何乔远《闽书》卷一百三十七《方外志》有传。

张锩，字念兹，一字见本，山西沁水人。举人，康熙元年（1662）任永州府推官。

伊起莘，字兰皋，浙江平阳人。贡生，康熙五年任祁阳县知县。

王颐，字及万，河北曲周（古称曲安）人。举人，康熙七年任祁阳县知县。

蒋善苏，祁阳县学庠生。

何安中，字得之。陆弁，字景庄。

黄庭坚在湘与僧惠洪有赠答诗，僧惠洪在祁阳与陆弁亦有赠答诗。宣和二年（1120）九月，僧惠洪在浯溪，陆弁曾与之同游。时当诗刻上石之前三个月。

惠洪，一名德洪，字觉范。著有《林间录》《僧宝传》《冷斋夜话》《天厨禁脔》《洪觉范筠溪集》《石门文字禅》等。《冷斋夜话》六卷，多记苏、黄事迹。

王世贞《弇州山人四部稿》："山谷《中兴颂》碑后诗，是论宋语，俯仰感慨，不忍再读，迫急诘屈，亦令人易厌。书法翩翩有致，惜拓摹久，遂多失真者。余谓坡笔以老取妍，谷笔以妍取老，虽侧卧小异，其品格固已相当。跋尾云：'惜不得秦少游妙墨，镌之崖石。'少游当亦善书，尔时谪藤州，故谷念之邪？"

恰如诗刻所言"平生半世看墨本"，黄庭坚及秦观、张耒诸师友早已谙熟《大唐中兴颂》拓本，更颇有刻石浯溪之向往。故一动念之间，牵绊连及，至少28人，可谓浯溪摩崖中一桩佳话。

## 10. 宋宣和间（1119—1125）张耒《读中兴碑》诗刻（138×126厘米）

　　玉环妖血无人扫，渔阳马厌长安草。
　　潼关战骨高于山，万里君王蜀中老。
　　金戈铁马从西来，郭公凛凛英雄才。
　　举旗为风偃为雨，洒扫九庙无尘埃。
　　元功高名谁与纪，风雅不继骚人死。
　　水部胸中星斗文，太师笔下龙蛇字。
　　天遣二子传将来，高山十丈磨苍崖。
　　谁持此碑入我室，使我一见昏眸开。
　　百年废兴增叹嘅，当时数子今安在？
　　君不见，荒凉浯水弃不收，时有游人打碑卖。

石刻位于祁阳浯溪。

《浯溪志》《湖湘碑刻·浯溪卷》据胡仔所载，并补款跋"张耒文潜，秦观少游书"。

石刻后有"正德丙寅十月甲子，予奉命安南国，道浯溪"楷书小字五行，磨泐不清，陆增祥《八琼室金石补正》著录："正德丙寅十月甲子，予奉使安南国，道浯溪，□□程银台德和，道州李弍佐一元偕观，因念（缺）宋黄张二□，时李□祁阳磨崖，要予书，既□看文，乃山谷词也。慨时□□□此心，遂□别加显，惟□□文潜歌程云，殆非湮张□□□仍□书□□，江华□参廷禧按部适至，更为远取刻手，成□□□□□□□□师煜镌。"

诗刻见于张耒《张右史文集》卷八，题为《读中兴颂碑》。

此诗为名篇，胡仔《苕溪渔隐丛话》："余顷岁往来湘中，屡游浯溪，徘徊磨崖碑下，读诸贤留题，惟鲁直、文潜二诗，杰句伟论，殆为绝唱，后来难复措词矣。"

诗刻一说为张耒作，秦观书。胡仔《苕溪渔隐丛话》："余游浯溪，观磨崖碑之侧，有此诗刻石。前云'读《中兴颂》，张耒文潜'，后云'秦观少游书'。当以刻石为正。"

一说为张耒作于衡山，秦观为之书刻。嘉庆《湖南通志》："浯溪诗当是文潜监南岳庙时游题，盖在宣和时。"

一说为秦观代作。《苕溪渔隐丛话》引《复斋漫录》云："韩子苍言，张文潜集中载《中兴颂》诗，疑秦少游作。不惟浯溪有少游字刻，兼详味诗意，亦似少游语也。"陶宗仪《书史会要》云，张耒草书"飘逸可观"，今观拓本，并非如此。

一说为清代重刻。《八琼室金石补正》："右张耒诗，明代模刻，原石已亡矣，近时沈栗仲又书刻之。"桂多荪《浯溪志》引清道光二十七年（1847）沈道宽《重书宛丘诗跋》："田大令令祁阳，戡治胜迹，属为补珍。拙书丑劣，不辱宛丘之诗耶？以备浯溪故事耳。"又引道光二十八年刘希洛《改元颜祠记》："落成，时沈栗仲明府适书刻宛丘诗寄至，剩有余珉，用陈颠末，附嵌祠壁，真浯溪一韵事也。"

张耒，字文潜，楚州淮阴（今属江苏）人。后据陈州宛丘，晚监南岳庙，主管崇福宫卒。仪观甚伟，有雄才，笔力绝健，于骚词尤长。《宋史·文苑传》有传。

张耒未曾至浯溪。邵祖寿《张文潜先生年谱》："按先生足迹未至衡、永，《浯溪诗》系见拓本而作，非亲造碑下也。'谁持此碑入我室，使我一见昏眸开'，此二句可证。"

但秦观曾路经浯溪。

秦观，字少游，一字太虚，扬州高邮（今属江苏）人。《宋史·文苑传》略云：登进士第，调定海主簿、蔡州教授，举贤良方正，除太学博士，校正秘书省书籍，迁正字，复为兼国史院编修官。绍圣初，坐党籍出通判杭州，贬监处州酒税，削秩徙郴州，继编管横州，又徙雷州。徽宗立，复宣德郎，放还，至藤州而卒。

张耒、秦观二人为好友。二人与黄庭坚、晁补之俱游苏轼之门，合称"苏门四学士"。

张耒《读中兴碑》是歌行体，由获见《摩崖碑》拓本而赞咏元结功绩。秦观《漫郎》是七言排律，由亲临其地而称道元结之归隐。或许张耒获见拓本，恰是秦观在浯溪购得。

其后，擅长搜集金石的李清照，获得《摩崖碑》拓本，又见张耒《读中兴碑》诗，遂有《浯溪中兴颂诗和张文潜二首》。详见周辉《清波杂志》。

张耒、秦观二诗大约作于一时，李清照诗则较晚。

张耒诗写作年月不详，暂依嘉庆《湖南通志》系于宣和间。

## 11. 宋淳祐九年（1249）林革《满江红·十载扁舟》（64×96厘米）

十载扁舟，几来往、三吾溪上。天宝事，一回看著，一回惆怅。笔画模糊犹雅健，文章褒贬添悲壮。枉教人、字字费沉吟，评轻重。

西北望，情无量。东南气，真长王。想忠臣应读，宋《中兴颂》。主圣自然皆乐土，时平正好储良将。笑此身、老大尚奔驰，知何用。

右《满江红》，西皋林革，淳祐己酉良月庚子，自淦入桂，舣舟溪浒，有感而作。汲度香桥下流泉书。

石刻在祁阳浯溪，今存。

历代较少著录，《金石萃编》著录："石高三尺八寸，广二尺五寸五分。十行，行十一字至十三字不等。行书。"考证曰："林革题后云'自淦入桂，舣舟溪浒'，'淦'与'赣'同，盖自江南西路之赣州赴荆湖南路之桂阳，道经浯溪也。是时元已灭金，称兵南犯，朝廷方以泗州围解，两淮息兵，论功推赏，侥幸偷安，故林革词有'西北望，情无量。东南气，真长王。想忠臣应读，宋《中兴颂》'云云，盖深望湖湘之一路之长歌乐土也。"

上阕"笔画模糊犹雅健,文章褒贬添悲壮"写元结的《大唐中兴颂》,下阕"宋《中兴颂》"即赵不憙《皇宋中兴圣德颂》,见后文。

度香桥,据乾隆《浯溪新志》卷四:"在唐亭西南三十余步,跨浯溪溪水,过此即与湘水会。两岸幽篁、古木、细蕊、浓花,四时不绝,游者至此,裙屐俱染余香矣。""香桥野色"也是"浯溪八景"之一。

浯溪的词刻较少,相对诗刻而言,词的形式上石较为少见,故此首《满江红》有特殊的文献价值。

## 12. 明天顺六年(1462)沈庆《题磨崖碑》诗刻(146×146厘米)

**题磨崖碑**

予以翰林出佥湖臬,□□□得来祁阳,十有三载,第因公务倥偬，弗克一往浯溪，览昔词苑所谓磨崖碑刻，迹其胜异。今春喜征蛮之便，舟泊崖次，得目偿所愿。且虑久而模糊，漫不可读，亟命工摹刻，以垂永久。因赋歌诗以寄兴云。

粤昔东阁阅图书，摩崖刻石谁能逾？
遒劲颜笔迈羲献，购求墨本逾金珠。
次山之颂抗燕许，风雅体制扬海隅。
唐季孽兴固自取，臣子爱君忠义俱。
婉辞讽谏极深刻，天意有待恢神谟。
元勋将相克戮力，怀有忠愤思捐躯。
雷轰霆击虎龙撼，拔山倒海歼强胡。
腥膻汛扫妖氛息，瑞应大来万物苏。
重欢二圣复宗社，举见万国来朝趋。
表忠录烈逆俦殄，巍巍功业震寰区。
乱臣贼子鉴兹失，宪章百世宁逃诛。
於戏！前车覆首后车鉴，岂独异世为无虞？
更相戒饬保家国，宴安鸩毒良嘉谟。
风雨剥蚀苔藓侵，石刻岁久几模糊。
重镌于焉作远图，不知似兹妙刻世上还有无？

提兵靖边徼，盘桓过此溪。讵意老来眼，得看中兴碑。
崖古石逾莹，世久刻更奇。元颂焕星斗，颜书是蛟螭。
铺张美雄伟，恢复想当时。宜乎百世下，过客群声唏。
猗彼老将功，哀此大腹儿。血流胡鬼哭，碑镌颂声驰。
二圣得重欢，万民俱清夷。事有不偶尔，天其实相之。
扰扰臣贼徒，族诛污名贻。臣结颜真卿，役形书兴辞。
南山石可烂，此刻终不隳。悠悠后来者，宁无动遐思？

大明天顺六年，岁在壬午春三月初吉，中宪大夫、湖广等处提刑按察司副使、奉敕征蛮、前翰林院五经博士、东溪沈庆识。

石刻位于祁阳浯溪。末有"浙江布政司承差陈韬过访故记"小字一行。

沈庆诗刻，一石二首。第一首弘治《永州府志》著录。

沈庆，字仲会，号拙庵，浙江余杭人。明万历《杭州府志》卷八十三《人物十七·国朝政业》有传："沈庆，字仲会，余杭县人。学博才赡，善风角，精鱼鸟阵法。宣德初，由举人官翰林院五经博士。大学士陈循荐庆可大用，升湖广佥事。时靖州五开贼起，庆相度地宜，凿河渠，浚湟堑，自偏桥镇直抵黄平，迁道千余里，由是据壕立兵，始以地利制贼，军民赖之。叛贼李珍、蒙能桀骜猖狂，至僭王号。庆亲率兵突阵，歼厥渠魁，擒获贼党二百余人。成化初，复统兵十万，进攻腊屋、桃林、武岗、南洞等处，一鼓悉擒。加三品俸，进阶亚中大夫。成化辛卯，以老乞归。所著有《拙庵集》。"

沈庆曾新建永州江华县城，又修建永州府学尊道堂。在永州有《爱莲亭》诗。

沈庆在天顺三年（1459）于永州澹岩作《游澹岩偶题》并刻石："江山迎宪节，仙境豁吟眸。瑶草和烟润，琪花带露幽。通天明石窍，曲涧湛银流。篆古岩名淡，凉生景值秋。惯游高阃帅，踵眺毕藩侯。尘鞅安能谢，仙岩企少留。鸾笙听子晋，鹤驾迓浮丘。共说长生话，重添海屋筹。更无夸阆苑，遮莫羡瀛洲。欲去意难舍，思闲簪未投。那堪回首处，天际夕阳休。"署款"大明天顺己卯秋八月既望，中宪大夫、湖广等处提刑按察司副使、前奉敕征蛮、翰林院五经博士，东溪沈庆识"。

又有天顺六年《再游》二首，其一五言："仙岩真福地，三载复重游。青鸟书传远，红云羽盖稠。同行陪五马，讲道忆浮丘。笳鼓催行发，玄都怅莫留。"其二七言："春暖玄都锦作堆，旧游绣豸又重来。雷公轰雨掀龙井，仙子还丹憩凤台。满壁蛟螭碑篆古，数声霄汉鹤群回。欲探洞府无扃钥，千树碧桃开未开。"署款："天顺壬午岁三月望日，东溪拙庵沈庆识。"

## 13. 明成化二年（1466）李厚《题磨崖碑》诗刻（44×50厘米）

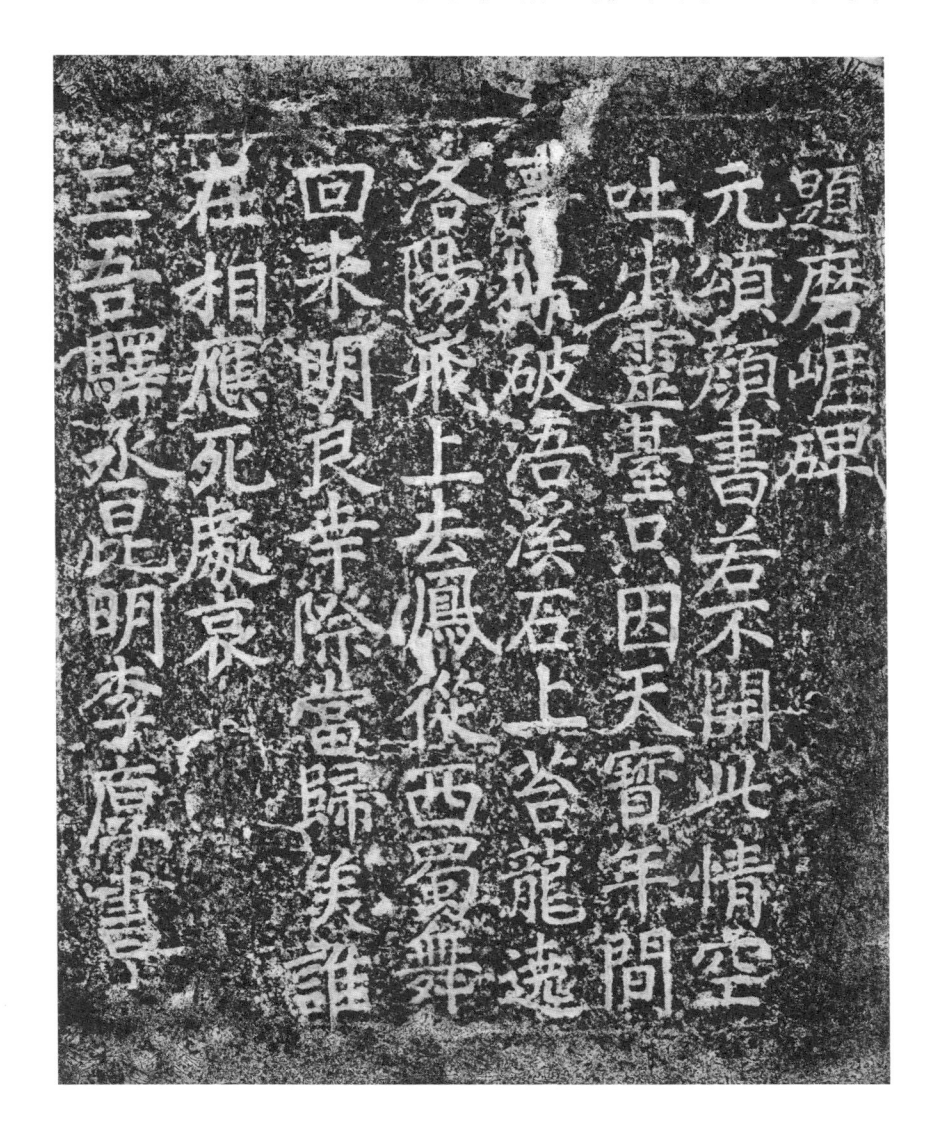

**题磨崖碑**

元颂颜书若不开，此情空吐出灵台。

只因天宝年间事，扫破浯溪石上苔。

龙绕洛阳飞上去，凤从西蜀舞回来。

明良幸际当归美，谁在相应死处哀？
三吾驿丞昆明李厚书。

石刻位于祁阳浯溪。

李厚另有浯溪题名残刻，著录如下：

……［丙］戌中秋，
……良
祁阳知县［南昌］丘致中，典史余干赵伟，儒学训导广陵罗深，金陵杨正，同游此。
三吾驿丞昆明李厚书丹。

宪宗成化年号共23年，其中两"戌"年，即成化二年丙戌（1466）、成化十四年戊戌（1478）。检道光《永州府志·职官表·祁阳》，成化间知县共七人，第一人章纶，第二人邱致中，第三人为吴谦，第七人马成任职12年。邱致中必在成化二年。诗刻、题名当为同时所作，兹定为成化二年（1466）。

李厚，云南昆明人，祁阳县三吾驿丞。

乾隆《祁阳县志》卷四《秩官》明典史有"赵伟"。道光《永州府志·职官表·祁阳》载赵伟正统间任职，宜黄人。

弘治《永州府志》卷三《历代名宦》训导有"罗深"。

弘治《永州府志》卷三《历代名宦》训导有"杨正"。

三吾驿，又称三吾驿站，祁阳县官府所属驿站，通称"县站"。衡阳县衡阳驿90里至祁阳县排山驿，100里至祁阳县三吾驿，100里至零陵县湘口驿。明代三吾驿在祁阳县南门外。一说在县治东15里。清代改设县城长乐门内，康熙初裁，后驿存县署东，称曰"马号"。明代设驿丞一员，有官署。清代设三吾驿丞一员。

14. 清嘉庆十八年（1813）周在廉"千载磨崖颂"诗刻（24×54厘米）

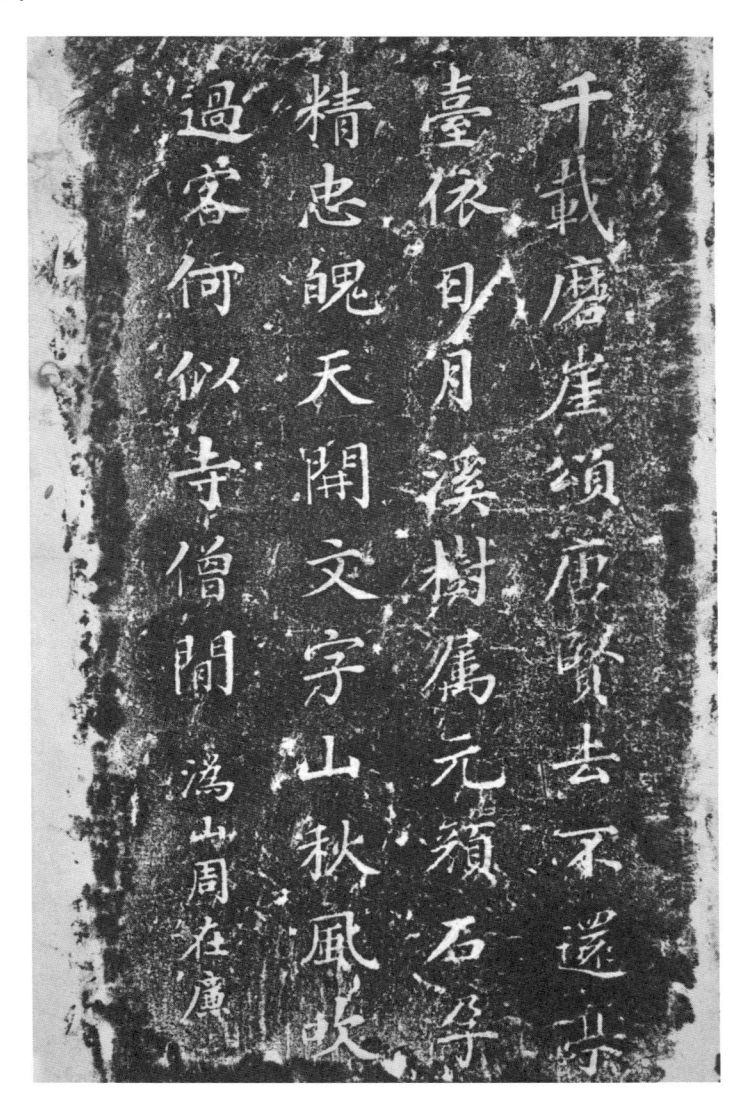

千载磨崖颂，唐贤去不还。亭台依日月，溪树属元颜。石孕精忠魄，天开文字山。秋风吹过客，何似寺僧闲。沩山周在廉。

石刻位于祁阳浯溪，桂多荪《浯溪志》著录。

周在廉，周锸勋侄。

清代宁乡属长沙府湘阴县，在长沙府西北100里，西有大沩山，沩水所出。故周锸勋自署长沙人，周在廉自署沩山人。

周锸勋、周在廉叔侄二人均能诗。嘉庆十三年（1808），何焕编选刊刻《玉潭诗选》，收录宁乡诗作500余首，内有周锸勋32首、周在廉25首。

据周锸勋《游浯溪作》诗刻，周在廉、周在麓、周在宸兄弟三人，与其叔周锸勋同游浯溪。周在廉诗刻无题、无年月，当与周锸勋《游浯溪作》作于同时，即嘉庆十八年癸酉（1813）。

## 15. 清同治元年（1862）何绍基《谈〈中兴颂〉碑有作，用山谷韵》诗刻（83×150厘米）

归舟十次经浯溪，两番手拓《中兴碑》。
外观笔势虽壮阔，中有细筋坚若丝。
咸丰纪元旧题在，时方失恃悲孤儿。石柱上有余辛亥年题字。
次年持节使蜀西，剑州刻如饥鹤栖。剑州有此碑翻本。
既无真墨本上石，何事展转钩摹为？
唐人书易北碑法，惟有平原吾所师。
次山雄文藉不朽，公伟其人笔与挥。
当代无人敢同调，宋贤窃效弱且危。
涪翁扶藜冻雨里，但感元杜颂与诗。
公书固挟忠义出，何乃嗇不赞一词。
海琴桐轩喜我至，珍墨名楮纷相随。
书律深处请详究，拓本成堆吁可悲。

同治壬戌正月廿三日，於桐轩大令陪游浯溪，知杨梅琴太守方议重修。廿五日至海琴郡斋，谈《中兴颂碑》作此。何绍基。

上篇 《大唐中兴颂》

石刻位于祁阳浯溪，正文行书，八行，夹注作双行小字。款跋行书三行。

何绍基，字子贞，号东洲，晚号蝯叟，湖南道州（今永州市道县）人。著有《惜道味斋经说》《说文段注驳正》《东洲草堂诗钞》《东洲草堂文钞》，与丁晏同撰《山阳县志》，以及刊刻《宋元学案》等。《清史稿·文苑传》有传。

何绍基工书，《清史稿·艺术传》称："咸、同以来，以书名者，何绍基、张裕钊、翁同龢三家最著。"

此刻诗、书、文俱佳，布局讲究，以碑法、书律专论浯溪《大唐中兴颂》碑拓，又兼论元结、颜真卿、黄庭坚之为人，且述及何氏与杨翰、於桐轩捶拓碑帖的过程，堪称诗史。

诗刻无题，有跋。诗句又见何绍基《东洲草堂诗钞》卷二十四，有题，无跋。题为《正月廿三日，於桐轩大令陪游浯溪，言杨海琴太守方议重修，廿五日至海琴郡斋，谈〈中兴颂〉碑有作，用山谷韵》。题与跋，古人石刻、别集中可以活用。

"山谷韵"，即黄庭坚"春风吹船著浯溪，扶藜上读《中兴碑》"诗。浯溪石刻今存，诗刻无题，《山谷别集》题为《中兴颂诗引并行记》。

於桐轩，即於学琴，字桐轩，江苏丹阳人。廪贡生，历任湖南湘阴、沅陵、祁阳县知县，加运同衔。

杨翰，字伯飞，号海琴，又号樗盦，晚号息柯居士，斋室名有褱遗草堂、浯上草堂、洗心斋、碑梦轩、浯上寄庐、铁缘斋、归石轩、愚园，直隶新城人（一作宛平人）。道光二十五年（1845）进士，历官常德、沅州、永州知府，湖南辰沅永靖兵备道。杨翰工书画，山水笔意恬雅，书法效何绍基体。又喜考据金石。著作有《褱遗草堂诗钞》十二卷、《息柯杂著》八卷、《息柯白笺》八卷，又有《粤西得碑记》《归石轩画谈》《梦缘亭会合诗》《先德录》，合刊为《息柯居士全集》。

传记又见李元度《国朝先正事略补编》、李浚之《清画家诗史·辛上》、震钧《国朝书人辑略》、秦祖永《桐阴论画三编》、汪鋆《扬州画苑录》、李放《皇清书史》、缪荃孙光绪《顺天府志》、杨彝珍《辰沅永靖兵备道杨公墓志铭》、杨世猷《希贤斋文钞》、朱克敬《儒林琐记》、朱汝珍《词林辑略》、徐世昌《晚晴簃诗汇》、陶湘《昭代名人尺牍续集小传》、金梁《近世人物志》、盛叔清《清代画史增编》、江铭忠《清代画史补录》、窦镇《国朝书画家笔录》、马宗霍《书林藻鉴》等。

杨翰在永州多有兴建。零陵东三里，东向临水，有"小朝阳岩"，幽峭隐秀，杨翰更名"息影岩"，上建清晖阁、澹虑亭，赋诗作记刻石上，与朝阳岩并称胜景。同治十一年（1872），杨翰辞官辰沅永靖兵备道，奉母隐居浯溪，子孙落籍永州祁阳。桂多荪《浯溪志》云："过元家坊为中堂，即元颜祠。祠南为漫郎园，元浯溪书院、清杨翰息柯别墅均在焉。园今为祁阳陶铸中学校舍。"

## 16. 清光绪十九年（1893）吴大澂《浯溪铭（有叙）》（203×88厘米）

### 浯溪铭 有叙

浯溪发源于双井，至祁阳县南五里入湘，本无名也，名之自次山始。余阅武至永州，过潇水之上，访柳子厚所居之愚溪，无一歇息之所，亭、池、丘、岛，眇不可追。独浯溪石刻，至今无恙，有亭有台，可登可眺。顾而乐之，乃为铭曰：

永州名迹，愚溪浯溪。浯溪之石，元公所题。

石有时泐，台有时圮。万古常流，涓涓此水。

涓涓不竭，汇湘入江。导源双井，绝壁飞淙。

行者惊奇，游者心爱。爱公篆铭，一铭而再。

抚湘使者吴大澂，光绪十有九年夏四月。


石刻位于祁阳浯溪。

"抚湘使者"为湖南巡抚的别称。湖南巡抚，雍正二年（1724）

设,全称"巡抚湖南等处地方提督军务节制各镇兼理粮饷",简称"巡抚"。

吴大澂(1835—1902),字止敬,又字清卿,号恒轩,又号愙斋,江苏吴县(今江苏苏州)人。同治七年(1868)进士,历官史馆编修、陕甘学政、河北道员、太仆寺卿、太常寺卿、通政使、左都御史、广东巡抚、河南山东河道总督。光绪十八年(1892)授湖南巡抚,二十一年再任,寻罢。工书画,精金石,著有《说文古籀补》《古玉图考》《权衡度量考》《愙斋集古录》《恒轩所见所藏吉金录》《愙斋文集》等。《清史稿》有传,略云:"(光绪)十八年,授湖南巡抚。朝鲜东学党之乱也,日本与中国开衅,朝议皆主战。大澂因自请率湘军赴前敌,优诏允之。二十一年,出关会诸军规复海城,而日本由间道取牛庄。魏光焘往御,战不利。李光久驰救之,亦败,仅以数骑免。大澂愤湘军尽覆,拔剑欲自裁,王同愈在侧,格阻之……光焘请申军法,大澂叹曰:'余实不能军,当自请严议。'退入关,奉革职留任之旨。乃还湖南,寻命开缺。二十四年,复降旨革职,永不叙用。二十八年卒,年六十八。"又云:"大澂善篆籀,罢官后,贫甚,售书画、古铜器自给。"

徐世昌《晚晴簃诗汇》收录吴大澂诗三首,《晚晴簃诗话》云:"愙斋夙喜谈兵,而实非所长。甲午之役,为世诟病。独于金石书画,致力颇深。尤工篆书,一时推独步。李越缦送其视学秦陇诗云:'当代论金石,潘陈古癖推。翰林谁继起,吾子擅清才。余艺兼图绘,高斋足鼎彝。读书期有用,都赵等舆台。百二秦关启,山河接陇凉。至尊方侧席,大帅已平羌。忼慨登车始,文章致治长。此邦多古迹,余事及缣缃。'"

光绪十九年上半年,湖南境内除醴陵旱灾外,并无大事,守土安宁,故吴大澂颇有闲暇,悠游山林,刻石为快。

## 17. 清光绪十九年（1893）吴大澂《峿台铭（有叙）》（117×280厘米）

### 峿台铭有叙

抚湘使者吴大澂字愙斋撰书

湘江之水,自南而北流,衡山之脉,自北而南迤,奇峰怪石错立于湘滨,若熊罴,若虎豹,若麟,若狮,若古柏之皮裂而莽缠,可惊可愕,可图可咏。舟行三百里,不可殚述,峿台其最著也。远而望之,栈崖峻巚,如斧削成。右江左溪,隐相回抱。古木阴森,松竹相间,环翠笋青,幔岩塞窦,峦壑清幽之致,或为所掩。台踞其巅,乃次山之旧址也。地以人传,兹山之幸矣。鲁公书《中兴颂》刻于崖壁,后有山谷诗刻。次山之铭去台后百余步,字多完好,无风雨剥蚀之虞。余抚是邦,有愧前贤,惟于篆籀古文习之有年,铭

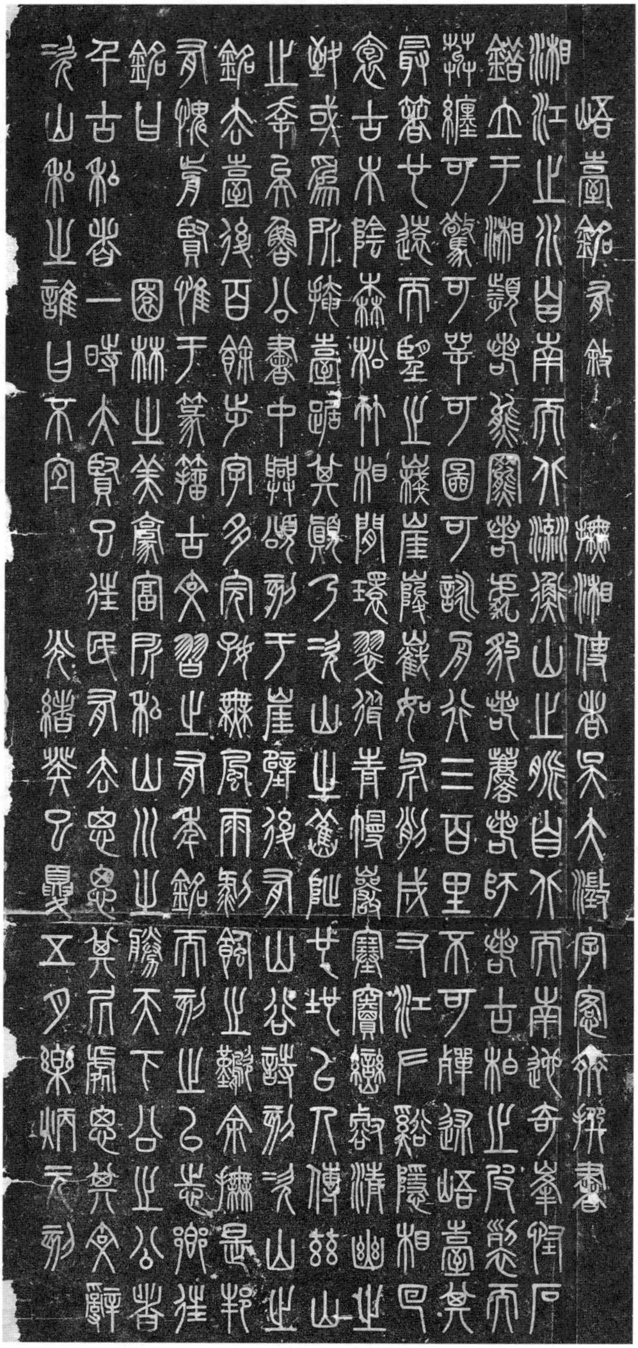

而刻之，以志向往。铭曰：

> 园林之美，豪富所私。山川之胜，天下公之。
> 公者千古，私者一时。大贤已往，民有去思。
> 思其居处，思其文辞。次山私之，谁曰不宜？
> 光绪癸巳夏五月，乐炳元刻。

石刻位于祁阳浯溪。

吴大澂《愙斋自订年谱》载：光绪十九年，"二月，查阅湖南全省营伍，行抵衡州，登衡山，道出浯溪、澹岩，皆有诗刻石"。

据《愙斋诗存》卷六《使湘集》，吴大澂在光绪十八年岁末登长沙岳麓山，光绪十九年出省，先到宁乡、益阳，往龙阳、常德，经武陵、桃园，至沅陵，再经辰州、辰溪，到怀化、镇筸。自辰溪至衡山，谒衡岳庙，随即到达永州、道州。吴大澂先后召见了"道州牧庆瑞""宁远令彭飞熊""衡、永两郡牧令绅士""祁阳父老"。直到中秋，回到长沙，再登岳麓山，谒长沙李仙女庙。共计得诗60余首。

四月、五月，吴大澂在祁阳浯溪，零陵朝阳岩、澹岩，均有诗刻上石。

光绪《永明县志》卷二十二《学校志四》："允山书院在县西南十二都，阖都公建，虽名书院，实社学也……光绪十九年，吴抚部大澂手题'鄅庠遗教'额。"

乐炳元，永州新田人。工于金石篆刻，从吴大澂最久。吴大澂多幅作品由乐炳元篆刻。

徐崇立《王大令鸭头丸帖真迹拓本》："乐炳元，新田县人。吴愙斋抚湘时，所书碑碣及篆《论语》《孝经》《说文》《古籀补》，皆其手刻。民国十年犹见之长沙，为人刻石，年近七十，今久殁矣。旧藏《十六金符斋印谱》，其手印也。"

徐崇立《吴愙斋篆文〈论语〉跋》："是本为新田乐炳元刻石。乐翁故工刴劂，光绪间愙斋抚湘，凡刻石皆翁奏刀。既老家居，所藏愙斋金石拓本犹有存者。庚申春，予与亡友刘雨人居永州军幕，因永明蒲毓彭从翁购得是本，且各得《十六金符斋印存》一册。"见《湖南近现代藏书家题跋选》第二册《瓿翁题跋》。

吴大澂楷书《李仙女庙碑》，署款"光绪廿一年岁在乙未夏六月，抚湘使者吴县吴大澂敬撰并书"，亦乐炳元刻石。

吴大澂重刻朱子诗碑，跋云："朱子赠南轩先生诗二首，载在《朱子年谱》，此卷墨迹余得之粤中，曾嘱乐炳元以端石摹刻之。兹来湘水，重钩勒石，置之岳麓书院，当与北海遗碑并传不朽。光绪癸子九月，吴大澂识。新安朱熹书，长沙蒋畴摹石。"碑存岳麓书院。

## 18. 清光绪十九年（1893）吴大澂《癸巳三月三十日雨中游浯溪，读〈中兴颂〉，次山谷诗韵》诗刻（83×151厘米）

**癸巳三月三十日雨中游浯溪，读《中兴颂》，次山谷诗韵**

潇湘奇气钟浯溪，次山文字鲁公碑。
我喜涪翁诗律劲，石栏坐对雨丝丝。
唐祚中衰寇患起，太息朔方无健儿。
六龙远去蜀江西，鸾凤纷纷枳棘栖。
灵武即位上皇复，歌功勒石臣能为。
作者文雄书者健，忠清亮直皆吾师。
若以墨本工摩刻，徒资文士霜毫挥。
古今循吏为君国，身与磐石关安危。
杜老书名吾未睹，千秋犹诵《舂陵》诗。
元祐残碑未磨灭，吁嗟党祸起文词。
宜州谪所去不远，清游时有高僧随。
两碑读罢一慨叹，苍崖日暮啼猿悲。
抚湘使者吴大澂。

石刻位于祁阳浯溪。此诗又见《愙斋诗存》卷六《使湘集》，题为《雨中游浯溪读〈中兴颂〉和山谷老人韵》，题注"三十日"。

癸巳三月二十日酉申遊浯溪讀中興頌次山谷詩韻

瀟湘奇氣鍾浯溪次山文字魯公碑我嘉沼翁詩律勁石欄坐對兩絲唐祚中衰冠惠起太息朔方無健兒六龍遠去蜀江西鷥鳳紛紛枳棘栖鸞武卯位上皇復歌功勒石臣能為作者父雄書者健忠清亮直肯吾師若以墨本工摹刻徒資父士霜毫揮古冷瀕史為君國身興磐石閟安危杜老書名要來觀千秋猶誦舂陵詩元祐殘碑未磨滅吁嗟黨禍起父詞宜州謫所去不遠清遊時有高僧隨兩碑讀罷一慨歎蒼崖日暮啼猿悲撫湘俠者吳大澂

除《浯溪铭（有叙）》《峿台铭（有叙）》《癸巳三月三十日雨中游浯溪，读〈中兴颂〉，次山谷诗韵》，吴大澂又有朝阳岩《偕光缉甫太守熙同游朝阳岩，和山谷老人诗韵》，署款"光绪十九年癸巳夏四月，抚湘使者吴大澂题"，石刻今存。《愙斋诗存》题为《游朝阳岩和山谷老人韵》，题注"同游者光缉甫太守"。

又有《游澹山岩和山谷老人韵》，题注"四月初三日"，石刻已佚。诗见《愙斋诗存》。

"次山文字鲁公碑"指《大唐中兴颂》。"涪翁诗律"指黄庭坚《中兴颂诗引并行记》。"《舂陵》诗"指元结的《舂陵行》。"元祐残碑"指《元祐党籍碑》。"两碑"指《大唐中兴颂》《中兴颂诗引并行记》。

## 四　公者千古：纪咏元结

"吾人诗家秀，博采世上名。粲粲元道州，前圣畏后生"，这是大诗人杜甫对元结的评价。元结卒后，最早吟咏他的是爱国将领、安南都护府都护张舟，以及韩愈的高足皇甫湜。宋代以后，吟咏不绝。北宋陶岳《零陵总记》多记浯溪，明代何镗《名山胜概记》收录元结七篇游记列为"湖南杂记"。

元结在湖南，凡所撰文游历，有"十九铭一颂"，为后人留下了众多的"不动产"。元结晚年更是落籍祁阳，定居浯溪，最终使浯溪形成了震撼世人的江南第一碑林，实现了后人所称的"公者千古，私者一时"。1994年，民进中央主席雷洁琼为韶山毛泽东纪念馆题词，引用了吴大澂《峿台铭》中这句原文。

**19. 唐大和三年（829）皇甫湜"次山有文章"诗刻（62×51厘米）**

次山有文章，可愧只在碑。然长于指叙，约絜多余态。
心语适相应，出句多分外。于诸作者间，拔截成一队。
中行虽富剧，粹美君可盖。子昂感遇佳，未若君雅裁。

退之全而神，上与千年对。李杜才海翻，高下非可概。
文于一气间，为物莫与大。先王路不荒，岂不仰吾辈？
石屏立衙衙，溪口啼素濑。我思何人知，徒倚如有赖。
侍御史内供奉皇甫湜。

石刻位于祁阳浯溪，诗刻无题，《全唐诗》录作《题浯溪石》，宋溶《浯溪新志》录作《读中兴颂》。

诗刻无年月署款。皇甫湜曾至湖南，有《唐衡岳寺大德瑗律禅师碑》，赵明诚《金石录》著录为大和三年（1829），或云大和五年。光绪《湖南通志·金石志》云："《金石补正》《萃编》列元和末。按《金石录目》载皇甫湜撰《衡岳寺瑗公碑》为大和三年，是持正至湖南在大和间，此诗当作于是时。"桂多荪《浯溪志》考订为"元和五年岁次庚寅□月□日"。兹定为大和三年。

诗刻或为旧迹重勒。弘治《永州府志》引皇祐六年（1054）新安孙适《浯溪三绝堂记》云："颂之左，皇甫湜诗，文漫不明，浚而新之。"道光《永州府志》引钱邦芑《游浯溪记》云："皇甫湜五言古诗一，字画完好，当是后人重刻。"

皇甫湜，字持正，睦州新安（今浙江淳安）人。韩愈弟子，撰有《韩文公神道碑》。元和元年（806）进士，释褐为陆浑尉，仕至工部郎中。《新唐书·文艺传》载："唐有天下三百年，文章无虑三变……大历、贞元间，美才辈出，擩哜道真，涵泳圣涯，于是韩愈倡之，柳宗元、李翱、皇甫湜等和之，排逐百家，法度森严，抵轹晋、魏，上轧汉、周，唐之文完然为一王法，此其极也。"

皇甫湜诗刻是对元结《大唐中兴颂》的最早评述，而对于皇甫湜的观点，后人亦有议论。

洪迈《容斋随笔》："皇甫湜、李翱，虽为韩门弟子，而皆不能诗，浯溪石间有湜一诗，为元结而作，其词云……味此诗乃论唐人文章耳，风格殊无可采也。"

陆游《跋皇甫先生文集》："右一诗在浯溪《中兴颂》傍石间。《持正集》中无诗，诗见于世者此一篇耳，然自是杰作。近时有《容斋随笔》亦载此诗，乃云'风格殊无可采'。人之所见恐不应如此，或是传写误耳。"

《四库总目提要》云："《皇甫持正集》六卷……集中无诗，洪迈《容斋随笔》尝记其《浯溪》一篇，以为风格无可采。陆游跋湜集，则以为自是杰作，迈语为传写之误。今考此诗为论文而作。李白集之'大雅久不作'一篇，苏轼集之'我虽不工书'一篇，即是此格，安可全诋？游之所辨是也。"

此诗以外，《全唐诗》收录皇甫湜《石佛谷》《出世篇》二首，又有韩愈《陆浑山火和皇甫湜用其韵》《读皇甫湜公安园池诗书其后二首》。陆游《再跋皇甫先生文集后》又云："皇甫祠部文集外所作亦为遒逸，非无意于深密，盖或未遑尔。据此则持正自有诗集孤行，故文集中无诗，非不作也。"

20. 宋崇宁三年（1104）黄庭坚《书元次山〈欸乃曲〉并跋》诗刻（182×38厘米）

千里枫林烟雨深，无朝无莫有猿吟。
停桡静听曲中意，好是云山韶濩音。

零陵郡北湘水东，浯溪形胜满湘中。
溪口石颠堪自逸，谁能相伴作渔翁？

　　右元次山《欸乃曲》，欸音霭，湘中节歌声，子厚《渔父词》有"欸乃一声山水渌"之句，书"款"乃少年多承误妄用之，可笑。

　　石刻位于祁阳浯溪，已经模糊难辨，尚可感受山谷书风。
　　胡仔《苕溪渔隐丛话》："《苕溪渔隐》曰：'余游浯溪，读磨崖《中兴颂》，于碑侧有山谷所书《欸乃曲》，因以百钱习碑本以归，今录入《丛话》。又《元次山集·欸乃曲》注云：欸音袄，乃音霭，棹船之声。洪驹父《诗话》谓欸音霭，乃音袄，遂反其音。是不曾看《元次山集》及山谷此碑，而妄为之音耳。'"

陆增祥《金石补正》："右《欸乃曲》在磨崖碑亭下，沙土壅蔽，咸丰末始搜得之，故永志以佚，近代金石家均未见也。碑无年月署款，审其笔意，确是文节手笔。《苕溪渔隐丛话》所言决不谬妄，时当在崇宁三年，与《中兴颂题记》同时。石右下方缺一角，磨勒十七字，据《丛话》补之，《祁阳志》载此前后倒置，并误'静'为'试'，误'濩'为'頀'，误'颠'为'巅'，误'人'为'能'。又志载尚有三首，石本所无。"

## 21. 宋景定三年（1262）文有年《题元子故宅》诗刻（67×80厘米）

### 题元子故宅

漫郎百事皆漫尔，独有溪山认作吾。
念无一物镇泉石，生怕偃蹇羞吾徒。
灵武中兴功掩德，天地大义须人扶。
宁将善颂寓谲谏，百世闻之立懦夫。
太师劲气形于笔，二美能兼自古无。
后来衮衮下注脚，识者涪翁次石湖。
松煤狼籍楮山赭，空谷雷响工传摹。
徘徊熟玩长太息，世道日与湘流俱。
宋景定壬戌三月上七日，眉山文有年。

石刻位于祁阳浯溪。

文有年，四川眉山人，宝祐进士。余无考。《题元子故宅》诗刻作于宋理宗景定三年（1262），其时文有年在永州任从事，在浯溪、澹岩、朝阳岩等地皆留有诗刻，此篇为纪咏元结之作。

弘治《永州府志》载："相儒堂在府学旧教授之西。宋景定间前

教授皮龙荣入参大政，教授吴之道辟公廨之西作堂，以识其盛。"并载吴之道请其同年文有年所作《相儒堂记》，存录全文。

道光《永州府志》载文有年《澹山岩诗》："为爱溪山来永州，黄茅白苇使人愁。驱车遥指崟峰去，峰在潇湘最上头。江转峰回景奇绝，澹山嵌窦真天设。摩挲丹灶酌石泉，仿佛曾游今几劫。征君征君苦避秦，一秦人又一秦人。青山踏破无肩镵，何地堪逃世上尘。景定壬戌四月望，郡从事眉山文有年题，于是吾宗默庵开堂之三日也。住山应远上石。"小字注云："书九行，《金石萃编》按：系行书，字极飘忽。"石刻已毁，尚存旧拓。据旧拓，"峰在潇湘最上头"当为"峰在潇江最上头"。又载有《朝阳岩》《群玉山》诗："朗吟晓过潇江曲，锦色平铺乱川绿。翠展突兀一千寻，独上高冈展遐瞩。不知威凤何处鸣，但见烛龙初出谷。神仙洞府寄山阿，中有寒泉锵佩玉。仰看峭拔俯涟漪，似与幽人隔尘俗。漫郎好事破天荒，此意吾侪当继续。右《朝阳岩》。零陵旧有舜遗风，玉帛充庭万国同。留得珠璜满空谷，更将丛磬贮当中。款款跻攀缓缓归，约回徒御勿相随。鳞皴夹道皆千尺，只听松风亦自奇。右《群玉山》。景定甲子劝农日，郡从事眉山文有年。"石刻已毁。

## 22. 明成化二十一年（1485）薛纲"浯溪石，次山文"诗刻（75×45厘米）

浯溪石，次山文，太师健笔驱风云。
古今具得赏三绝，事有至难休易论。
成化二十一年闰四月二十三日，湖广按察副使山阴薛纲识。

石刻位于祁阳浯溪。弘治《永州府志》卷七《祁阳县纪述》收录。

薛纲，字之纲，山阴（今浙江绍兴）人。明英宗天顺八年（1464）进士，累官湖广提学副使、广东按察使、云南布政使等。督学理政皆有功，善诗文，有《三湘集》《榕阴蛙吹》等诗文集，已佚，作品散见于各地方志中。

万历《绍兴府志》载："薛纲，字之纲，山阴人。以进士拜御史，巡按陕西，其所建明皆边防大计。已督学南畿，学政振举，擢湖广副使，督学如初。历广东按察使、云南布政，皆善其职。以老乞归，寻卒于家。纲简直夷坦，不矫激而能持正，为文醇雅，有深沉之思。所著有《三湘集》《榕阴蛙吹》等编，艺林多称之。"

弘治《永州府志》卷七《祁阳县纪述》又有薛纲《凤䯀原》《鹤翔岭》《文笔峰》《玉带江》《晚翠冈》《晴苍坞》《洁玉林》《清香池》《锦屏春》《金丸晓》诗一组十首。

这首诗刻以历史是非立论，而着意咏"三绝"，即浯溪石绝，元次山文绝，颜真卿书绝。

"太师"指颜真卿，颜真卿官至吏部尚书、太子太师。

## 23. 清康熙十三年（1674）田山玉书元结《朝阳岩铭》

### 唐元次山朝阳岩铭

永泰丙午中，自舂陵至零陵，爱其郭中有水石之异，泊舟寻之，得岩与洞。於戏岩洞！此邦之形胜也，自古蒙之，亦无名称。以其东向，遂以命之焉。且摄刺史独孤愐为吾剪辟榛荟，后摄刺史窦必为吾创制茅阁，于是朝阳水石，始为胜绝之名。已而刻铭岩下，以示来世。铭曰：

　　於戏朝阳，怪异难状。苍苍半山，如在水上。
　　朝阳水石，可谓幽奇。岩下洞口，洞中泉垂。
　　彼高岩绝，崖深洞寒。纵僻在幽远，犹宜往焉。

况郡城井邑，岩洞相对。无人修赏，竟使芜秽。
刻铭岩下，问我何为？欲零陵水石，世人有知。

时甲寅中秋，零邑后学田山玉书石。

元结在永州所作铭，皆刻于石崖，如《阳华岩铭》《浯溪铭》《峿台铭》《㟽庼铭》，迄今尚在。而《朝阳岩铭》久佚，石刻真迹自宋欧阳修、赵明诚以来不见著录。后有人重刻《朝阳岩铭》，目前所知共四家，一为北宋陈瞻，二为明代朱衮，三为清初田山玉，四为杨翰。前三家重刻亦佚，杨翰所刻仍存原石，田山玉所刻尚存旧拓。

康熙九年（1670）《永州府志·姓氏》："校定：田山玉，字仲文。"志中并载田山玉所作零陵名胜游记多篇。田山玉重刻《朝阳岩铭》，分书11行，文末有署款曰"时甲寅中秋零邑后学田山玉书石"。此甲寅当是康熙十三年（1674）。嘉庆间，王昶始著录之，瞿中溶、宗绩辰、陆增祥续有著录。

王昶《金石萃编》卷九十九云："唐元次山《朝阳岩铭》：石高三尺九寸，广二尺五寸六分，十一行，行二十二字，隶书，在零陵县岩内。"又云："甲寅为大历九年，盖次山题铭后九年矣。下题'零邑后学田山玉书石'，'后学'之称始见于此。"卷四十一《附录诸碑所载事物缘起》又云："后学，大历九年《朝阳岩铭》题云'零邑后学田山玉书名'。"盖误以为田山玉为唐人，而其"后学"之称谓为最早出处。梁章钜《称谓录》卷三十二"后学"条沿其误。甘鹏云《崇雅堂碑录》卷四："元次山《朝阳岩记》：田山玉八分书，甲寅中秋，湖南零陵。按：甲寅为理宗宝祐二年。"以为南宋人，亦误。《金石萃编》成书于嘉庆十年（1805），上距田山玉所刻130年，而字迹已有残缺。

瞿中溶《古泉山馆金石文编》有校正："考山玉系国朝康熙间零陵文学，《金石萃编》误为次山同时人。此铭乃近日重摹，非原刻也。"

道光《永州府志》卷十八上《金石略》："唐《朝阳岩铭》，佚，今存摹刻。"下录《古泉山馆金石文编》按语。其所云"摹刻"即田山玉所刻，可知道光年间尚存田山玉重刻。

陆增祥《八琼室金石补正》卷六十："重刻元次山铭：次山原刻久不复存，《萃编》据田山玉重摹本录入，以其有'甲寅'字，而系诸大历九年，殊误。今则易隶为篆，而山玉所镌亦不可见矣。"其所云"易隶为篆"乃杨翰所刻。

秀水钱载于乾隆二十四年（1759）赴广西途经永州，作《游朝阳岩》诗"舂陵避兵永泰年，世有人知铭尚睹"，原注："道州以岩东向，名之曰'朝阳'，而铭曰'岩下洞口，洞中泉垂'，末云'欲零陵水石，世有人知'。刻石，今半裂。"此时上距田山玉所刻，仅十年，不知"今半裂"所云是田山玉所刻否。

田山玉另有《群玉山记》，见道光《永州府志》，有《读都督卢公阅田记》，见《零志补零》。

## 24. 清嘉庆十九年（1814）王显文《游浯溪读元次山诸铭书后》题记（45×90厘米）

### 游浯溪读元次山诸铭书后

去祁阳五里，湘之南岸有溪，林石秀峭。唐元子次山居之，名其溪为浯溪，台为峿台，亭为㠐亭，皆铭之石，世称为"三吾"。后之游者，皆慕三吾之属于次山，而不知次山实公之天下后世者也。何者？溪本无名，自次山吾之，而天下后世之人，皆吾之矣，而次山又何尝独有其吾也？余尝谓世之所有，不必吾有，乃无非吾有。既见者，形在吾目；未见者，理在吾心。但使人皆得其为吾而吾，乃自得其为吾。此平泉、金谷所以同归于尽，而浯溪得以长留千古也。嘉庆甲戌春上巳前一日，余于使便，游浯溪，顾而乐之，无一吾也，而无一非吾，"民吾同胞，物吾与也"。次山有介操，刺道州多惠政，归隐此溪，曾作《大唐中兴颂》，乞颜鲁公书，磨勒溪崖，盖能公所好于天下后世者。余故读其铭而广其意。至于三吾胜境，则前人备言之，余无庸赘及云。

山左王显文字右亭撰并书。

## 上篇 《大唐中兴颂》

道州江华元次山諸銘摩崖

元和陽五里湘之南滸有溪林石秀峭唐元子次山居之名其溪為㵎溪
臺為峿臺巖為唐崇皆銘之石世稱為三吾吾後之進者皆不三吾之屬於
次山而不知次山實吾之大下後世之人皆不次山吾之所有改
天下後世之人皆形在吾目未見者理在吾心但使人梁得
不必吾有乃無非吾有既見者形在吾目未見者理在吾心但使人梁得
其為吾而吾乃自得其為吾此平泉金谷所以同歸於盡而浯溪得以長
笛千古也嘉慶甲戌春上巳前一日余拈使遊浯溪顧而鄉之無一吾
也而無一非吾民吾同胞物吾與也次山有永探刺道州多惠政歸隱此
溪曾作大唐中興頌乞顏魯公書唐勒溪崖盖能公所好樓天下後世者
余故讀其銘而演其意金竹三吾伴憶則前人倫言之梁無廢
山左王毓文字右孝撰并書

石刻位于祁阳浯溪，桂多荪《浯溪志》著录。

王显文，字承序，号右亭，山东临清人。嘉庆三年（1798）戊午科举人，嘉庆四年进士，官山西长治知县、充山西乡试同考官，后任长沙府同知、辰州同知。主修《浏阳县志》。

王显文父王臣，兄王继文。民国《临清县志》有王臣传及王继文、王显文合传云："王继文，字声雅，号苣亭，臣长子也。少承家学，与弟显文相砥砺，嘉庆戊午同举于乡，明年，显文捷南宫，继文以大挑知县分发湖北，署江陵云梦等县，庚午充乡试弥封官。居官一以爱民为心，每听讼，欢欢如老儒说经，勤勤如慈母哺子，积时累月，不闻扑责，吏民相戒勿欺。性尤孝友。其署云梦也，显文已迁郡司马，需次湖南，一日奉檄来，兄弟依依不忍别。后显文卒，讣至，继文援韦乂杨仁以兄丧解官故事，泣请于大府，大府怜而从之。与人谈，恒述庭训。著有《春旭斋诗》。显文，字承序，号右亭，庚申恩科，充山西同考官。著有《群经宫室图考》《学制随笔》《名香斋诗文集》。"

嘉庆十九年（1814）春，因公过浯溪，作此小文刻石摩崖。

此文为元结"三吾"非据吾私有说立论，认为元结名义上说"旌吾独有"，其实是将浯溪胜景发掘传扬以为世人公有。

## 25. 清咸丰十一年（1861）邓传密书元结《朝阳岩铭（并序）》（210×66厘米）

永泰中，自舂陵至零陵，爱其郭中有水石之异，泊舟寻之，得岩与洞。於戏岩洞！此邦形胜也，自古荒之，亦无名称。以其东向，遂以"朝阳"命之焉。前摄刺史独孤愐为吾剪辟榛莽，后摄刺史窦必为吾创制茅阁，于是朝阳水石，始为胜绝之名。已而刻铭岩下，以示来世。铭曰：

　　於戏朝阳，怪异难状。苍苍半山，如在水上。
　　朝阳水石，可谓幽奇。岩下洞口，洞中泉垂。

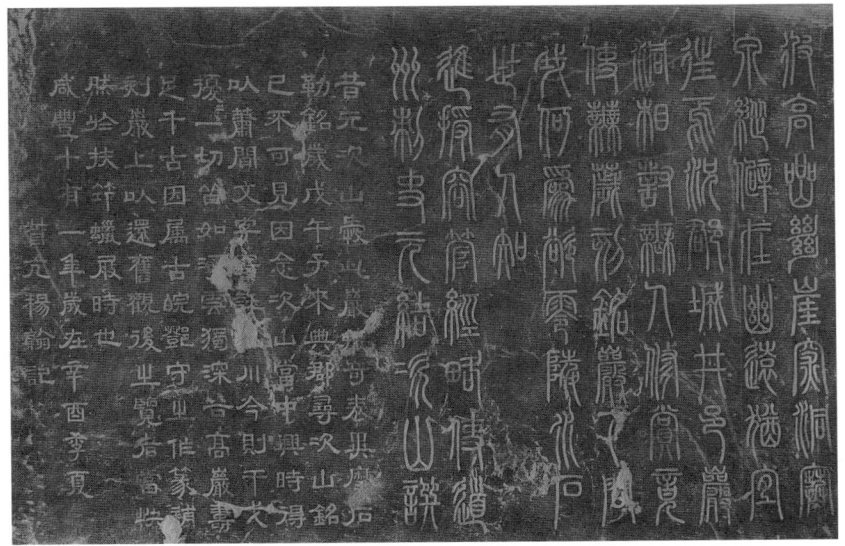

彼高岩绝崖，深洞寒泉。纵僻在幽远，犹宜往焉。

况郡城井邑，岩洞相对。无人修赏，竟使芜萝。

刻铭岩下，问我何为？欲零陵水石，世有人知。

进授容管经略使、道州刺史元结次山撰。

昔元次山爱此岩，搜奇表异，摩石勒铭。岁戊午，予来典郡，寻次山铭，已不可见。因念次山当中兴时，得以萧闲文字，寄托山川。今则干戈扰扰，一切皆如浮云。独深谷高岩，寿足千古。因属古皖邓守之作篆，补刻岩上，以还旧观。后之览者，当快然于扶筇蜡屐时也。

咸丰十有一年岁在辛酉季夏，督亢杨翰记。

石刻位于零陵朝阳岩。

杨翰重刻《朝阳岩铭（并序）》，36行，共两段。《朝阳岩铭》序及署款，邓传密篆书，大字，26行。题记及署款，杨翰隶书，小字，10行。

重刻无题，按《四部丛刊》景江安傅氏双鉴楼藏明正德刊本《唐元次山文集》、《续四部丛刊》明刊本《元次山集》、清董诰辑《全唐文》、清陈鸿墀《全唐文纪事》、近人孙望校《元次山集》，均题作《朝阳岩铭（并序）》。兹据以补题。清陈梦雷《古今图书集成》、清康熙《永州府志》、清康熙《零陵县志》，题为《朝阳岩铭（有序）》。明隆庆《永州府志》作《元结铭（并序）》。

《朝阳岩铭（并序）》文字，各本多异。详见张京华等著《湖南朝阳岩石刻考释》。

元结，详见前。

独孤恂，道光《永州府志》卷十八上《金石略》（及《湖南金石志》）同，卷二上、卷三下、卷六均作"独孤恂"。《朝阳岩集》所载朱衮重刻《朝阳岩铭（并序）》作"独孤佃"。清劳格《唐尚书省郎官石柱题名考》卷一有考证。

清陆增祥《八琼室金石补正》卷六十："窦必名，《通志》亦失载。《永志·官表》……又载窦必名，《世系表》有佖、泌二人，恐讹。案《世系表》佖、泌二人俱不详官位。"

邓传密，字守之，号少白，安徽怀宁人，邓石如之子。民国《怀宁县志》卷十九有传。

杨翰，详见前。

杨翰自咸丰八年（1858）至同治三年（1864）任永州知府。初到永州，即遭遇太平军攻打湖南，杨翰率众坚守永州，首建殊勋。战乱后，杨翰在永州多有兴建。

朝阳岩为元结所开创。"朝阳"之名，典出《诗经·大雅·卷阿》："凤凰鸣矣，于彼高冈。梧桐生矣，于彼朝阳。"朝阳岩在潇水西岸，其高崖面向东，正当朝阳。而朝阳所指，为梧桐与凤凰，梧桐与凤凰所寓，乃是圣贤。元结《朝阳岩下歌》"零陵徒有《先贤传》，水石为娱安可羡"，亦此意。此为朝阳岩命义所在。

唐以后，最早记载朝阳岩的文献，目前已知为宋人《永州图经》与《零陵总记》。

元结《朝阳岩铭》久佚，后有四家重刻，一为北宋陈瞻，二为明代朱衮，三为清初田山玉，四为杨翰。前三家重刻亦佚，仅杨翰所刻仍存。

杨翰此刻，《八琼室金石补正》已著录。陆增祥乃是以《金石萃编》所载田山玉所刻比对杨翰所刻，而评骘其合乎古文与否。按：颜真卿《墓碑铭》云"君其心古，其行古，其言古"，"允矣全德，今之古人"，是为得次山之本心矣。

# 中篇 《大宋中兴颂》
## ——大宋中兴与濂溪理学

宋代君王真宗、仁宗、徽宗、高宗、孝宗、光宗、理宗都有书画才能,有作品传世。宋高宗自谓:"余自魏晋以来,以至六朝笔法,无不临摹,众体备于笔下,意简犹存取舍。至若《禊帖》,测之益深,拟之益严,以至成诵。"陆游曾说:"思陵(指高宗)妙悟八法,留神古雅,访求法书名画,不遗余力。清闲之燕,展玩摹拓不少怠。"马宗霍《书林藻鉴》说:"高宗初学黄字,天下翕然学黄字;后作米字,天下翕然学米字;最后作孙过庭字,而孙字又盛。"

宋代是中国历代文治的顶峰。宋初惩五代之弊,崇文重教,尊重士人,名儒辈出,五星聚奎,文运大开。在国家经济繁荣、社会稳定的保障下,编辑了《太平广记》《太平御览》《文苑英华》《册府元龟》四部大书,创建了应天书院、岳麓书院、白鹿洞书院、嵩阳书院"四大书院",作为新儒家的理学思想尤其突出,成为中古时期国家稳定的精神支柱。两宋理学经历了濂学、洛学、关学、闽学四个阶段,开山鼻祖周敦颐是永州道县人,曾任永州通判。周敦颐最大的贡献是将儒家思想提升到新的哲学高度,给予世界的存在以一种更加合理的、更加善良的解释。从哲学的抽象思维上发展《易经》,从"太极"的概念中延展出"无极"的概念,或者说在"太极"的概念上又发展出"无极"的概念,从而将儒家哲学发展到了一个新阶段。理学应对新的历史环境、新的时代困境,更新儒家思想,给儒家思想重新注入新鲜血液。儒家因为有了理学的更新，继续成功地引导中国社会乃至东亚社会稳定发展近1000年之久。

宋代的永州，不仅使唐人开创的摩崖石刻得到继承，大放异彩，名流往来，诗词题记，随处可见，并且在赏石上出版了《云林石谱》，在古琴上谱成了《潇湘水云》，更在绘画上创作了集画、诗、书于一体的"潇湘八景"。

## 一 刻之坚珉，粲如日星：《皇宋中兴圣德颂》

赵不惪，字仁仲，绍兴二十七年（1157）进士，历官金华县丞、永州通判、开州知州、夔州路转运判官、成都路转运判官、江西路转运判官、明州观察使、昭庆军承宣使，卒赠开府仪同三司，封崇国公。其父赵士㒟被金人所俘，随宋徽宗北迁五国。金朝完颜烈来宋朝，赵不惪为使馆副伴，与金使相见，对揖抗礼。赵不惪平生敬重朱熹、张栻。曾上书请起用朱熹，并为张栻请谥；与叶适交友，叶适为赵不惪撰写了《行状》。

宋孝宗即位之初，赵不惪写下《皇宋中兴圣德颂》，即《大宋中兴颂》，很快就有林革填词，说道"想忠臣应读，《宋中兴颂》"，见浯溪宋淳祐九年（1249）林革《满江红》词刻。

两宋没有完成统一大业，故提及"中兴"最多，在历代史书中，宋代《资治通鉴》有"中兴"词语约70条，《通鉴纪事本末》约40条，而汉代《汉书》《前汉纪》《后汉纪》约50条，唐代《史通》仅20条。当时国家上下，勠力同心，期盼中兴，留正编有《皇宋中兴两朝圣政》，采用《中兴龟鉴》等书体例，卷首有分类事目，列十五门，首列"兴复门"，记载黄源、师维藩、李纲、张寿论"中兴"条目，又载权邦彦献《中兴十议》，汪藻上书《中兴诏旨》，张浚上《中兴备览》之事，熊克撰《皇朝中兴纪事本末》（又名《中兴小历》《宋中兴纪事本末》），画家萧照作《中兴瑞应图》，何异撰有《宋中兴题名》等，"中兴"在此多言恢复中原之事。

## 26. 宋乾道七年（1171）赵不愚《皇宋中兴圣德颂》（710×452厘米）

### 皇宋中兴圣德颂

左朝散郎、夔州路转运判官兼提举学事臣赵不愚撰。

左朝奉郎、潼川府路转运判官兼提举学事臣赵公硕书。

左朝散大夫、直秘阁权发遣夔州军州、主管学事兼管内劝农事、充夔州路兵马都钤辖、兼主管本路安抚司公事，臣王伯庠上石。

臣仰惟：光尧寿圣宪天体道太上皇帝，以圣神文武之资，受天眷命，光启中兴，迨功成三纪，思欲颐神冲粹，与天地并其长久，乃睿谋默运，断自宸衷，亲以洪图，授之主器。今皇帝恳辞切至，渊听莫回，钦奉慈谋，嗣承庆祚，圣继圣，明继明，尽道以事亲，厉精以为治，凡施仁发政，皆得于问安侍膳之余。巍巍乎，揖逊之风，孝治之美，自唐虞以来未有盛于今日。虽宏休茂烈，国史载之，与典谟并行，然歌颂德业，著于金石，为千万世不朽之传，亦臣子归美报上之义，讵敢以固陋辞？臣谨拜手稽首而献颂，曰：

  惟天昭昭，佑我圣朝，是生光尧。
  溥博如天，渊泉如渊，帝德罔愆。
  炎精中微，民心曷归，惟帝是依。
  应龙之翔，于彼睢阳，赤伏呈祥。
  天命诞膺，绍开中兴，大明昭升。
  群盗讫平，六合尘清，复振天声。
  不战屈人，四夷来宾，一视同仁。
  大德好生，善胜不争，措刑寝兵。
  惟民是忧，和好乃修，抚之以柔。
  龟鼎既安，岿然石盘，万国重欢。
  日奉慈宁，尽孝尽伦，四海仪刑。
  宗庙为羞，祴事郊丘，以承天休。
  帝耤躬耕，百谷用成，以供粢盛。

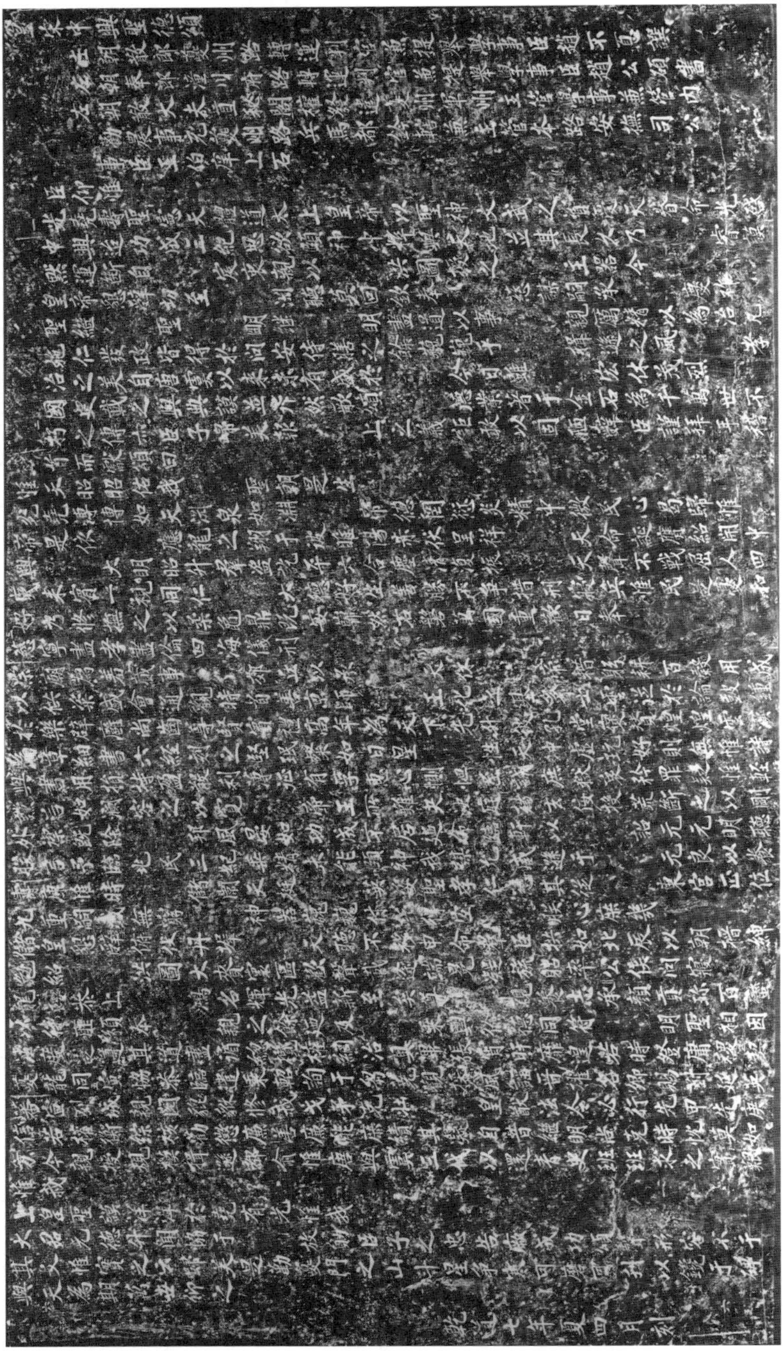

会通观时，首善京师，王化之基。
多士云从，于论鼓钟，于乐辟雍。
尚齿尊贤，宾礼高年，为天下先。
升彼孔堂，褒赞煌煌，云汉为章。
细书六经，刻之坚珉，粲如日星。
性天冲虚，玩好则无，惟诗与书。
用损持盈，散利薄征，有孚惠心。
恻怛至诚，庶狱哀矜，罪疑惟轻。
谠言如澜，容之以宽，帝王所难。
夬决庭扬，去佞投荒，断之以刚。
外御既除，邦风晏如，功成不居。
乃命临轩，以诏元元，明听朕言。
予临兆民，三纪垂精，未能颐神。
我谋允臧，逊于元良，以养寿康。
惟时储闱，天挺英姿，圣孝仁慈。
其从东宫，正位九重，嗣我无穷。
神器巍巍，付托得宜，朕心庶几。
储皇恳辞，俯伏丹墀，天听不移。
申命群臣，拱如北辰，以朝搢绅。
勉绍洪图，大赉寰区，欢声载途。
端冕凝旒，躬率公侯，问寝龙楼。
恭上鸿名，辉光益新，至矣尊亲。
养志承颜，贡珍百蛮，以待匪颁。
奉亲之余，乃及乘舆，俭德同符。
明圣相因，法度是遵，其道尽循。
总揽权纲，治具毕张，宵旰靡遑。
若时登庸，稷契夔龙，同寅协恭。
临遣乘轺，询于刍荛，观采风谣。
晋擢名卿，赐对延英，蕃宣列城。

亲阅貔貅，修我戈矛，克壮皇猷。
法令必行，先甲先庚，信若权衡。
综核劝惩，廉善廉能，庶绩其凝。
自昔继明，尚克时忱，莫如方今。
亲授规模，揖逊都俞，惟唐与虞。
三代以还，青史班班，求之实艰。
惟我上皇，圣谟洋洋，于尧有光。
惟我大君，元德升闻，协于放勋。
臣子之忠，告厥成功，颂声形容。
不于其文，惟实之云，归美是勤。
夔门之山，斗星争寒，可磨可刊。
以镌于碑，与天为期，万世仰之。
乾道七年夏四月刻。

正书，49行，满行26字。

乾道二年（1166），时任永州通判的赵不憙写下《皇宋中兴圣德颂》，盛赞高宗、孝宗两朝"揖逊之风，孝治之美，自唐虞以来未有盛于今日"。乾道七年（1171）刻石于奉节夔门，嘉定二年（1209）再刻于浯溪《大唐中兴颂》之侧。因夔门摩崖位于三峡水库储水线下，2002年切割搬迁到重庆中国三峡博物馆，目前陈列在"壮丽三峡"展厅。

钟兴嗣诗"盍观我宋朝，崖上《中兴碑》"，曾焕诗"元颂颜书山谷诗，还镌我宋《中兴碑》"，李祐孙诗"浯溪崖石与天齐，两刻中兴大业碑"皆咏此颂。书写者赵公硕亦为赵宋宗室，与魏了翁交友，清人叶昌炽认为"宋人摩崖，如赵公硕《中兴圣德颂》、康肃《藏真岩铭》，皆不在鲁公《中兴颂》下"。

最早提到赵不憙撰颂的是南宋叶适《水心文集》，他在《故昭庆军承宣使知大宗正事赠开府仪同三司崇国赵公行状》中说："（赵不憙）在永州时，为《宋中兴圣德颂》，刻诸崖石，楚蜀间传之。"

明正德八年（1513）《夔州府志》最早著录石刻全文。但该志有不少错误，如认为作者是"元人赵惠"，题为《光尧中兴颂》。录文前无撰、书、上石者官衔五行文字，后无"乾道七年夏四月刻"八字，释文中误释和漏句甚多。

清道光七年（1827）《夔州府志》较正确地收录了《宋中兴圣德颂》全文，唯将刻石年款误作"乾道十年"。该府志"金石"类按语云："此碑今尚在峡门石壁上，字如斗大，端楷庄重，远望可读，盖颂宋高宗禅位于孝宗也。壁陡逼江，水急岸高，人不能及，舟不能泊，不便模拓，故此碑今尚完好。"

缪荃孙《艺风堂金石文字目》有著录，仅年款误作"乾道丁亥四月"。

陆增祥《八琼室金石补正》有著录考证。

赵不惪，父赵士圌，曾官集庆军节度使，靖康之变时，与徽宗等同被金人俘去北方。永州澹岩有宋绍兴二十七年（1157）赵士圌妻曹氏诰词摩崖石刻。赵不惪深研朱子学，著有《论语解》，黄宗羲撰《宋元学案》将赵不惪之名与魏了翁、张栻等同列于"晦翁（朱熹）学案"表内。

赵公硕，浚仪（今开封）人，魏王廷美六世孙，绍兴二十一年（1151）进士，曾官余杭令，乾道间任潼川府路转运判官，淳熙间任福建路转运判官。其余不详。善诗，《洞霄诗集》《八琼室金石补正》录有其诗作；工书，书法为时所重，魏了翁就曾称道他的书法，清人蒋廷锡将赵公硕列入"字学典·书家部"之中，唯字迹绝少流传。颂刻每字大小约一掌，通篇一气呵成，磅礴健劲。正书，间或杂有连笔，字体类苏、米字，又具颜字之丰腴，为迄今所见唯一的赵公硕书迹。《宋诗纪事》云："赵公硕，浚仪（治今河南省开封市）人，魏王六世孙。"

王伯庠（1106—1173），字伯礼，章丘（一说历城，今属济南）人，南渡后徙家四明，遂为鄞县（今浙江宁波）人。绍兴二年（1132）进士，曾知阆州。官夔州时，与陆游交善，撰有《云安集》，陆游为之序；又撰有《夔路图经》。

吴式芬《金石汇目分编》考证《宋中兴圣德颂》："赵不憙撰，赵公硕正书，乾道十年四月，峡门石壁上，字大如斗，端楷庄重，远望可读。惟壁陡逼江，水急风高，不便模拓。"故传世拓本极少。

## 二　濂溪真迹：周子手书

周敦颐，字茂叔，谥元，学者尊称濂溪先生、周元公、周子。周敦颐为宋代道州营道县营乐里人，世称"濂溪故里"，今属湖南永州道县。周敦颐历任江西分宁县主簿、南安军司理参军、湖南桂阳县令、江西南昌县令、四川合州判官、江西虔州通判、湖南永州通判摄邵州知州、湖南郴州知府，官至尚书虞部郎中、广南东路转运判官提点刑狱，晚年任江西南康军知军。

周敦颐是中国历史上最著名的哲学家、思想家之一，开创宋明理学，号称"理学鼻祖""理学渊源"。《宋史·道学传》有传，略云："文王、周公既没，孔子有德无位……孔子没，曾子独得其传，传之子思，以及孟子，孟子没而无传……千有余载，至宋中叶，周敦颐出于舂陵，乃得圣贤不传之学，作《太极图说》《通书》……"《宋史·道学传》论理学源流，以周敦颐为理学之首出人物，周敦颐、程颢、程颐、张载、邵雍合称"北宋五子"，共同推动北宋理学的形成。

周敦颐一生留下两篇义理著作给后人，一篇《太极图说》，一篇《通书》。《太极图说》探求义理的精微，《通书》阐发学说的体系。清末王闿运联语赞云："吾道南来，原是濂溪一脉；大江东去，无非湘水余波。""濂溪一脉"即濂学的创兴，"吾道南来"即洛学的南传，"大江东去"则是闽学的开展和分化，包括阳明心学的兴起，乃至在东亚各国的传播。

周敦颐在湖湘地域上的地位，与鬻子、屈原、王夫之并称。曾国藩《湖南文征序》云："周之末，屈原出于其间，《离骚》诸篇为后世言情韵者所祖。逮乎宋世，周子复生于斯，作《太极图说》《通书》，为后世言义理者所祖。两贤者，皆前无师承，创立高文。上与

《诗经》《周易》同风,下而百代逸才举莫能越其范围。"

宋治平元年(1064),周敦颐调为永州通判,实际上于治平三年抵达永州。治平四年秋,周敦颐又前往邵阳,摄邵州知州。周敦颐在永州不过两年,却在零陵朝阳岩、华严岩、澹岩,道县含晖岩,东安九龙岩留下 5 处石刻,这些石刻文物是周敦颐留给后世的最为珍贵的手泽真迹。周敦颐手书石刻真迹,包括三类情况,一为石刻今存,二为今存旧拓,三为未见待访,已知共计 16 通。

江西题刻 3 处 4 通:修水清水岩 2 通,九江东林寺 1 通,零都罗岩 1 通。

广东题刻 5 处 5 通:连州大云岩 1 通,德庆三洲岩 1 通,高要阳春岩 1 通,肇庆星岩 1 通。连州巾山榜书 1 通。

湖南永州题刻 5 处 7 通:朝阳岩 1 通,澹岩 3 通,华严岩 1 通,含晖岩 1 通,九龙岩 1 通。

周敦颐书学颜体,有"凝重古劲""端重沉实""骨力开张""笔意峭折"之评,存世题刻所见,风格一致,可知皆为濂溪先生亲笔。明叶盛《箓竹堂稿》卷八《跋周元公题名》:"点点画画,端重沉实,无一毫苟且姿媚态,观者可以想见先生道德之风。夫以先生之片言只字,流风遗迹,小而名刺,贱如守坟之人,莫不重见于人,如度正之所录则过有道矣。"清代金石家王昶称"周子有书名"。今择存留石刻或旧拓加以欣赏。

## 27. 宋治平三年(1066)周敦颐等朝阳岩题名(40×84 厘米)

荆湖南路提点刑狱公事、尚书职方郎中程浚治之,尚书虞部郎中、知军州事鞠拯道济,尚书比部员外郎、通判军州事周惇颐茂叔,治平三年十二月十二日,同游永州朝阳洞。

题刻在零陵朝阳岩下洞右侧入口处。题刻石面微有斑驳,但在周濂溪诸题刻中,唯以此刻保存最为完好,历 950 余年而无恙,洵可宝贵。

荆湖南路提點刑獄公事尚書職方
郎中程潛涖泣尚書虞部郎中知軍
州事鞠拯道濟尚書比部員外郎通
判軍州事閻惇頤茂叔治平三秊十
二月十二日同遊永州朝陽洞

《金石萃编》、《零志补零》卷下、清道光《永州府志·金石略》、清光绪《零陵县志·艺文·金石》、清光绪《湖南通志·金石志》著录。

《金石萃编》卷一百三十四："高三尺六寸，广一尺六寸，五行，行十四字，正书。"

清道光《永州府志》引《湘侨闻见偶记》："周子题名在朝阳洞下西壁，在岩屋中，不虑风雨。特乞人栖其侧，爨烟熏灼，石色渐变，恐久将裂损耳。"

清光绪《道州志》卷十二《杂撰》："永郡朝阳洞内左旁石上镌有'荆湖南路提点刑狱公事、尚书职方郎中程濬治之，尚书虞部郎中、知军州事鞠拯道济，尚书比部员外郎、通判军州事周惇颐茂叔，治平三年十二月十二日同游永州朝阳洞'六十八字，笔力古劲，疑即周子所书。"

程濬，字治之，四川眉山人。时以尚书职方郎中本官，出任荆湖南路提点刑狱公事。程濬与苏轼、苏辙为中表亲，有记其事者。事迹详见宋吕陶《净德集》卷二十一《太中大夫武昌程公墓志铭》。

鞠拯，字道济，河南浚仪（今开封市）人。时为永州知州。朝阳岩另有鞠拯等题名二通，一题治平丁未，一题熙宁改元。

治平二年（1065），周敦颐任永州通判，治平三年初到任，治平四年在任，至熙宁元年（1068）擢授广南东路转运判官离任。周敦颐所题摩崖石刻，所在多有。周子本名"惇实"，避英宗讳改"惇颐"，南宋时又避光宗讳写作"敦颐"。湖南石刻皆英宗即位后题写，均作"惇颐"。

## 28. 宋治平四年（1067）周敦颐等华严岩题名

荆湖南路转运判官、尚书屯田郎中沈绅公仪，尚书虞部郎中、知军州事鞠拯道济，尚书比部员外郎、通判军州事周惇颐茂叔，治平四年正月九日，同游永州华严岩。

荆湖南路转运判官尚书屯田郎
中沈绅□德尚书屯部郎中知军
州军朝奉□□□尚书屯部郎中
通判军州事□□陈随右迪功郎
新□□□同游永州□□

石刻位于零陵华严岩，今已毁，存旧拓。

清陆增祥《八琼室金石补正》、《零志补零》、清道光《永州府志·金石略》、清光绪《零陵县志·艺文·金石》、清光绪《湖南通志·金石志》著录。崔惟植、周与爵、周沈珂编《周元公集》，邓显鹤编《周子全书》收录。

华严岩在永州府城内，旧有唐柳宗元等人题刻，今毁。

沈绅，见其治平四年（1067）澹岩题名。

鞠拯，见前文。

据旧拓，石刻题名形制与朝阳相似，《留云庵金石审》载曰："字方严，三岩相类，疑即周子所书。此刻在岩外，不蔽风雨，渐将剥蚀，望有心者护惜之。"三岩是指华严岩、朝阳岩、澹岩，可推知为周敦颐书法尺幅或与朝阳岩相当。

### 29. 宋治平四年（1067）周敦颐同家人澹岩题名

比部员外郎、通判永州军州事周惇颐，治平四年二月一日，沿牒归舂陵乡里展墓。三月十三日，回至澹山岩，将家人辈游。侄立，男寿、焘，侄孙蕃侍。

石刻位于零陵澹岩，今已毁，存旧拓。

《金石萃编》、《零志补零》卷下、清道光《永州府志·金石略》、清光绪《零陵县志·艺文·金石》著录。邓显鹤编《周子全书》卷三收录。

《金石萃编》云："高二尺五寸，广二尺二寸，七行，行八字，正书。"

治平元年（1064），周濂溪自虔州移永州，二年到任，三年至四年在永州府通判任上。

王昶《金石萃编》按语："周惇颐，《宋史·道学传》：字茂叔，道州营道人。《东都事略》作舂陵人。按：'舂陵'见《后汉·光武纪》'舂陵节侯买',注云:'舂陵,乡名,本属零陵,在今唐兴县北。'唐兴县名,武德四年所改,天宝初改延唐县,后唐天福中改延喜县,宋乾德初改宁远县,是舂陵本唐兴县之乡名,偶见于《光武纪》,其地本与营道为邻。观周子自题云'沿牒归舂陵乡里展墓',可知其家在营道,先墓在舂陵。传著其贯,而《东都事略》则用其先墓所在之古乡名也。传又云:以任为分宁主簿,调南安军司理参军,移郴之桂阳,徙知南昌,历合州判官,通判虔州,熙宁初知郴州,为广东转运判官,以疾求知南康军,因家庐山莲花峰下,卒。此题凡三见,前治平三年题'尚书虞部员(部)[外]郎、通判军州事',后治平四年二次题'比部员外郎、通判永州军州事',皆传所不载。又侍游者,有男焘、寿,侄立,侄孙蕃,而传只载男寿、焘,不及立、蕃，且但称寿官至宝文阁待制，不详事迹。《书谱》引《魏鹤山集》称：'《濂溪先生帖》，遂宁傅氏藏。'则周子有书名也。《书录解题》载《濂溪集》七卷，是有诗文著述也。而传皆不载。惟《东都事略》载其南安司理之后，有通判永州一语，较史稍详。《宋诗纪事》载寿字李老，一字符翁，元丰五年进士，初任吉州司户，次秀州知录，终司封郎中。《澉水志》载其《题金粟寺庵诗》，盖官秀州时作也。又元翁词翰之妙，前辈多称之，语见《朱子文集》。《纪事》又载焘字次元，元祐进士，为贵池令，官至宝文阁待制。《成都文类》载其《暑雪轩诗》，咸淳《临安志》载其《游天竺观澉水诗》，是尝至浙至蜀矣。凡此皆可广史所未备也。"

《湘侨闻见偶记》："昔见周子至永州后，与侄书，告以先公得赠谏议大夫，又深念先墓，札内询候二十七叔、三十一叔诸叔下而问及于周三辈，盖佃丁之流。每札未必曰'好将息，好将息'，其情意肫笃周至，读之已有'光风霁月'气象，惜不能尽记也。"

清道光《永州府志·金石略》宗绩辰按语："案：此刻周子书，较他刻独瘦劲。"

钱大昕《潜研堂金石文跋尾续》："右周茂叔题名，在永州澹山岩，其文凡七行五十四字。《宋史·道学传》叙元公历官颇详，独不及通判永州，得此可以补史之缺。史容注《山谷外集》云：濂溪二子，寿字季老，后改元翁，于熙宁五年黄裳榜登第，终司封员外郎。焘字通老，后改次元，于元祐三年李常宁榜登第，终徽猷阁待制。本传但云焘终宝文阁待制，而不及焘官位，亦为漏略。兹因题名而牵连及之。"

## 30. 宋治平四年（1067）周敦颐等澹岩题名（110×85厘米）

尚书比部郎中、知军州事鞠拯道济，尚书比部员外郎、通判军州事周惇颐茂叔，军事推官项随，前录事参军刘璞，零陵县令梁宏，司法参军李茂宗，县尉周均，治平四年三月十四日，同游永州澹山岩。

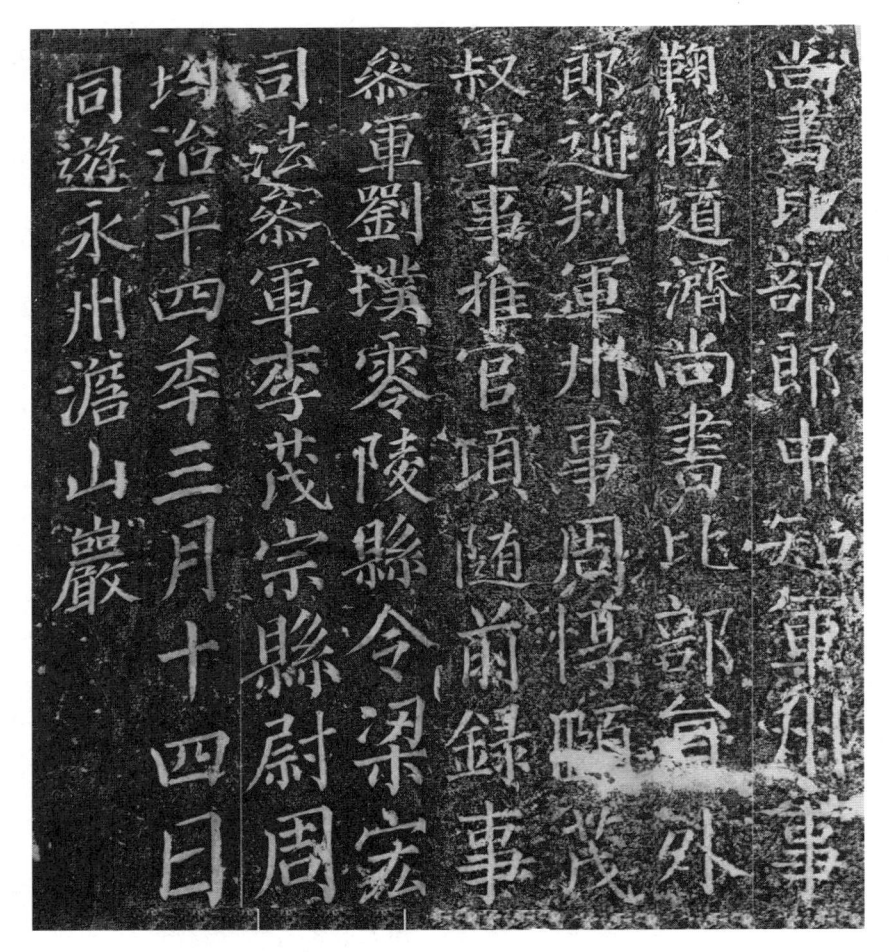

石刻位于零陵澹岩，今毁，存旧拓。《金石萃编》、《零志补零》卷下、清道光《永州府志·金石略》、清光绪《零陵县志·艺文·金石》、清光绪《湖南通志·金石志》著录。邓显鹤编《周子全书》卷三收录。

　　《金石萃编》云："高三尺三寸五分，广三尺一寸三分。八行，行十字，正书。"

　　清光绪《零陵县志》引旧补志："周子还故居必经是岩，往来其间，游题三度，皆岿然久存，是必有神物呵护也。"周敦颐在治平三年（1066）与陈藻、项随、梁宏同游澹岩，石刻已毁，拓片未见，据清王昶《金石萃编》、清宗霱《零志补零》卷下、清宗绩辰《留云庵金石审》、清宗绩辰道光《永州府志·金石略》、清刘沛光绪《零陵县志·艺文·金石》著录，释文为："尚书都官郎中、知军州事陈藻君章，尚书虞部员外、通判军州事周惇颐茂叔，郡从事项随持正，零陵令梁宏巨卿同游。治平三年四月六日题。"《金石萃编》云："横广四尺六寸，高三尺四寸。八行，行七字，正书。"《留云庵金石审》云："大真凝重，字完洁，无剥蚀。山谷碑后出，乃已早泐。可谓暗而章者矣。"

邓显鹤编《周子全书》卷三按语："澹山岩题名，显鹤案：《潜研堂金石文跋尾》云：'右周茂叔题名，在永州澹山岩，其文凡七行五十四字。'今案《濂溪志》所载缺略太甚，今以拓本校之，实五十六字。《潜研堂》所云'可补史之缺'，不诬也。"又云："澹山岩重题名，显鹤案：先生澹山岩题名有二刻，先日从营道回永州，将家人辈偕游。次日鞠拯、项随诸人同来复偕游，均题名刻石。四年十三、十四两日事也。"

又邓显鹤纂道光《宝庆府志》卷二《大政纪二》："英宗治平四年，以周惇颐权知邵州。神宗熙宁元年正月，权知邵州周惇颐迁学于郭外邵水东。先生以永州通守来摄邵事，而迁其学，且属其友孔公延之记而刻焉。"邓显鹤按语："治平三年四月六日澹岩题名，书'尚书虞部员外郎、通判军州事周惇颐茂叔'，十二月十二日朝阳岩题名，书'尚书比部员外郎、通判军州事周惇颐茂叔'，四年正月九日华严岩题名、三月十三日澹山岩题名皆同。濂溪先生权知邵州，《宋史》不书，而官工部员外郎并朱子《事状》亦不言，则朱子《事状》及澹山题名皆可补正史之缺。"

## 31. 宋治平四年（1067）周敦颐九龙岩题名（10×45厘米）

治平四年五月七日，自永倅往权邵守，同家属游春陵，周惇颐记。

石刻位于东安九龙岩洞口，保存完整。

《八琼室金石补正》、明隆庆《永州府志》、清道光《永州府志》、清光绪《东安县志》、清光绪《湖南通志》著录。

《八琼室金石补正》云："九龙岩题刻四十一段，在东安芦洪岩。周子题名，高一尺四寸有余，广三寸。两行，行十二、十三字，字径一寸。正书。"

《留云庵金石审》："右刻在陶羽诗之左，正书，二行。盖行次促迫留题，不似诸岩之谨严也。"

度正《濂溪先生周元公年表》："治平四年五月七日，往权邵守，同家属，去永州百里，过洪陵寺，游九龙岩，题名刻石。"

宋刻《元公周先生濂溪集》及崔惟植、周与爵、周沈珂编《周元公集》未收。

九龙岩在永州东安县，又名九仙岩，两宋时正当邵永古道，建有寺庙，庙主名喜公能诗，故有士人驻足。据统计，现存摩崖石刻近50通。王象之《舆地纪胜》："九龙岩在东安县北一百里，山有岩室，九龙居之。"康熙四年（1665）《永州府志》："九龙岩山形斗立，奇石错陈，洞中物象毕具。"

## 三 天水一脉：赵氏宗亲

南宋时，不少赵氏宗亲来永州，或贬寓，或移官至此，留下众多摩崖石刻，如浯溪有赵彦楠、赵崇宪、赵崇尹、赵崇模、赵不悫、赵必愿、赵善谧，澹岩有赵士圃、赵仲义、赵不揉、赵汝忱，月岩有赵汝谊，含晖岩有赵彦愈、赵师侠、赵汝谊，阳华岩有赵师侠、赵必渂，寒亭暖谷有赵师侠、赵必渂。另外，浯溪还有宋哲宗第三女吴国长公主、驸马潘正夫题刻，等等。叶昌炽《语石》卷八有"宗藩二则"，专门记载了赵氏宗亲的刻石题名。其中说道："南渡虽衰，椒聊繁衍，宗子之秀者登科释褐，不异士流，故类皆工于操翰。上溯熙宁，下讫德祐，撰、书姓名之见于石刻者，实繁有徒矣。"前后记载了86人，可见数量之多。赵氏在湘南的摩崖石刻，体现了宗室诗文和书艺才华。

李心传《建炎以来朝野杂记》记载，宋宗室原"皆聚于京师，熙丰始许居于外"。由于靖康之祸，在京宗室无得免者，数千宗室被金人所俘，这其中就包括到过永州的赵士圌，所以才有南宋时，大批宗室南移至永的一段历史。赵氏在湘南的摩崖石刻，印证了宋宗室避地江南的历史。

## 32. 宋绍兴元年（1131）吴国长公主、驸马潘正夫浯溪题名（89×103厘米）

吴国长公主之荆湖，驸马都尉潘正夫侍亲同来，渡湘江，宿浯溪寺，观唐《中兴碑》。亲属被旨从行者，舅赵子珊、子珮，兄节夫，弟尧夫，男长卿、粹卿、端卿、温卿侍。

石刻现存，在浯溪。

《古泉山馆金石文编》《留云庵金石审》《八琼室金石补正》著录，且对所涉及宗室、刻石时间有考证。

《古泉山馆金石文编》认为"此题名不书年月，而称'吴国长公主'，则在建炎改封之后矣。据前钱逊叔题澹岩，时为建炎四年仲冬，其与正夫唱和又在春，则正夫至永乃绍兴初年事。传言'绍兴四年，入是真，子尧卿等五人各进官一等'。此题名有弟尧夫，而子无尧卿名，又止四人，与传不合。考史于传后历叙正夫子之官阶，亦不及尧卿，岂正夫长子先正夫而没者欤？此题名已无尧卿，则又

在绍兴四年之后，恐史文有错误也"。判定刻石在绍兴年间。

陆增祥以新见石刻证明刻石时间在绍兴元年，《八琼室金石补正》曰："吴国长公主至湘，史传所不详，《通志》以正夫与钱伯言唱和诗刻为证，系于绍兴初年，余尝考得潘正夫乌石山题名，其文云：'建炎中兴，天子受命，吴国长公主始至睢阳。明年春，淮甸荡涤，□向南避于钱塘，车驾幸建康，还复入觐，继适江表，舍胡骑去，至循□水，走湘湖，濒南海而达闽川。'此正其入粤时道经浯溪所题也。彼题名在绍兴二年仲春，以程计之，此题名当在元年可无疑矣。彼题名亦有长卿等四人，与此正同，并无尧卿，或尧卿未随侍行。瞿氏疑其先没，并疑史'绍兴四年，尧卿等五人'之文，恐有错误，殆未必然。"今从之。

吴国长公主，宋哲宗第三女，《宋会要辑稿》载："绍圣四年六月，封康懿公主。元符三年二月，进封嘉国。大观二年二月，改庆国。政和元年二月，改韩国，降左卫将军潘正夫。三年闰四月，改封淑慎帝姬。建炎初复公主号，改封吴国。孝宗即位，进封秦国大长公主。隆兴二年薨，谥康懿。"《宋史》载："秦国康懿（大）长公主，帝第三女也。始封康懿（懿康），进嘉国、庆国。政和二年，改韩国公主，出降潘正夫。改淑慎帝姬。靖康末，与贤德懿行大长公主（庆寿公主）俱以先朝女留于汴。建炎初，复公主号，改封吴国。觐上于越，以玉管笔、小玉山、奇画为献，上温辞却之。避地至婺州。"

潘正夫，拜驸马都尉，官至少傅，封和国公，历事四朝。薨于绍兴二十二年（1152），赠太傅。

据《宋史·宗室世系表》，子珊、子珮皆奉化郡公令缉之子，太祖次子燕王德昭之五世孙，与吴国长公主为昆弟行，故称舅。

## 33. 宋绍兴二十七年（1157）赵士㘭妻曹氏《诰词》石刻（132×75厘米）

诰　词

敕：卫共伯之妇，犹有取于《柏舟》；辟司徒之妻，亦或封之石窌。矧兹懿德，属在近支。义既著于有家，恩岂均于从爵。从义郎不愸母，左监门卫大将军士㘭妻曹氏，承芳后族，媲德宗盟。流离兵革之余，确守闺门之操。事姑尽其孝道，赖尔安全；爱子教以义方，使之奋立。是皆有古女师之风□，可以为今宗妇之表仪。嘉贤嗣之肖家□□□之□□□□□郡，遂开汤沐之封，□□□□□赍笄珈之服。往承□□□□淑□□，特封□□郡夫人，奉敕如右□到□行。

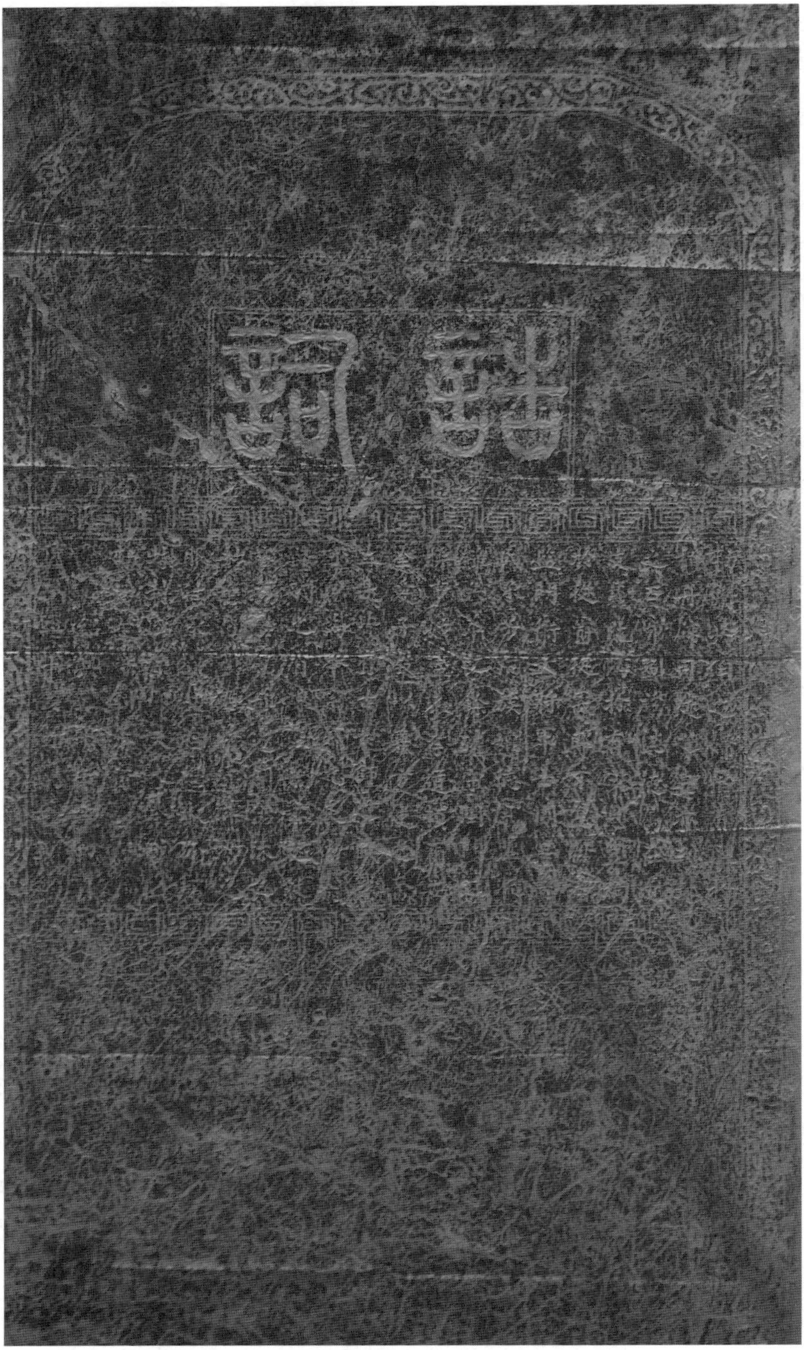

绍兴二十七年四月二十四日。

石刻现存，但因常受雨水侵蚀，现已极为模糊，幸赖陆增祥《八琼室金石补正》著录。

《八琼室金石补正》载曰："赵士圃妻曹氏诰词，高四尺一寸，广二尺四寸。四周花纹，分三截。上截横列'诰词'二字，径四寸，上及左右俱花纹。中截高一尺一寸五分，廿行，行十字，字径八九分，正书。下截一尺一寸六分，小正书，字径五分。"

道光《永州府志》卷十八曰"未见"，并引《湘侨闻见偶记》："澹山岩中旧刻，宋末宗室贞妇纪事。骈文。首四句云：'卫共伯之妇，曾见美于《柏舟》；辟司徒之妻，亦获封于石窌。'高怀祺介亭少时，曾手拓其文。介亭之弟，为余追述，惜忘其姓氏。及后见介序为周之骏室节妇李氏请旌，首联即用此四语也。"光绪《零陵县志》卷十四曰"存"。

《八琼室金石补正》云："右赵士圃妻曹氏诰词，寄刻淡岩，《通志》失采。永志据《湘侨闻见偶记》，以为宋末人，误矣。'犹有取'作'曾见美'，'或封之'作'获封于'，亦误。石作碑形，上圆下方，分三截。上截横列'诰词'二篆字，中截'敕'，下截剥蚀已甚。约卅余行，行约十八字，径五分许。可辨者寥寥数字，竟无一句成读，不能录矣。当令工人再洗拓之，或可得其大概也。赵不惥，时为永州通判，故镌于此。案：史不惥字仁仲。曾祖宗晖。父士圃，北迁遥拜集庆军节度使。史又云，不惥方七岁，每思慕泣涕，既长力学，母曹氏问之，对曰：'君父仇未报，非敢志富贵也。'登进士，调金华丞，治豪何汝翼编配他州，邑人折服，法当超秩。请回授其母，故事止封令人，高宗嘉其志，特封郡夫人。此刻诰词，即其事也。史又云，除不惥永州通判，损民输米倍收之数，辨靖州冤狱数百人，人德之，绘像以祠，是不惥在湘亦卓有政绩。有贤母必有贤子，信然也。其后擢开州，转夔州运判，改成都路，已而摄制司，大破吐蕃，超授右监门卫大将军，惠州防御使，知大宗正事，进明州观察使，招庆军承宣使。卒赠开府仪同三司，封崇国公。不愚为太宗五世孙，故云近支。其称后族者，盖是仁宗后曹氏之族。至所谓流离兵革者，靖康之难，士圉北走也。"

赵不愚在永州写下《皇宋中兴圣德颂》，读其文，知其大义气节。《宋史·宗室四·赵不愚传》曰："居官所至有声，立朝好言天下事。"《行状》赞其"夫高爵重位，不为富贵沉溺，而能退逊以保其节，文雅以发其名，此宗室公族之所谓贤也"。故宋孝宗赞其为"贤宗室"。

曹氏之诰词以摩崖刻石呈现，流传后世，尚属罕见，诰词体现"有贤母必有贤子"，是研究宋朝宗室的宝贵文献。

## 34. 宋淳熙六年（1179）赵汝谊月岩题记（93×85厘米）

汉国赵汝谊，天水赵赓，南郡章颖，祷雨道过穿岩。方暑，如坐广厦。遍览洞石，赏其瑰异。

淳熙己亥秋戊子。

石刻位于道县月岩，保存完整。

赵汝谊，赵氏宗室，赵善良之子，浙江平江府（今属江苏苏州）人。官至右奉直大夫。淳熙四年（1177），任道州知州。淳熙五年，重修濂溪祠、濂溪书院。淳熙六年，在月岩祷雨题刻。

宋龚维蕃《道州重建先生祠记》："前此未有先生祠。绍兴己卯五月，太守向子忞始奉祀于州学之稽古阁，编修胡公铨记之。淳熙乙未，郡博士邹勇迁于敷教堂。戊戌，太守赵汝谊以其逼仄，更创堂四楹，并奉二程先生像，南轩张公为记。"

明王会《濂溪书院图说》："右濂溪书院，在州学西，以祀先生者也……知州事赵汝谊重建，并塑二程先生像。"

章颖，字茂宪，又作茂献，江西临川（今属江西杭州）人，道州教授。曾撰《濂溪故里祠记》，宋龚维蕃《道州重建先生祠记》：

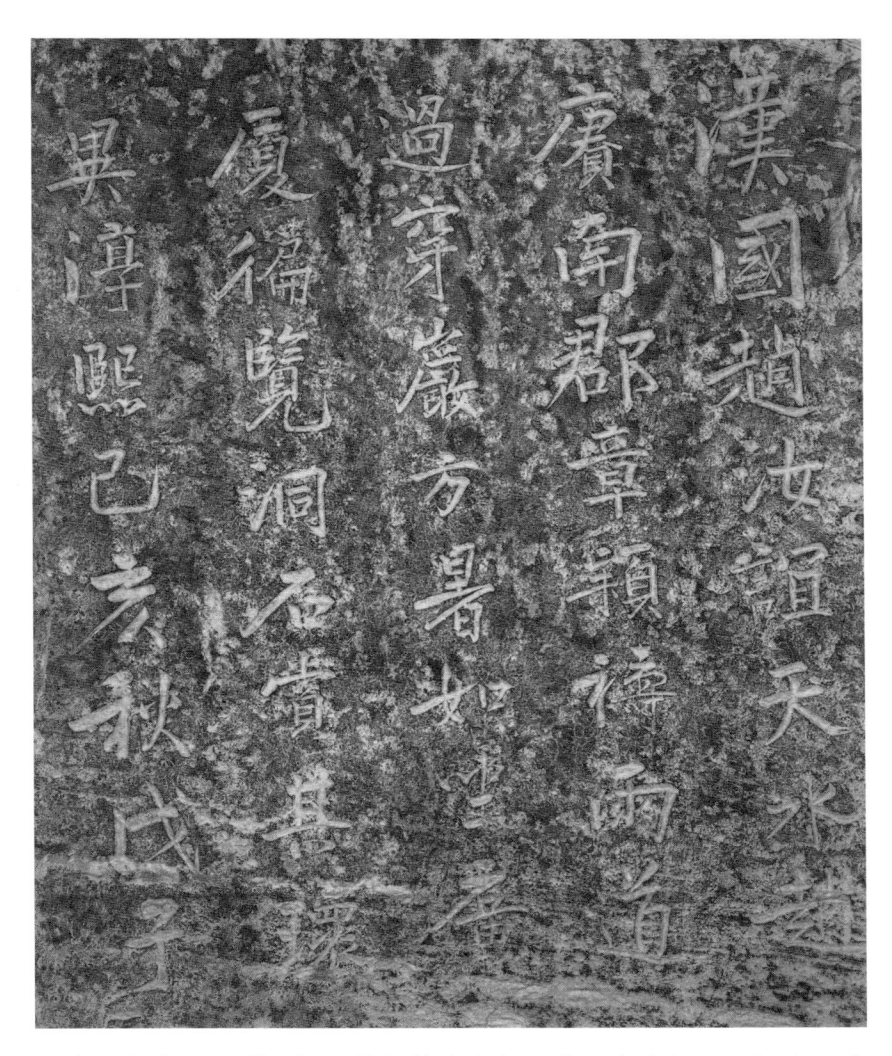

"（淳熙）庚子，郡士胡元鼎与其乡人何士先、义太初、孟坦中、欧阳硕之创舍设像，教授章颖为记。"纂修《舂陵图志》十卷，宋陈振孙《直斋书录解题》："《舂陵图志》十卷，教授临江章颖茂宪撰。淳熙六年，太守赵汝谊。"

赵汝谊、章颖在道县含晖洞亦有石刻，石刻今存。

赵汝谊精于书法，淳熙十年曾校刻《急就篇》传世。

"穿岩"，即月岩。

### 35. 宋淳熙十五年（1188）赵师侠寒亭暖谷题名（65×50厘米）

坦庵赵介之淳熙戊申六月十三日来游。

石刻位于江华寒亭暖谷，保存完整。

赵师侠，字介之，号坦庵，江西安福人，一作新淦人，以郡望则称浚仪人，燕王德昭七世孙。淳熙二年（1175）乙未詹骙榜进士，淳熙间任道州通判。有《坦庵词》，《四库总目提要》云："萧疏淡远，不肯为剪红刻翠之文，洵词中之高格。但微伤率易，是其所偏。"

道光《永州府志》卷十四《寓贤传》有传云："赵师侠，宋宗室，永州郡牧，淳熙丁未，以职事至宁远，与郡士孟坦中同游九疑，因绘图赋诗，时称胜集。后人以其贤吏，故祀之。"

乾隆《信丰县志》卷三《官师志》有传云："赵师侠，字介之，号坦庵,汴人,燕王德昭七世孙。淳熙中举进士,后知县事,重修嘉定桥,在治所作诗余甚夥,盖以词章饰吏事者也。其长短句尹先生常评之云:'先生词摹写风景,体状物态,俱极精巧,不知其得之之易。'又曰:'坦庵为文,如泉不择地涌出。'"

赵师侠于同日游阳华岩,并赋诗刻石。石刻保存完整,著录如下:"郡丞赵师侠介之,同邑令戴翊世汉宗,簿舒俊卿国英,游阳华,留二绝句于岩中。淳熙戊申岁六月十三日。出郭曾无十里赊,仙岩迎日号阳华。云藏奥突岚光润,信美元郎咏可家。石罅空明石色鲜,霞舒乳滴巧雕镂。萦回栈道泉湍响,疑是仙家小有天。"同日在寒亭暖谷另有题名,今存,见"程逖寒亭题记并安珪跋"。

赵师侠于同年刻《拙赋》上石,同治《江华县志》卷一、道光《永州府志》卷十八有著录。朱长文《古今碑帖考》:"宋《拙赋》碑,周敦颐撰,浚仪向子廓隶,淳熙赵师侠刻于郡丞厅后。"

《八琼室金石补正》卷一百十六著录赵师侠跋语:"舂陵郡西十八里曰濂溪保,即□□□□也。郡丞厅事之后,有堂未名,□□□拙揭之,且刊此赋于石。岂唯见□□□□,亦前贤里中故事,示不忘尔。淳熙戊申岁重午日,坦庵赵师侠敬书。"

瞿中溶《古泉山馆金石文编》:"道州有濂溪先生《拙赋》碑,八分书,分刻二碑,各四行。以《格古要论》考之,当是向子廓书,而无姓名,亦无赵师侠跋语及刻碑年月,岂拓工遗之邪?《天下金石志》云'在岳州府',恐误。考《大全集》,朱子淳熙己亥守南康,有《书濂溪先生〈拙赋〉后》,云'右濂溪先生所为赋篇,闻之其曾孙直卿云,近岁耕者得之溪上之田间,已断裂,然尚可读也。熹惟此邦虽陋,然往岁先生尝辱临之,乃辟江东道院之东,榜以拙斋而刻置焉,既以自警,且以告后之君子,俾无蹈先生之所耻者,以病其民'云。是《拙赋》在宋时江西有两刻矣。己亥乃淳熙之六年,戊申则十五年也,是赵师侠本最后。"

淳熙丁未(1187),赵师侠游道县含晖岩,楷书题记刻石,保存完整。

### 36. 宋嘉泰四年（1204）赵彦櫄浯溪题记（40×42厘米）

开封赵彦櫄，被命持节广右，道由浯溪，拭目中兴磨崖碑颂，遐想元、颜二公风烈，徘徊久之，三叹而退。

时嘉泰甲子季秋二十日。客晋陵冯祖德同游，男炬夫、焯夫侍。住山妙应上石。

石刻位于祁阳浯溪。七行，楷书。又上石款一行，小字。

赵彦櫄，字文长，号子钦，赵宋皇室宗亲。《宋史·宗室列传》有传，略云：迁广西提刑。诸郡鬻官盐，取息之六以奉漕司，后增至八分。彦櫄复其旧，以苏民力，朝廷从之。迁湖广总领。旧士卒物故，大将不落其籍，而私其月请，彦櫄置别籍稽核之。或传军中有怨言,彦桢曰:"不乐者主帅耳,何损士卒?"持之三年,挂虚籍者赢三万,额减钱百万缗,用度以饶。比去,余七百万,而诸路累积逋负犹四百万,尽蠲之。

《古泉山馆金石文编》考曰:"考《宋史·宗室传》,彦桢字文长,悼王七世孙,登乾道二年进士第,尉乐清,又官福建路。庆元初,知晋陵县,多善政,擢登闻检院。时韩侂胄当国,朝士悉趋其门,彦桢切叹惋,出知汀州,迁广西提刑。侂胄死,诏户部侍郎,兼枢密院检详,迁湖广总领。又知平江府,请割昆山县,并奏分置嘉定县。转宝谟阁待制,卒于官,年七十一。此正由汀州迁广西提刑时,道经梧溪所题。《朱子大全集》有《与赵子钦彦桢书》,子钦盖其号也。"

叶适撰《故宝谟阁待制知平江府赵公墓铭》,略云:"公质刚而行良,先难后获,贵义贱利,以治道隆替消长为身否泰,以善人进退用舍为己忧乐……"见《水心先生文集》卷二十三。

朱熹书《跋赵直阁忠节录》评赵彦桢:"力学有志,又将有以大其门者。"

赵彦桢于嘉泰三年(1203)十二月五日以朝请郎知汀州府,嘉泰四年五月二十七日除广西提刑,见《永乐大典》卷七千八百九十三《汀州府》。

赵彦桢曾任太府少卿、湖广总领,题记则为赵彦桢出任广西提刑时途经梧溪所作,故称"被命持节广右"。

冯祖德,景定年间任江西崇仁县尉,见同治《崇仁县志》卷六《职官志》。

赵炬夫,迪功郎、临安县主簿。

赵焯夫,承务郎、监临安府粮料院。

书法带魏碑笔意,故方正苍劲。瞿中溶审为正书,谓"颇有晋人风骨"。宗绩辰审为行书,谓"古拙有魏晋间意,而用笔偏锐,仍是初唐法嗣"。

## 37. 宋宝庆三年（1227）赵必愿浯溪题记（59×68厘米）

赵必愿假守清湘，道出浯溪，拜二公之祠，敬观先君吏部遗刻，整整一纪。岁月易流，不胜感慨。竹洲洪大成同行。

宝庆丁亥四月三日。

石刻在祁阳浯溪，今存。

赵必愿，字立夫，江西余干人。赵崇宪子，赵汝愚孙，以祖荫补承务郎。宁宗嘉定七年（1214）进士，知崇安县。历湖广总领所干办，知全、常、处、泉、台等州。理宗端平元年（1234）知婺州。召为宗正少卿兼国史院编修、实录院检讨，以事罢。淳祐五年（1245）知福州兼福建安抚使，其间曾刻印祖父赵汝愚《国朝诸臣奏议》一百五十卷。《宋史》有传，载："授湖、广总所干办公事。丁父忧，居丧尽礼，贻书问学于黄幹。服除，差充两浙运司主管文字。再考，特差充提领安边所主管文字。差知全州，陛辞，奏乞下道、江二州访周惇颐之后。知常州，改知处州，陈折帛纳银之害，皆得请。""论曰：宋之公族，往往亦由科第显用，各能以术业自见，汝谈、汝谠、希馆是已。彦呐帅边而堕功，亦由庙算之短。善湘父子克平大盗，与欢以长者称。必愿世济其美，可谓信厚之公子矣。"

"二公之祠"指颜、元祠。

嘉定八年（1215），赵必愿父赵崇宪经浯溪，有题名，释文为："赵崇宪与友成同游。嘉定乙亥四月廿四日。"

## 四　宣抚德教：永州知府陈瞻

陈瞻，湖南湘阴人。雍熙二年（985）进士，官永州知州、道州知州。

据载，陈瞻曾重刻元结《朝阳岩铭》。《朝阳岩铭》原有刻石，铭文中已明言"刻铭岩下，将示来世"，"刻石岩下，问我何为"。南宋王象之《舆地纪胜》卷五十六载："《朝阳岩记》，元结所刊，记尚在岩下。自唐迄今，名公留题，皆镌于石。"所说《朝阳岩记》即《朝阳岩铭》。但石刻自宋以后不见。至明正德十六年（1521），朱衮重刻《朝阳岩下歌》及《朝阳岩铭（并序）》，行书，在下洞中右侧内壁。铭在嘉靖二十四年（1545）戴嘉猷《游朝阳岩》《归泛潇江》诗及吴源《和韵》诗刻内，经人为打磨，上部残字尚依稀可辨。朱衮重刻大部残毁，幸原文收入黄焯《朝阳岩集》，并载其跋语云："此刻宋咸平五年知州事陈瞻尝作之矣。"

陈瞻在朝阳岩的石刻是宋代摩崖中较早的一批，以陈瞻为代表的一批地方官员在朝阳岩唱和题名刻石，开启了楚南、粤西一带宋人体验山水文化，纪念儒家先贤，传播德教文治的刻石潮流。

## 38. 宋咸平元年（998）陈瞻《题朝阳岩》诗刻（42×69厘米）

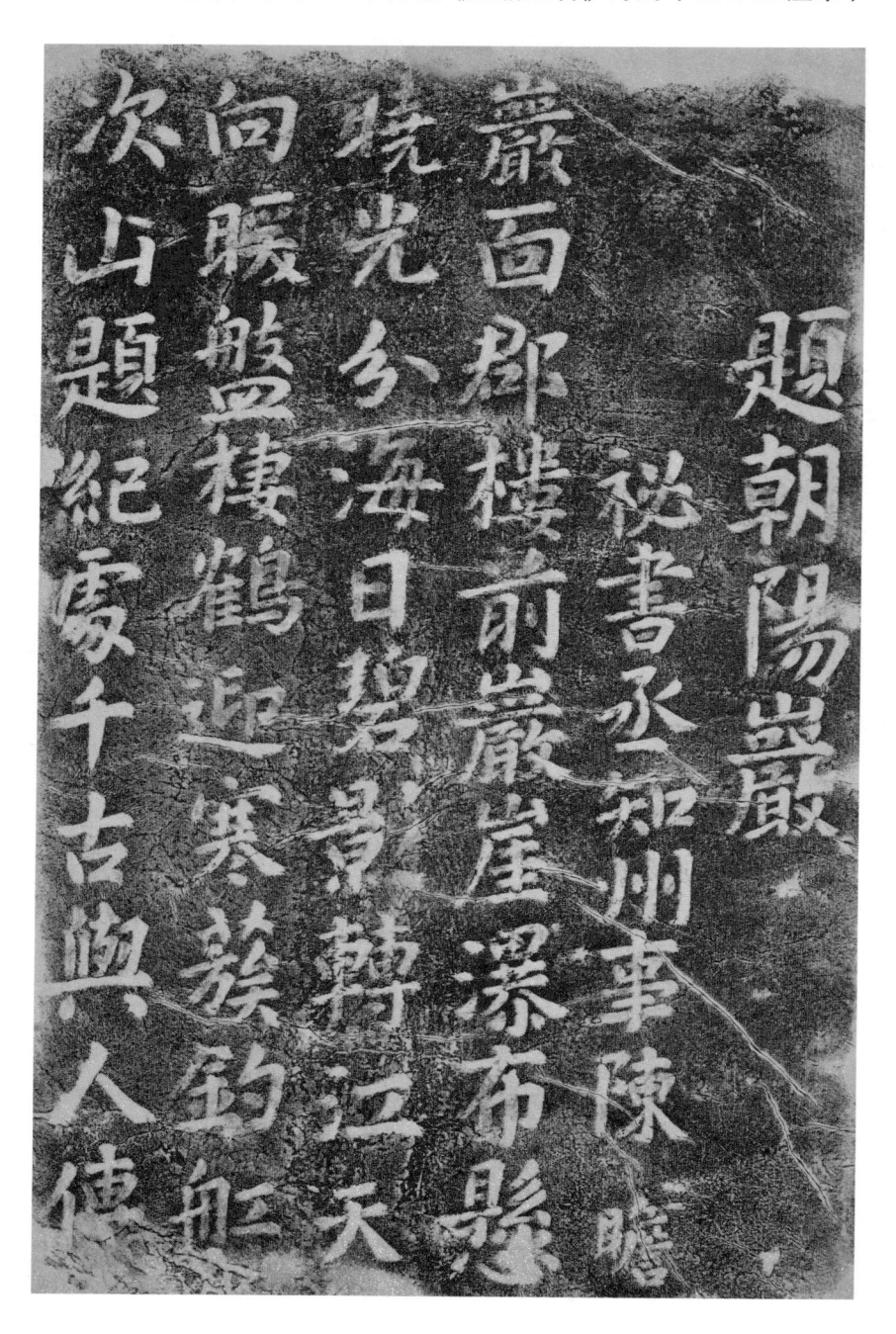

题朝阳巖
秘书丞知州事陈瞻
巖面郡楼前巖崖瀑布悬
晓光分海日碧影转江天
向暖盘楼鹤迎寒簇钓舡
次山题纪处千古煎人使

### 题朝阳岩

秘书丞知州事陈瞻

岩面郡楼前,岩崖瀑布悬。晓光分海日,碧影转江天。
向暖盘栖鹤,迎寒蔟钓舡。次山题纪处,千古与人传。

诗刻位于朝阳岩下洞。

陈瞻诗,存世仅此一首。《全宋诗》第二册卷七二据嘉庆《零陵县志》收陈瞻此诗,"题纪"误作"题红"。此诗"晓光"暗指"朝阳","千古与人传"命意与《朝阳岩铭·序》"自古荒之而无名称"、《朝阳岩下歌》"荒芜自古人不见"相接。"次山题纪"指元结《朝阳岩铭》,可惜石刻自宋以后失传。

诗刻未署年月,按陈瞻任永州知州在咸平元年(998),姑定为咸平间作。诗刻在《送新知永州陈秘丞瞻赴任》及《宣抚记(并序)》诗刻北侧,书写字迹相同,唯字体较大,当为陈瞻亲笔。

## 39. 宋咸平间朱昂等《送新知永州陈秘丞瞻赴任》诗刻(71×102厘米)

### 送新知永州陈秘丞瞻赴任

翰林学士、知制诰、判史馆事朱昂

赴郡逢秋节,晨征思爽然。过桥犹见月,临水忽闻蝉。
野色藏溪树,香风撼渚莲。此行君得意,千里独摇鞭。

尚书比部员外郎、直史馆洪湛

零陵古郡枕湘川,太守南归得意年。
茶味欲过衡岳寺,橘香先上洞庭舡。
锦衣照耀维桑地,同年家于衡山,今出其下。石燕翻飞欲雨天。
若到浯溪须叙梓,次山遗颂想依然。

秘书丞、直集贤院刘鹭

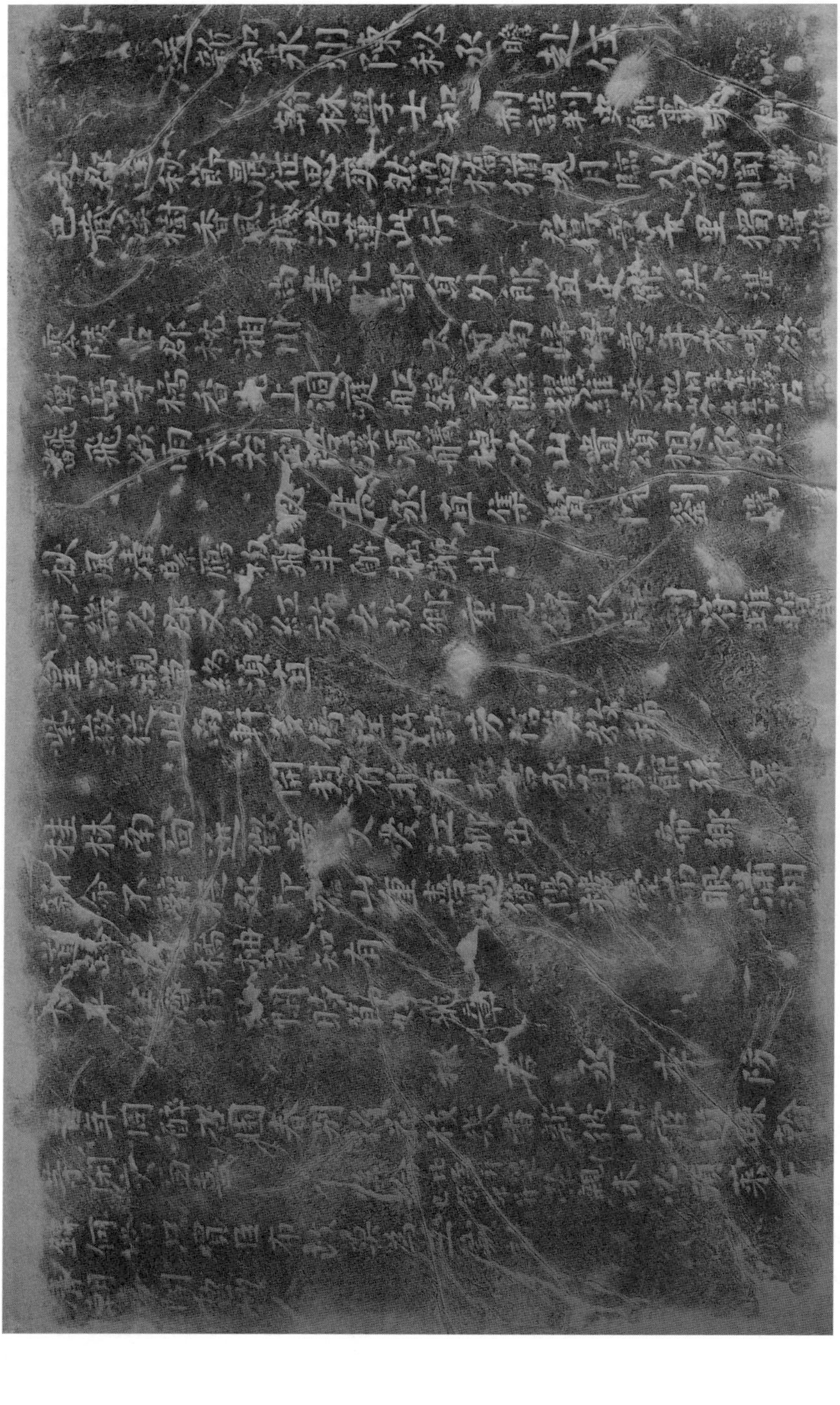

秋风清紧雁初飞，半醉摇鞭出帝畿。
名郡又分红旆去，故乡重见锦衣归。
剖符虽暂宣皇泽，视草终须直紫微。
从此南轩多倚望，好诗芳信莫教稀。

开封府推官、秘书丞、直史馆孙冕
桂林南面近征黄，又爱江乡出帝乡。
新命不辞提郡印，旧山重喜过衡阳。
楼台满眼潇湘色，道路迎风橘柚香。
知有太平经济术，政闲时节好飞章。

秘书丞李防
昔年同醉杏园春，别后花枝几番新。
彼此宜游疏翰墨，等闲交面喜丝纶。<sub>比至拜遇，已领郡符。</sub>
荣亲未必须菜子，昼锦何当只买臣。
布政莫为三载计，清朝台阁整搜人。

诗刻作于北宋真宗咸平间，位于朝阳岩下洞。

黄焯《朝阳岩集》、王昶《金石萃编》、宗霈《零志补零》、宗绩辰《留云庵金石审》、陆增祥《八琼室金石补正》等著录。

诗刻共五首，与雍熙四年（987）贾黄中《送新知永州潘宫赞若冲赴任》同为赴任送行诗，亦同为寄刻。《全宋诗》据《金石萃编》、光绪《零陵县志》、光绪《湖南通志》分别著录，失其全貌。

五首书写字迹皆相同，与陈瞻《题朝阳岩》《宣抚记（并序）》亦同，当为陈瞻亲笔。

诗作者五人。

朱昂，字举之，潭州（今湖南长沙）人。

《宋史·文苑传一》有传，略云：朱昂，字举之，其先京兆人，世家渼陂。唐天复末，徙家南阳。梁祖篡唐，父葆光与唐旧臣颜荛、李涛数辈挈家南渡，寓潭州。宋初，为衡州录事参军。开宝中，拜太子洗马、知蓬州，徙广安军。宰相薛居正称其能，迁殿中丞、知泗州。迁监察御史、江南转运副使。太平兴国二年，知鄂州，加殿中侍御史，为峡路转运副使，就改库部员外郎，迁转运使。端拱二年，以本官直秘阁，赐金紫。久之，出知复州。迁水部郎中，复请老，召还，再直秘阁，寻兼越王府记室参军。真宗即位，迁秩司封郎中，俄知制诰，判史馆，受诏编次三馆秘阁书籍，既毕，加吏部。咸平二年，召入翰林为学士。景德四年卒，年八十三。著《资理论》三卷、文集三十卷。

其诗"逢秋节"云云，全咏时序变化，"忽闻蝉"云云，谓秋意已深。此与朱昂届乎晚年之敏感亦有关。

洪湛，字惟清，升州上元（今江苏南京）人。《宋史·文苑传三》有传，略云：举进士，有声。雍熙二年，廷试已落，复试，擢置高等，解褐归德军节度推官。召还，授右拾遗、直史馆。端拱初，通判寿、许二州。出知容州，再迁比部员外郎，知郴、舒二州。咸平二年召还，命试舍人院，复直史馆。有集十卷。

其诗全咏风物景致，想象沿途所经洞庭、衡岳、浯溪、湘川，见橘柚、石燕、遗颂，皆一一道来。"石燕"，《水经注》：湘水"东南流径石燕山东，其山有石，绀而状燕，因以名山。其石或大或小，若母子焉，及其雷风相薄，则石燕群飞，颉颃如真燕矣"。"遗颂"谓元结《大唐中兴颂》。此诗极明快，踔厉风发。惜其人不寿，不到三年即卒。

诗有自注，称陈瞻为"同年"。可知六人唱和乃由同年进士之故。按：陈瞻、孙冕、洪湛、刘鹗四人均为雍熙二年（985）进士。唯李防"举进士，为莫州军事推官"，史书不载何年。

刘鹗，湖南湘乡人，曾任道州知州。

孙冕，字伯纯，江西新淦人。

"征黄"谓黄霸。《汉书·循吏传》："黄霸，字次公，淮阳阳夏人也。"为河南太守丞，"俗吏上严酷以为能，而霸独用宽和为名。会宣帝即位，在民间时知百姓苦吏急也，闻霸持法平，召以为廷尉正，数决疑狱，庭中称平"。又为颍川太守，"以外宽内明得吏民心，户口岁增,治为天下第一"。"征霸为太子太傅,迁御史大夫。五凤三年,代丙吉为丞相,封建成侯。"

"江乡"谓江南鱼米之乡。

"帝乡"谓舂陵,在道州。《后汉书·刘隆传》:"河南帝城,多近臣;南阳帝乡,多近亲。"同书《光武帝纪第一上》:"世祖光武皇帝讳秀,字文叔,南阳蔡阳人。高祖九世之孙也。出自景帝生长沙定王发,发生舂陵节侯买。"同书《宗室四王三侯列传》:"敞曾祖父节侯买,以长沙定王子封于零道之舂陵乡,为舂陵侯。买卒,子戴侯熊渠嗣。熊渠卒,子考侯仁嗣。仁以舂陵地势下湿,山林毒气,上书求减邑内徙。元帝初元四年,徙封南阳之白水乡,犹以舂陵为国名。"

李防,字智周,大名内黄(今属河南)人。《宋史》有传,略云:举进士,为莫州军事推官。改秘书省著作佐郎、通判潞州,迁秘书丞。擢开封府推官,出为陕路转运副使,徙防梓州路转运使,累迁尚书工部员外郎,为三司户部判官。景德初,安抚江南,又为江南转运。徙知应天府,又徙兴元府,入为三司盐铁判官,失举免官。后起通判河南府,徙知宿、延、亳三州,为利州路转运使,累迁兵部郎中、纠察刑狱,擢右谏议大夫、知永兴军,进给事中,复知延州,更耀、潞二州,卒。

## 40. 宋咸平间陈瞻《宣抚记(并序)》(76×70厘米)

### 宣抚记并序

宣德郎、守秘书丞、知永州军州事、骑都尉、借绯陈瞻述

圣上以万宇清夷,九有丰稔,明德率逾于古道,至仁允被于群生,爰命近臣,持行巡抚。勖官守,奉诏条,以临莅勤恪;谕耆老,教子孙,以忠孝农桑。仍示优恩,并加宴设。零陵古郡,湘水通州,有齿危、发秀之徒凡四百人,相与歌咏,进而称曰:

我后恤养衰老,化洽黔黎。虽代历羲轩,理称尧舜,未有念及遐僻,惠加疲羸,存问之旨,若今日之盛也。思欲明示子孙,刻之琬琰,俾永遵德教,垂圣朝无疆之休,岂不同快余年哉!

瞻任忝亲民，敢不从众。乃于郡之西偏，岩曰朝阳，直纪皇猷，就刊贞石。

侍禁阁门祗候、权管辖三司大将军将、荆湖南北路同巡抚郭咸。朝奉大夫、尚书司封郎中、权勾当三班院兼同权判刑部、荆湖南北路巡抚、上□□□□□□□□□。

石刻位于零陵朝阳岩，此刻有边框，如碑制，石面有裂痕两道。第12行"曰朝阳直纪"5字，第14行"抚郭咸"3字，第15行

"上"字，皆损坏，据《八琼室金石补正》补。第 16 行整行约 11 字全损，历代无著录，无可补。

《零志补零》卷上著录，"发秀"误作"发秃"，"之徒"误作"之德"，署款误脱"辖"字。"就刊贞石"下有宗霈按语："按：系真宗咸平初年记，石刻现存。""荆湖南北路巡抚上"下有注："以下石蚀字缺。"

《留云庵金石审》："右行书十五行，当日盖有十六行，后佚一行耳。寄刻朝阳岩壁，先零陵始搜得之。""先零陵"谓其父宗霈。

《八琼室金石补正》卷八十五："《永志》'三司'上脱'辖'字。又'发秀'作'发秃'，似不误，而石刻实作'秀'，意'齿危'为老者，'发秀'为少者也。末两行'巡抚'俱作'巡检'，案《大智禅师碑阴吕文仲题名》，结衔称巡抚使。又绍兴二年九月甲子，直辉猷阁郑伟为陕西巡抚使，见《玉海》。是宋固有巡抚之称，特不常置耳。此刻不带'使'字，当亦同之。'同巡抚'者，副使也。宗氏疑宋无巡抚，辄改为'巡检'，误矣。"

又卷五十五《巡抚使吕文仲题名》："据此题名，则宋初亦有巡抚使也。湖南永州朝阳岩陈瞻《宣抚记》，其署衔亦称巡抚，不独见于此刻。疑即抚谕使，非常置之员也。宗涤楼辑《永州府志》辄改为'巡检'，误矣。"

按《宣抚记》左侧，另有 13 行石刻，每行 21 字，与《宣抚记》每行字数相同，但为元人姚绂"冯夷宫"榜书所凿，当与《宣抚记》为一体，即《宣抚记》之下半篇无疑。

郭咸，事迹无考。

《朝野类要·宣抚都督》："侍从以上称宣抚，即平时安抚之义也，执政以上则称都督。"代职官主慰抚者，有宣抚使、宣谕使、抚谕使，皆不常置。《宋史·职官志》："宣抚使，掌宣布威灵、抚绥边境及统护将帅、督视军旅之事，以二府大臣充。"《宣抚记》中，郭咸为"荆湖南北路同巡抚"，另一人为"荆湖南北路巡抚"，乃是以巡抚兼负宣慰之责。陈瞻则以知州的职守，记述了这次宣抚的经过。

《宋史·职官志》又载："东上阁门、西上阁门使各三人，副使各二人，宣赞舍人十人，旧名通事阁人，政和中改。祗候十有二人，掌朝会宴幸、供奉赞相礼仪之事。"陈瞻云"爰命近臣特行巡抚"，郭咸为侍禁阁门祗候，另一人为勾当三班院，正是天子近臣、侍从的身份。

据《宣抚记》所记，两位巡抚到来之际，曾经设宴零陵，邀请齿危老者及发秀少年，共400人一同歌咏，场面阔大，感动人心。陈瞻因此撰写了记文，刻于石壁。可知朝阳岩在宋初已成为距离郡城最近的、可以和衙门相辅助的人文场所。

又，陈瞻记文自署"借绯"，借绯乃是宋初对外任地方官的推重。《宋史·舆服志五》："太宗太平兴国二年，诏朝官出知节镇及转运使、副，衣绯、绿者并借紫。知防御、团练、刺史州，衣绿者借绯，衣绯者借紫。"

诗刻署款残缺，按陈瞻任永州知州在咸平元年（998），姑定为咸平间作。

诗刻与《送新知永州陈秘丞瞻赴任》及《题朝阳岩》诗刻字迹相同，当为陈瞻亲笔。

以上考证参考张京华等著《湖南朝阳岩石刻考释》。

### 五　歌吟永州：武陵柳氏兄弟

北宋柳拱辰、柳应辰兄弟，祖籍青州，湖南武陵人，兄弟二人相隔20余年先后来到永州。

柳拱辰，字昭昭，仁宗天圣八年（1030）进士，庆历年间通判鄂州、岳州，至和二年（1055）任永州知州。在永州期间，移建郡学，建柳子厚祠堂，辟建澹岩，"甚有治效"，见其弟柳应辰《火星岩游记》："昭昭兄至和中以职方员外郎来守零陵，宣布条诏，百废咸治。建州学，明教化之本；作《土风记》，尽民俗之事。乘暇数为火星岩之游，摩崖题咏，于此为多。窃观暮春联句，尤极佳思，研炼精切，传布人口。熙宁七年，应辰亦以职方通理兹郡。遍览遗迹，恻然追感。噫！相去二十二年矣。悠悠岁时，人不可见；江山风物，宁有异于当年？每到踌躇，久不忍去。武陵柳应辰明明记。"柳宗元卒后，永州最早的祠庙始建于柳拱辰，并作《柳子厚祠堂记》勒石。原石在华严岩，清代以后失传，仅存拓本。柳拱辰有《永州风土记》一卷，已佚。嘉庆《重修一统志》卷三百六十五《常德府·古迹》记载了"柳拱辰宅"："在武陵县西三里，即所谓青陵桥也。"武陵县西北有归老桥，因柳拱辰又名拱辰桥，曾巩受柳拱辰之请作《归老桥记》。

柳应辰，字明明，仁宗景祐五年（1038）进士，据洪迈《容斋五笔》"盖以国朝宝元元年吕溱榜登甲科"。熙宁六年（1073）任永州通判。擅诗文，工书，《永州府志》谓其书法"逼真颜书"。柳应辰先在岭南昭州任知州，侬智高反，攻破昭州，柳应辰因此贬官，先在随州，后到永州。

柳拱辰父柳中，弟柳应辰，子柳平、柳猷，一门五人皆登榜，世称"武陵五柳"。"昭昭""明明"，古名所罕，或者亦出《大易》"絜静精微"之旨。兄弟皆以叠字为字，亦好奇之过。柳氏兄弟精于《易经》与《春秋经》。二人均工书，均习颜体，笔力遒逸，均喜游历，均喜刻石。

柳拱辰游浯溪、朝阳岩、火星岩、澹岩、华严岩，柳应辰游朝阳岩、火星岩、浯溪、澹岩、石角山、九龙岩，各有摩崖石刻。其中柳应辰在浯溪所刻，即有八通：皇祐五年（1053）"石门之东"题刻，未见；熙宁六年"全家游此"题刻；熙宁六年与杨杰、吴栻题刻；熙宁七年《心记》榜书；熙宁七年"押字起于心"题记及"浯溪石在大江边"诗刻；熙宁七年"老如包"诗刻，残；熙宁九年"全家来游"题记及"不能歌，不能吟"诗刻；熙宁九年"满任"题记。这些石刻多数保存完好。

作为北宋初期的名族，二柳先后来永，即受颜真卿的感召，又与柳宗元呼应，造就了颜书史上的一篇佳话。

41. 宋皇祐六年（1054）柳拱辰等浯溪题名（65×100厘米）

皇祐六年甲午岁正月廿一日，尚书职方员外郎、知永州柳拱辰，同尚书驾部郎中分司周世南、祁阳县令齐术游此。

石刻位于祁阳浯溪。

柳拱辰在祁阳又有《金钱寺碣》一首，为七言四句诗。乾隆《祁阳县志》卷六："金钱寺：县东一百八十里河州后，创自赵宋。相传初掘地得金钱一枚，故名。宋至和三年七月十五日，尚书职方员外郎、知永州军州事柳拱辰书碣云：'祥符九年九月九，天圣九年九月九。其时心有此时心，此时心合其时心。'字甚遒逸，语颇难解。"

柳宗元卒后，永州最早的祠庙始建于柳拱辰，并作《柳子厚祠堂记》勒石。原石在华严岩，清代以后失传，仅存拓本。

### 42. 宋至和二年（1055）柳拱辰等华严岩题名

知永州柳拱辰，通判永州尹瞻，郴州郴令郭震，至和二年十一月二十日游此。

石刻已毁，存旧拓。《金石萃编》著录。

至和二年（1055），柳拱辰任永州知州。

尹瞻，四川温江人，元丰进士，曾为驾部员外郎。以博通知名。至和中以尚书比部员外郎出任永州通判，后权知永州，以尚书驾部员外郎监零陵郡事。

至和二年，尹瞻与柳拱辰、李用和同游朝阳岩，刻石题名尚存："尚书职方员外郎、知永州柳拱辰，礼宾副使、湖南同提点刑狱李用和，尚书比部员外郎、通判永州尹瞻，至和二年乙未九月四日游此朝阳岩。"

至和三年，尹瞻与柳拱辰在火星岩有联句诗一首，旧拓藏北京大学图书馆，《八琼室金石补正》著录。《全宋诗》卷二二九据光绪

《零陵县志》卷十四著录，题为柳拱辰《暮春游火星岩同尹瞻联句》。诗云："千里熙醇政，灵岩喜访寻（瞻）。登临云拥座（拱辰），穿径笋成林（瞻）。乐逐天风远（拱辰），尘随宿雾沉（瞻）。绮罗红作队，冠盖绿交阴（瞻）。下顾关河小，寒知洞壑深（拱辰）。松枯存旧节，花老见初心（拱辰）。旌荣岚光润，樽罍野气侵（瞻）。朋游敦雅契，吏隐共知音（拱辰）。囗愧翁归拙，难攀子厚吟（瞻）。城楼传晚角，绮陌骑骎骎（拱辰）。自注：至和三年丙申闰三月二十五日。"陆增祥按语："火星岩题刻十段，在零陵。柳拱辰、尹瞻联句诗：高二尺八寸四分，广一尺一寸六分，十二行，行十五字，字径一寸四五分，正书。""右刻前人未见。至和三年即嘉祐元年，是年九月改元嘉祐。诗云：'囗愧翁归拙，难攀子厚吟。''翁归'，尹瞻自谓；'子厚',谓柳拱辰也。"可惜石刻与火星岩俱毁。

尹瞻在永州另有澹岩诗,石刻不存。《金石萃编》卷一百三十五著录:"尚书驾部员外郎、监零陵郡事尹瞻。岌岌元化精,崭岩大块垺。骇若盘古时,呀然巨灵擘。状怪呕风雷,势邈吞山泽。寒暑中外分,居僧甘窟宅。"未载年月,大致亦在至和年间。

郭震,在江华狮子岩有榜书"观石龟"三字,署款"权邑事郭震,前郴□□襄县尉□□□□",今存。嘉庆《郴州总志》卷二十五载:"(宋郴州县令)郭震,至和元年任。"

华严岩旧在永州府学旁。弘治《永州府志》卷二:"华严岩在县南三里,唐为石门精室,据法华寺南隅崖下。"道光《永州府志》卷二上:"府学侧有华严岩,自唐以来游览不绝,旧有石门精室。"华严岩有唐柳宗直题名、刺史李坦题名,宋汪藻榜书、邢恕诗刻、柳拱臣题名、周敦颐题名、丁谓诗刻,元贯云石榜书等人摩崖石刻,可惜在1959年,因设石灰厂取石,全岩被轰毁。

## 43. 宋熙宁七年(1074)柳应辰《澹山岩记》(91×127厘米)

零陵多胜绝之境，澹山岩为甲观。东南二门而入，广袤可容千人，窦穴嵌空，物象奇怪，有不可得而状者。中贮御书，岁度僧一人，僧惟利居处之便，而不顾蔽隐障遏之弊，连甍接楹，重基叠架，疣赘延蔓，殆将充满。甚者粪秽积聚，烟爨燻蒸，道隧阴黑，非秉炬不能入。太守丁公侨处事刚严，始至，大不怿，悉撤群僧之舍，俾居岩外，惟书阁殿像得存，余一椽一木无敢留者。他日，公率应辰、大理寺丞杨杰、河阳节度推官杨巨卿同至游览，层构一空，众状在目，开筑塞为通豁，破昏暗为光明，实人情之共快，若石田药臼之处，皆晴景所及。客有言："物理显晦，固亦系乎时耳。"

熙宁七年甲寅九月十五日，尚书都官员外郎、通判永州军州事柳应辰记。

石刻位于零陵澹岩，《澹山岩记》收录于周圣楷《楚宝》、康熙九年（1670）《永州府志》、康熙《零陵县志》、道光《永州府志》、光绪《零陵县志》、光绪《湖南通志》，以及《古泉山馆金石文编》《八琼室金石补正》等。

《全宋文》收录柳应辰《澹山岩记》，又收录柳拱辰《澹山岩记》，二篇重出，文内"公率应辰"改为"公率拱辰"。石刻今犹幸存，可以覆按。

康熙九年《永州府志》卷十九、康熙《零陵县志》卷十二，作者亦误作"柳拱辰"。

丁侨，字景真，熙宁五年（1072）任永州知州，熙宁八年离任。

丁侨有浯溪题名云："熙宁五年闰七月□五日到任，八年□月初八日得替。十日早到浯溪，往来携家游。登亭台，纵观《中兴颂》，及看柳明明《心记》。尚书虞部郎中、前知军州事丁侨景真题。男□□□□□□□□□侍行。"见《古泉山馆金石文编》《八琼室金石补正》、道光《永州府志·金石略》。

丁侨可能是真宗朝宰相丁谓（966—1037）之孙，并曾任端州通判。王明清《挥麈录·挥麈余话》卷二载："丁晋公自海外徙宅光州，临终以一巨箧寄郡帑中，上题云：'候五十五年，有姓丁来此作通判，可分付开之。'至是岁，有丁姓者来贰郡政，即晋公之孙，计其所留年月尚未生。启视之，但一黑匣，贮大端研一枚，上有一小窍，以一棋子覆之，揭之，有水一泓流出，无有歇时，温润之甚，不可名状。丁氏子孙至今宝之。"

"有丁姓者来"，《天中记》《渊鉴类函》引作"有丁侨者来"，《端溪砚坑志》《端溪砚志》引作"侨来"。丁谓卒后55年，即元祐七年（1092）。

"丁公侨"，"侨"作小字。即丁侨，文献或误作"丁乔""丁桥"。

杨杰，字英甫，华阴人，时任大理寺丞。

杨杰有与柳应辰等浯溪题名："都官员外郎柳应辰明明，大理寺丞杨杰英甫，摄福州司户吴栻顾道，熙宁六年十月二日同游。"

杨杰有澹山岩题名："熙宁甲寅岁十月十一日，承乏长沙局，因祠零陵王，适至此。华阴杨杰英甫记。"

永州有零陵王祠，祀唐行旻，又名唐公庙。道光《永州府志》卷六《秩祀志》："唐公庙：在高山寺右，即灵显庙，在澹岩，名零陵王祠，祀唐行旻。事实详《先正传》。《明统志》云：'行旻十七为衙校，能拥州兵全郡邑，拒马氏以死。马氏以王爵祀之，宋加封焉。'"

道光《永州府志》卷十八《金石略》又云："案柳昭昭、毕若卿题名，'祷雨零陵王'。杨英甫题名，'祠零陵王'。盖公愿题名，'祠灵显'。曹季明题名，'祠灵显应惠侯'。而此又作'祀顺成侯'。或云所祀乃龙神，亦闻即唐刺史昌图之祠，所举四朝封号有异同耳。"

可知杨杰此行是以大理寺丞的身份，主持长沙局之职，专程至永州澹山岩祭祀零陵王，其目的则是祷雨。

柳拱辰有澹山岩题名："至和二年乙未六月十九日，尚书职方员外郎、知永州军州事柳拱辰，以久旱，躬祷于零陵王之祠，因憩此岩，是日得雨。"事在柳应辰之前20年，亦为祭祀祷雨。

杨巨卿，字信甫，钱塘（今浙江杭州）人。熙宁二年（1069）

任杭州南新县知县，元祐二年（1087）任潮州知州，熙宁七年至八年以河阳节度推官知零陵县事。杨巨卿在永州有多处石刻题名。

在澹山岩有与杨永节等题名："供备库使、前知全州军州事杨永节公操，前提举广西常平、太常丞关杞蔚宗，河阳节度推官、知零陵县事杨巨卿信甫，熙宁七年三月十九日同游。"

在澹山岩有与苏颂等题名："河阳节度推官、知零陵县事钱塘杨巨卿信甫，率大理丞、监酒税泉南苏颂潜道，零陵县尉葵丘卢综贯道，同游澹山，遍寻岩穴之胜。子俨道辅有期不至。熙宁七年九月戊戌谨题。"

在九龙岩有与卢综题名："河阳节度推官、知零陵县事杨巨卿信甫，同县尉卢综贯道，熙宁八年五月初二日尝游，因识。"

## 44. 宋熙宁八年（1075）柳应辰等群玉山题名

*都官郎中、知零陵郡事李士燮和叔，职方员外郎、通判郡事柳应辰明明，熙宁八年乙卯十二月十一日腊同游火星岩，次游朝阳岩。*

石刻位于零陵群玉山，已毁，有旧拓传世。

群玉山在朝阳岩南，傍临潇水，"山形如玉屏矗立，潇水绕其麓"，"巨竹清修，古木樛曲，怪石万状，地势清景，一郡之奇观也"。群玉山有宋人题名题诗，道光《永州府志》："由零虚山后西南，过小白冈，白石磊磊，罗布冈下，曰群玉山，距河以西二里。石上刻诗记甚多。"山上有火星岩，"石壁所镌先贤题识，高下跻次，穷日之力乃能尽阅"。20世纪60年代以后因建筑采石需求，群玉山被完全毁坏。

清代田山玉《群玉山记》云："永州出西门，渡潇江，至愚溪口，循江而上，履弥陀庵，至零虚山后，西南行半里至高冈，西望见有石攒簇，如菡萏舒萼，四面散布，于山坡草树间，负土出没，如鸟兽、器物，空漏凸凹者殆不可数，即群玉山也。从山径小坡西

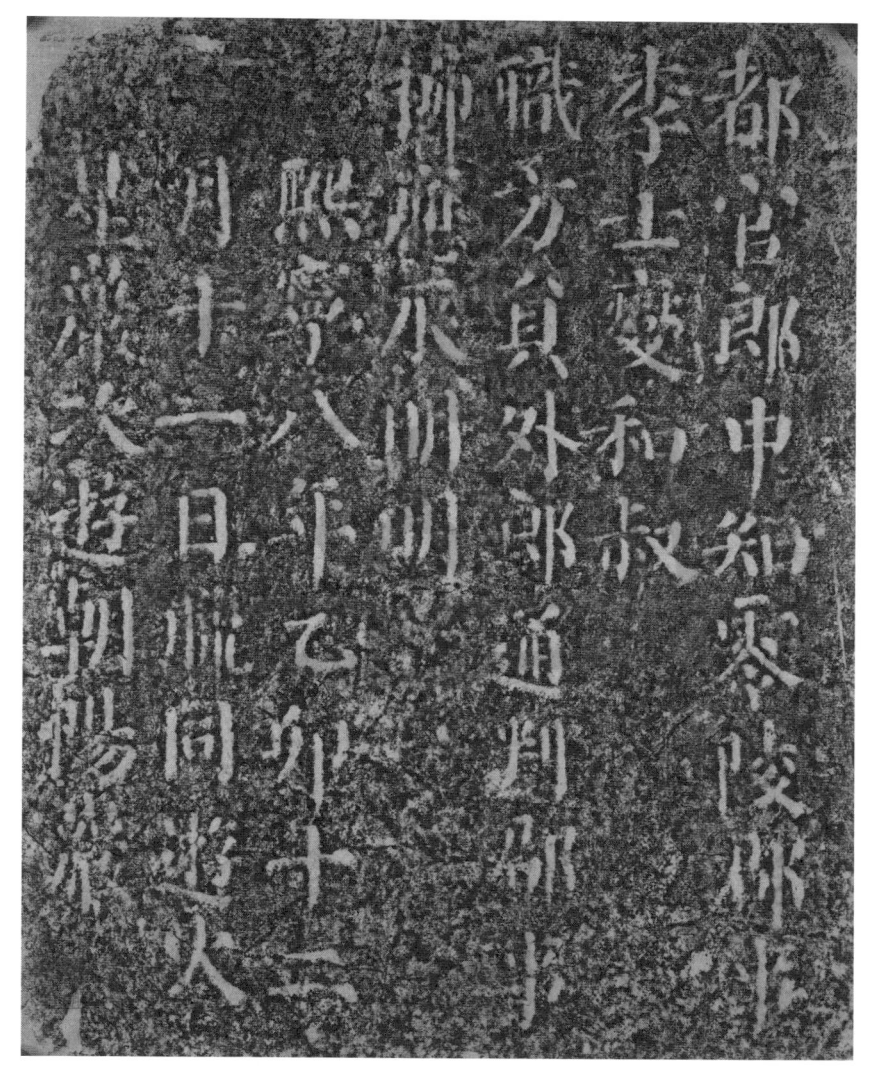

折，稍下五百余步，怪石迭起，或横或斜，或竖或卧，或偃仰回折，其峰峦洞穴，多出意表，四顾应接不暇。众石围绕处，草庵三间，有僧出迎客，椎朴无文，云自九疑来者。坐少定，徐步周视，四围奇石，可抚可玩，可骇可愕。其石壁东偏，有'拱秀亭'三大字，乃前朝太守唐珤所题。唐，武进人，荆川先生之父也。转至北，危峰乱起，石壁刻'群玉山'三字，字大二尺。余为宋时人书。南下西转，石洞深窅，门外石壁矗起，镌刻宋明游人题识，苔藓剥蚀，艰于摩认。入洞五步，其右横勒'德星岩'三大字，亦唐公题。岩原名'火星'，唐游而爱之，故易今名也。洞高近丈，曲折而入，阔如高，深十倍于阔，如委巷然。洞之中有小石池，深不过三寸，其水常盈，或掬而涸之，旋复如故，不知从何注渗也。右有石床，平正可坐。初入稍黑，渐进复明。有门北出，较入门稍窄，上下四旁尽怪石耸峙，玲珑飞舞，变幻诡异，杂以草树，如流云断烟，屏开旗卷。其高下位置，若有鬼神为之设施。吾永山石多奇，兹其特异者矣。康熙己酉十一月朔五日记。"

火星岩，又称德星岩，岩上旧有火星观，供奉火德星君。其址当在群玉山之一峰，邻近朝阳洞而居其上。明弘治《永州府志》卷二："火星岩，在县西，即群玉山之岩。石壁所镌先贤题识高下鳞次，穷日之力乃能尽阅。"清康熙三十三年（1694）《永州府志》卷八《山川》："火星岩，易三接曰：亦是群玉之所为，在朝阳岩之上。众石林立，白云集之，生人隐思矣。石上多镌宋人题识。太守唐有怀，荆川之父也，易其名曰德星岩。"道光《永州府志》卷二上《名胜志》："火星岩山间旧有太青亭、拱秀亭，其名仅存于石洞，久荒塞。宋侍郎董居谊以后，访其迹者罕矣。居谊常建群玉亭，有记，其言山之景最详。"引《方舆胜览》云："火星岩地胜景清，为零陵最奇绝处。"同书卷十八《金石略》："唐火星岩石壁题刻，佚。"引《天下金石志》云："唐宋名贤题识甚多，在永州府。"引《湘侨闻见偶记》云："火星岩在朝阳之背，其地稍僻，崖石峭直，易受风雨，有六七处古刻，洗剔再三，不能□识，所存者宋刻而已。"

火星岩、群玉山在朝阳岩南，循潇水西岸，连绵起伏为一脉。清人尝于对岸建群玉书院。1969年因采石材、烧石灰，火星岩、群玉山全毁，今废窑犹在，宋人题识已荡然无存。

康熙《江西通志》卷三十七："李士燮，字和甫，初名梁。登庆历六年第，后改今名。为人刚正不挠，所至吏民畏爱。尝知郴州，人未尝见其笑容。仕至职方郎中。"

## 45. 宋熙宁九年（1076）柳应辰澹岩题记（85×110厘米）

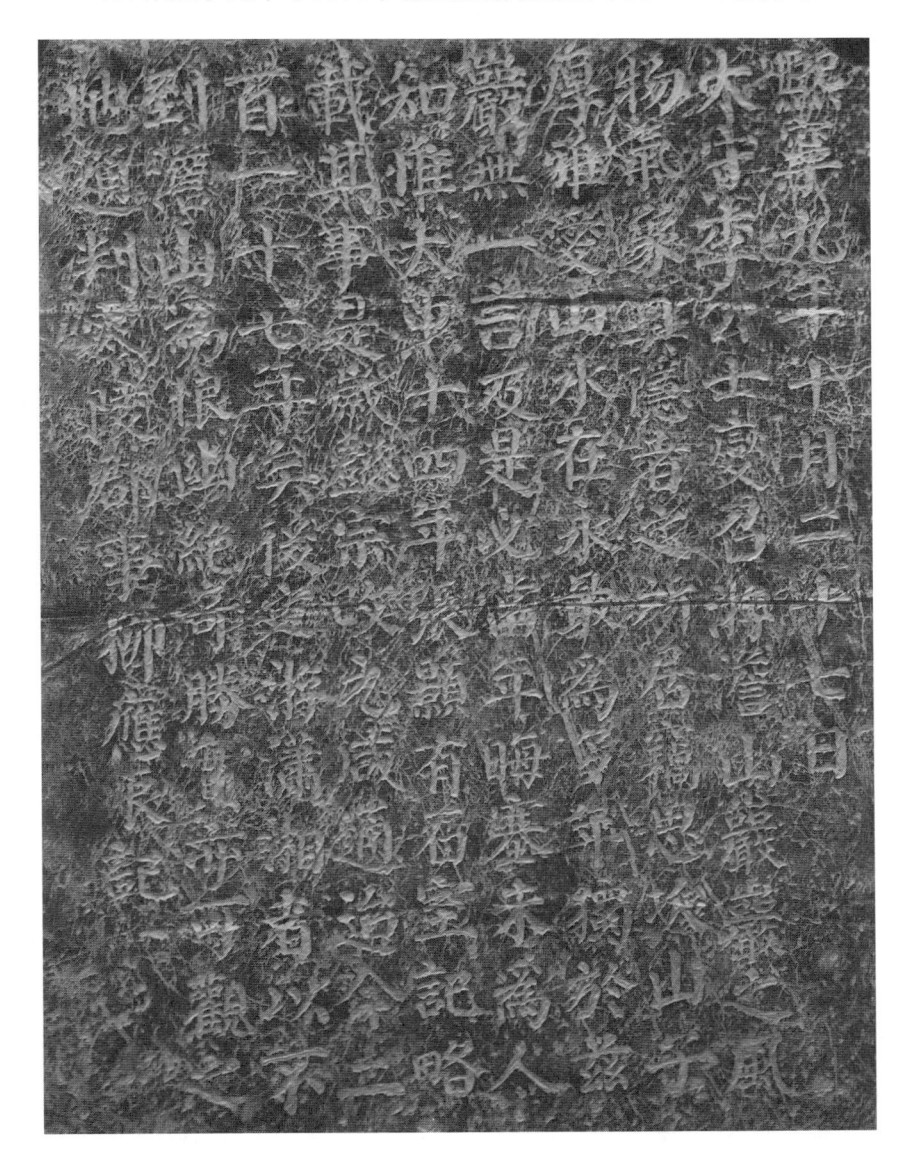

熙宁九年十月二十七日

　　太守李公士燮召游澹山岩，岩之风物气象真隐者之所居。窃思次山、子厚雅爱山水，在永最为多年，独于兹岩无一言及，是必当年晦塞，未为人知。惟大中十四年张颢有《石室记》，略载其事，是岁懿宗改元咸通，迨今二百一十七年矣。后之游潇湘者，以不到澹山为恨，幽绝奇胜，实亦可观之地。

通判零陵郡事柳应辰记。

石刻位于零陵澹岩，柳应辰《澹山岩记》之侧，保存完整。道光《永州府志》、康熙《零陵县志》、光绪《零陵县志》著录。

柳应辰擅诗文，喜好题记刻石，在刻下《澹山岩记》的两年后，陪李士燮再游澹岩，感叹澹岩的奇绝幽隐，又刻下此题记。

张颢《石室记》今已不存。

**46. 宋熙宁九年（1076）柳应辰《浯溪》诗刻（41×37厘米）**

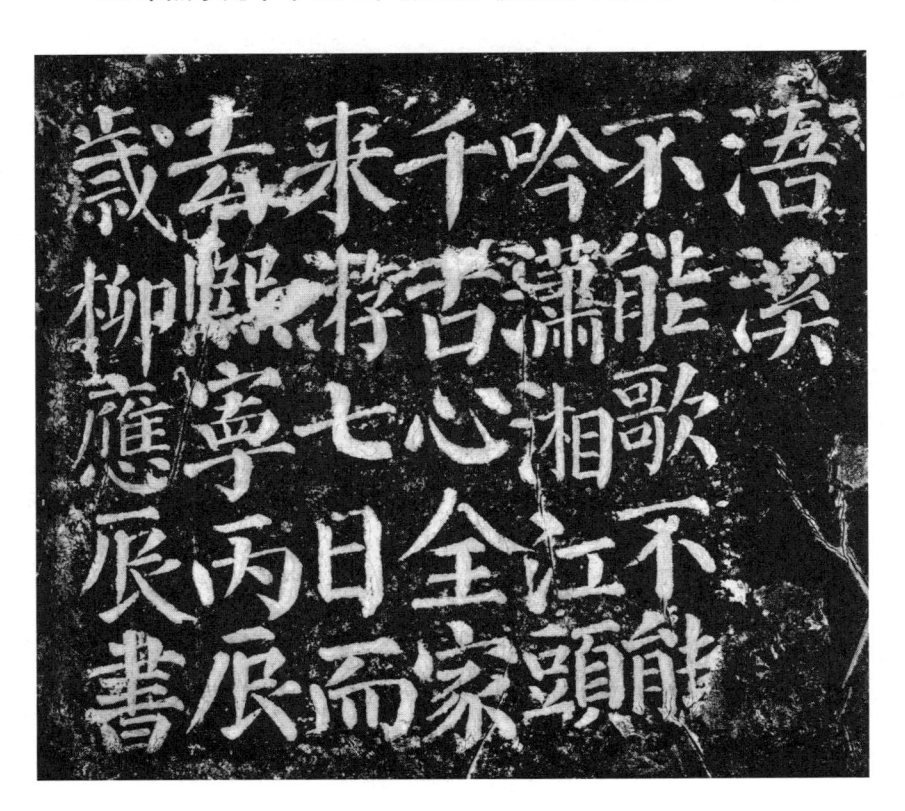

## 浯　溪

不能歌，不能吟，潇湘江头千古心！

全家来游，七日而去。

熙宁丙辰岁，柳应辰书。

石刻位于祁阳浯溪。《全宋诗》收录。

诗题"浯溪"一行。"不能歌，不能吟，潇湘江头千古心"，诗三句为一首。"全家来游，七日而去"，二句是跋。"七日"暗寓《易经》"七日来复""复其见天地之心"之意。

石刻与"比任满"题记同时，为柳应辰任满临别所刻。

柳应辰在浯溪有"夬"字巨刻。

《古泉山馆金石文编》："右柳应辰押字长径八尺强，深二寸许，题字及诗正书，十八行，在磨崖碑右。《容斋四笔》载柳明明诗，'此处'作'此地'，'向后有人'作'自有后人'，似当以石刻为正。"

《湘侨闻见偶记》："押记怪迹，一称浯溪旧有山怪，应辰泊舟，有巨手入窗，应辰为书押，其旦，字在石壁，乃刻之。一称应辰守道州，以押字镇手怪，降槐树妖，其说甚幻。然揣其命意，盖取决判决诸心，则邪惑自去，道家符箓，役使其理，只如此耳。"

《八琼室金石补正》："右刻有年无月，而是年残诗刻后云'刻于浯溪心记之东'，则此刻必在三月以前矣。"

## 六　文高节奇：苏轼同年蒋之奇

蒋之奇（1031—1104），字颖叔，号荆溪居士，常州宜兴（今属江苏）人。历任福建转运判官，江西、河北、陕西副使，河北都转运使等职。为政期间，处事干练，多为百姓谋虑，治理漕运，修十贤祠，受到百姓普遍称赞。《蒋之奇天章阁待制知潭州敕》亦谓："蒋之奇少以异材，辅之博学。艺于从政，敏而有功。使之治剧于一方，固当坐啸以终日。勿谓湖湘之远，在余庭户之间。务安斯民，以称朕意。"所著有《广州十贤赞》一卷、《孟子解》六卷、《荆溪前后集》八十九卷等，文集早佚。据《现存宋人别集版本目录》记载，今存《蒋颖叔集》二卷、《三径集》一卷、《蒋之翰蒋之奇遗稿》一卷。《全宋诗》辑为二卷。《宋史》有传。

蒋之奇喜好刻石题名，在安徽滁州琅琊山有诗刻，在安徽泾县琴高山有题名，在安徽池州齐山有题名，在福建侯官有题名，在广东英德碧落洞有题名，在陕西玉华宫有诗刻，等等。

蒋之奇在湖南的题名集中在永州，如永州朝阳岩、澹岩、阳华岩、寒亭、奇兽岩、九疑山均有摩崖石刻。

蒋之奇至朝阳岩，有《游朝阳岩遂登西亭（有序）》，和柳宗元《游朝阳岩遂登西亭二十韵》，原诗不载年月，元祐四年（1089）张绶刻石于朝阳岩。

蒋之奇至澹山岩，有澹山岩题刻、《澹山岩诗》。

蒋之奇至道州，游江华县阳华岩，亦有题刻，今有残存。

蒋之奇至江华，游寒亭暖谷，作《暖谷铭（并序）》《寒岩铭》，原刻已毁，均有宋代复刻存世。

旧志又载，蒋之奇有九疑山题名，或以为即《碧虚岩铭》。

蒋之奇与苏轼同登第，与苏轼有交谊，苏轼有诗《次韵蒋颖叔》《次韵蒋颖叔、钱穆父从驾景灵宫二首》《次韵奉和钱穆父、蒋颖叔、王仲至诗四首》《次韵蒋颖叔二首》《王晋卿示诗，欲夺海石，钱穆父、王仲至、蒋颖叔皆次韵。穆、至二公以为不可许，独颖叔不然。今日颖叔见访，亲睹此石之妙，遂悔前语。仆以为晋卿岂可终闭不予，若能以韩幹二散马易之者，盖可许也。复次前韵》《轼欲以石易画，晋卿难之，穆父欲兼取二物，颖叔欲焚画碎石，乃复次前韵，并解二诗之意》《送蒋颖叔帅熙河（并引）》《再送二首》《次韵颖叔观灯》《次韵钱穆父马上寄蒋颖叔》。

### 47. 宋治平四年（1067）蒋之奇阳华岩题记（62×32厘米）

阳华岩，江华胜绝之地也，元结次山为之作铭，瞿令问书之，

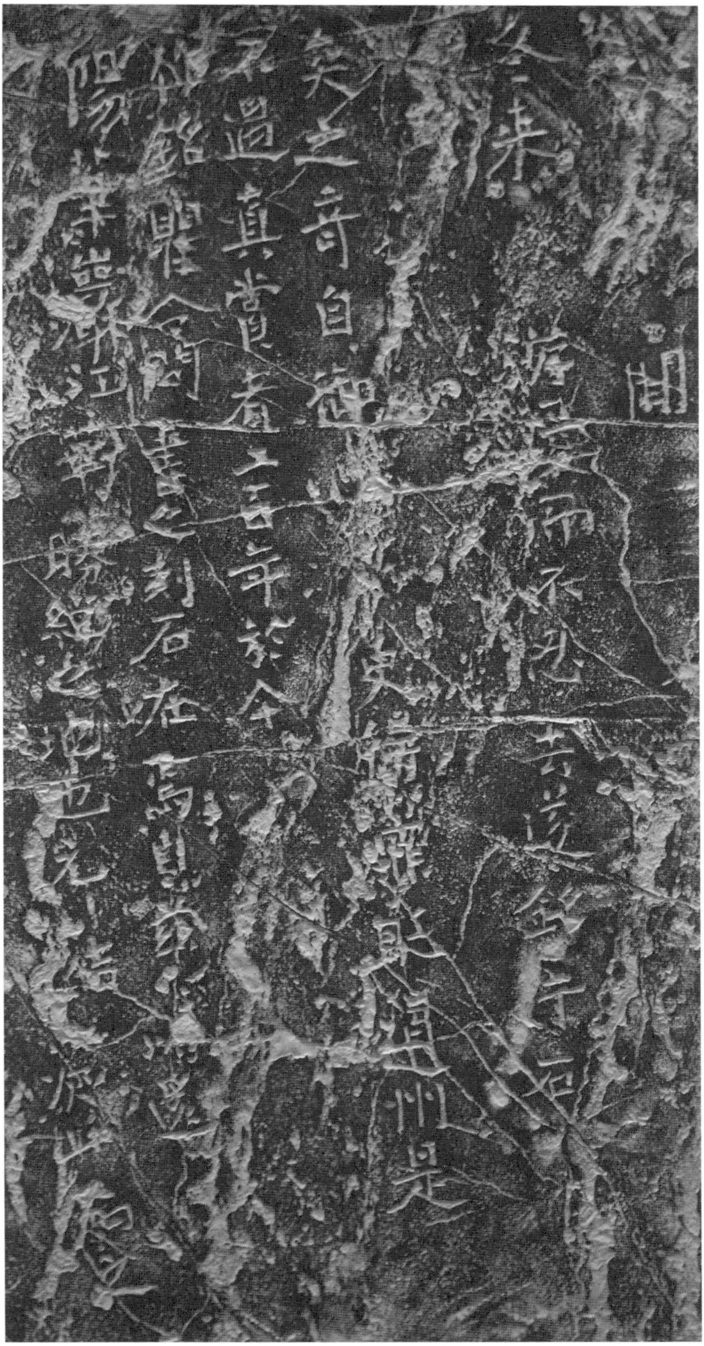

刻石在焉，自兹以还，不过真赏者二百年于今矣。之奇自御史得罪，贬道州，是冬来游，爱而不忍去，遂铭于石间。

石刻尚存于阳华岩，但石壁粗糙，刻石时似未经打磨，未见著录。

"贬道州，是冬来游"，《宋史》卷三百四十三载：蒋之奇，字颖叔，常州宜兴人。以伯父枢密直学士堂荫得官。擢进士第，中《春秋》三传科，至太常博士；又举贤良方正，试六论中选，及对策，失书问目，报罢。英宗览而善之，擢监察御史。神宗立，转殿中侍御史，上谨始五事：一曰进忠贤，二曰退奸邪，三曰纳谏诤，四曰远近习，五曰闭女谒。神宗顾之曰："斜封、墨敕必无有，至于近习之戒，孟子所谓'观远臣以其所主'者也。"之奇对曰："陛下之言及此，天下何忧不治？"初，之奇为欧阳修所厚，制科既黜，乃诣修盛言濮议之善，以得御史。复惧不为众所容，因修妻弟薛良孺得罪怨修，诬修及妇吴氏事，遂劾修。神宗批付中书，问状无实，贬监道州酒税，仍榜朝堂。至州，上表哀谢，神宗怜其有母，改监宣州税。

石刻所言"之奇自御史得罪，贬道州"一事，当是因弹劾欧阳修而被贬至道州。

## 48. 宋绍熙二年（1191）虞从龙重刻蒋之奇治平四年（1067）《寒岩铭》（75×55厘米）

寒岩水石，怪特殊异。下临银江，上接云际。
公仪颖叔，志乐岩谷。诣而得之，赏爱不足。
为近寒亭，寒岩是名。何以表之，颖叔作铭。
治平丁未十月，陪沈绅公仪游，蒋之奇颖叔。
右铭元刊于寒亭之上，年深字泯，几不可读。既新泉亭，得没字碑于亭左，意昔为新铭设也，乃徙刻之，且以彰予爱赏之志云。后治平一百二十有四年，邑尉西隆虞从龙俾李挺祖书。

石刻位于江华寒亭暖谷，原刻已毁，今存后人复刻两处，其一为宋末虞从龙刻，其二为无名氏所刻。

《八琼室金石补正》、道光《永州府志》、同治《江华县志》著录。

《留云庵金石审》："《寒岩铭》，诸志所不及，近新获此刻，欣未曾有。虞令，官表失载，所谓后治平百二十四年，乃光宗绍熙元年庚戌也。分书，当是颖叔旧迹，虞令特重刊之耳。"虞令，即虞从龙，虞从龙请李挺祖书《寒岩铭》，并题记，二刻俱在，保存完整。

虞从龙所刻《寒岩铭》云："寒岩水石，怪特殊异。下临银江，上接云际。公仪、颖叔，志乐岩谷。诣而得之，赏爱不足。为近寒亭，寒岩是名。何以表之，颖叔作铭。治平丁未十月，陪沈绅公仪游，蒋之奇颖叔。右铭元刊于寒亭之上，年深字泯，几不可读。既新泉亭，得没字碑于亭左，意昔为新铭设也，乃徙刻之，且以彰予爱赏之志云。后治平一百二十有四年，邑尉西隆虞从龙俾李挺祖（下原缺）。"石刻在寒亭暖谷附近的冷泉岩，保存完整。《寒岩铭》为蒋之奇所作，在治平四年刻石，后来磨泐，120多年后，当时县令虞从龙再游寒亭暖谷，命李挺祖重新书写刻石。

虞从龙题记云："次山寒亭之右，有冷泉岩。治平间，蒋颖叔尝铭之，岁久堙晦。淳祐庚戌春仲，摄令卢陵赵崇镊以李焯告，遂与其客长沙许孟虎、邑尉西蜀虞从龙诣焉。乃剪丛莽，伐碍石，甃其泉为九曲。作含晖亭于岩前，经始未几，解章而去。从龙即偻工以毕之，越孟夏辛卯日落成。印曹摄令湟州欧阳元衡举酒相属，赞府清湘唐岩秀，邑警钱塘于武，邑人李焯、沃斗参、李炜、李挺祖、蒋应庚咸集焉。耆崖纪事者从龙，援笔者挺祖也。"

《八琼室金石补正》云："右《寒岩铭》，在江华。寒岩在县南三里寒亭下。《通志》失载。《永志》载此，多脱误。款内颖叔下脱'作'字，跋内'浅'误作'泯'，'岩左'误作'亭左'，'斯铭'误作'新铭'，'二公'二字误作'予爱'，下脱'赏'字，'载'误作'年'，'尉'误作'令'，且以补入《职官表》。近《江华新志》亦仍其误，审之不细，舛误相沿，所亟宜改正者也。'俾'误作'刊'，'邑人'一行全缺，意李挺祖重书而刊之，宗氏以为颖叔旧迹，殆非。跋语正书六行，亦非行书五行，《江华新志》录入山川内，多沿宗氏之误。右铭下阙字，《永志》作'元'。"

无名氏所刻《寒岩铭》在寒亭暖谷，字极细，极难发现。《寒岩铭》之再三复刻体现其备受关注。

## 49. 宋熙宁元年（1068）蒋之奇《题澹山岩》诗刻

### 题澹山岩

蒋之奇字颖叔

零陵水石天下闻，澹山之胜难具论。
初从岩口入地底，始见殿阁开重门。
乃知兹洞最殊绝，洞内金碧开祇园。
宽平可容万人坐，仰视有若覆盎盆。
虚明最宜朝日照，阴晦常有玄云屯。

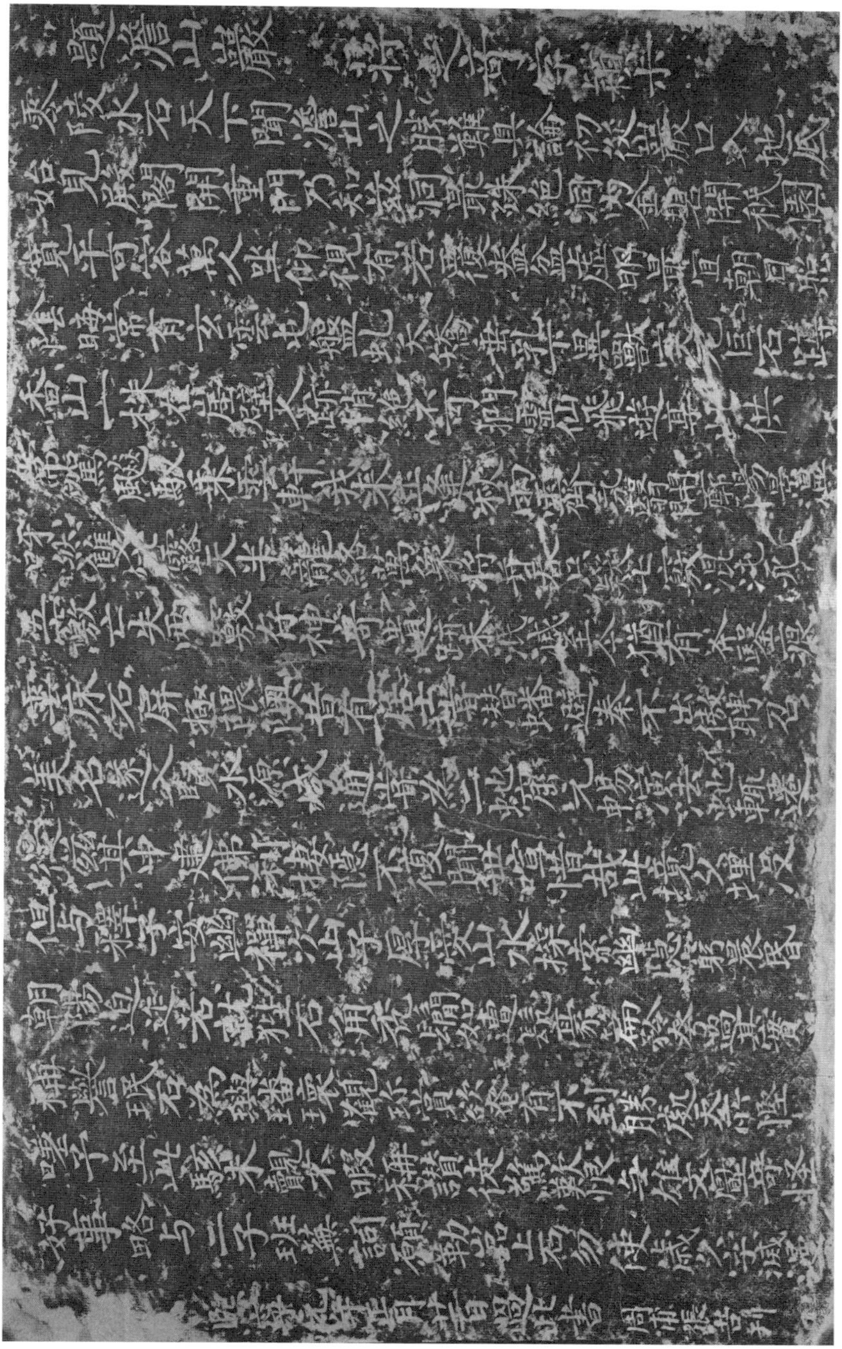

盘虬夭矫垂乳下，异兽突兀巨石蹲。
香山一株在崖壁，人迹悄绝不可扪。
灵仙飞游享此供，常驾飙驭乘云轩。
我来正逢秋雨霁，氛翳开廓阳景温。
呀然双穴露天半，笼络万象将并吞。
只疑七窍混沌死，五窍亡失两窍存。
神奇遗迹未泯灭，至今犹有斧凿痕。
云床石屏极隈隩，昔有居士常潜蟠。
避秦不出傲聘召，美名遂入贤水源。
咸通常为二蛇窟，元畅演法蛇辄迁。
从兹其中建佛刹，栖隐不复闻世喧。
惜哉此境久埋没，但与释子安幽禅。
次山子厚爱山水，探索幽隐穷晨昏。
朝阳迫迮若就狴，石角秃兀如遭髡。
豪篇矜夸过其实，称誉珉石为玙璠。
瑰观珍赏欲奄有，不到胜处天所悭。
嗟予至此骇未觏，不暇称赞徒惊叹。
恨无雄文压奇怪，好事略与二子班。
芜词愿勒岩上石，勿使岁久字灭漫。
熙宁元年正月廿二日，过此书，周甫张吉刊。

石刻位于澹岩，今已毁，存旧拓。弘治《永州府志》、隆庆《永州府志》、康熙《永州府志》、道光《永州府志》、康熙《零陵县志》、光绪《零陵县志》、陆增祥《八琼室金石补正》均有著录。

道光《永州府志》卷二曰："谪宦党人放游西南者多题记，惟黄庭坚诗帖最彰，邹浩诗纪驯狐夜报迹最奇，周茂叔、范淳父题名最重，蒋之奇长歌最工。""蒋之奇长歌"即指此篇。同卷又载蒋之奇小序："澹山岩，零陵之绝境，盖非朝阳比也。次山往来湘中为最熟，子厚居永十年为最久，二人者之于山水未有闻而不观，观而不记者。

而兹岩独无传焉，何也？岂当时隐而未发耶？不然，使二人者见之，顾肯夸其寻常，而遗其卓荦者哉！物之显晦固有时，曷可知也。"实际上是蒋之奇在澹岩的另外石刻题记，见下条，文略有不同。

光绪《零陵县志》卷十四引《金石萃编》："王司寇佚'蒋之奇'六字及梓人姓名。正书，十八行。"又引《古泉山馆金石文编》："此诗不见姓名，而《金石萃编》及县志皆属之蒋之奇，史传言颍叔于神宗时，由殿中侍御史贬道州监酒税，此诗盖其时所题也。诗中云'云床石屏极隈隩，昔有居士常潜蟠。避秦不出傲聘召，美名遂入贤水源'，考《零陵记》曰：'周贞实，零陵人，居澹山石室，秦始皇下诏征之，三征皆不起，遂化为石。'宋零陵令王淮《澹岩记》略与之同，'周贞实'作'周正实'，避宋讳嫌名故也，今县志犹作'正'，非是。志载颍叔此诗，脱去'灵仙飞游享此供'以下四句，余亦多讹字，当据石刻补正之。"又引宗绩辰《永州府志》云："旧志讹脱及《金石萃编》所佚，今悉从拓本补正。"

《八琼室金石补正》卷九十五引《潜研堂目录》："蒋之奇题澹岩诗，正书，熙宁元年正月，在永州澹山岩。"

《八琼室金石补正》卷九十五曰："《萃编》所载，尚有笔画微讹者，可勿具述。'元年'之'元'，石刻并未稍泐，而王、瞿、宗三家皆作'九年'，甚为怪事，潜研独不误，此书故征信而可实也。瞿氏所得，失拓首行，故云不见姓名，亦有讹脱，均已于卷末校补。惟'兹洞'作'滋洞'，'一株'作'一抹'，'祇园'作'祗'，末一'刊'字误作'刻'，尚未更正。宗氏云'悉从拓本补正'，而首行标题四字亦失载，犹谓拓工所遗也。其以'蒋之奇字颍叔'六字，系于'过此书'之上，并作'叔'字，吾不知所据何本矣。且《萃编》已载于诗刻之前，而宗氏乃云王司寇佚'蒋之奇'六字，又何故耶？余如'兹'作'滋'，'祇'作'祗'，'照'作'点'，'株'作'抹'，'秋'作'春'，'呀'作'牙'，'鉴'作'凿'，'尝潜蟠'之'尝'作'常'，'聘'作'征'，'迮'作'窄'，'嵩'作'嵒'，均误，且以旧志'一株'之'株'为误，直似未见石本者，又何故耶？"

## 50. 宋熙宁元年（1068）蒋之奇澹岩题记

澹山岩，零陵之绝境，盖非朝阳之比也。次山往来湘中为最熟，子厚居永十年为最久，二人者之于山水未有闻而不观，观而不记者，而兹岩独无传焉，何也？岂当时隐而未发耶？不然，使二人者见之，顾肯夸其寻常，而遗其卓荦者哉？物之显晦固有时，何可知也。

蒋颖叔题。

石刻位于零陵澹岩,已毁,存旧拓。

澹岩之发现,据熙宁九年(1076)柳应辰澹岩题记,"惟大中十四年张颢有《石室记》,略载其事",大概始于唐代,但对永州山水之发现贡献最大的元结、柳宗元并无提及,原因何在?蒋之奇认为"物之显晦固有时",柳应辰认为"是必当年晦塞,未为人知",二人之遭遇不同,对澹岩的发现亦有不同的理解。柳应辰调任永州,所以只认为是交通不便,而蒋之奇是贬官永州,"物之显晦"与"用之则行,舍之则藏"同义,是对处世态度的理解。

## 51. 宋端平三年(1236)蒋之奇撰文、李焯书《奇兽岩铭》(164×84厘米)

### 奇兽岩铭

奇兽岩,俗曰狮子。在江华邑南二里,蒋之奇颖叔过而爱之,为之作铭,曰:

奇兽之岩,瑰怪诡异。元公次山,昔所未至。
我陪公仪,游息于此。斯岩之著,自我而始。
勒铭石壁,将告徕世。治平丁未同沈公仪游。

惟蒋颖叔,文高节奇。正名兹岩,作为铭诗。
彼何人斯,大字覆之。来游来嗟,其孰与稽。
端平丙申,邑令张睿。思永厥传,刻此崖际。
俾冰壶孙,李焯古隶。凡百君子,爱而勿替。

石刻位于江华奇兽岩,保存完整。奇兽岩又称狮子岩,今存宋代以来石刻20余通。

道光《永州府志》有著录考证。《留云庵金石审》曰:"右刻怪伟完好,额用籀文,铭用古隶,睿后铭亦雅称,与蒋、李可名'三绝'。李冰壶,名长庚,本宁远人,而居江华者。长庚三子,皆有名。焯事无可考。"

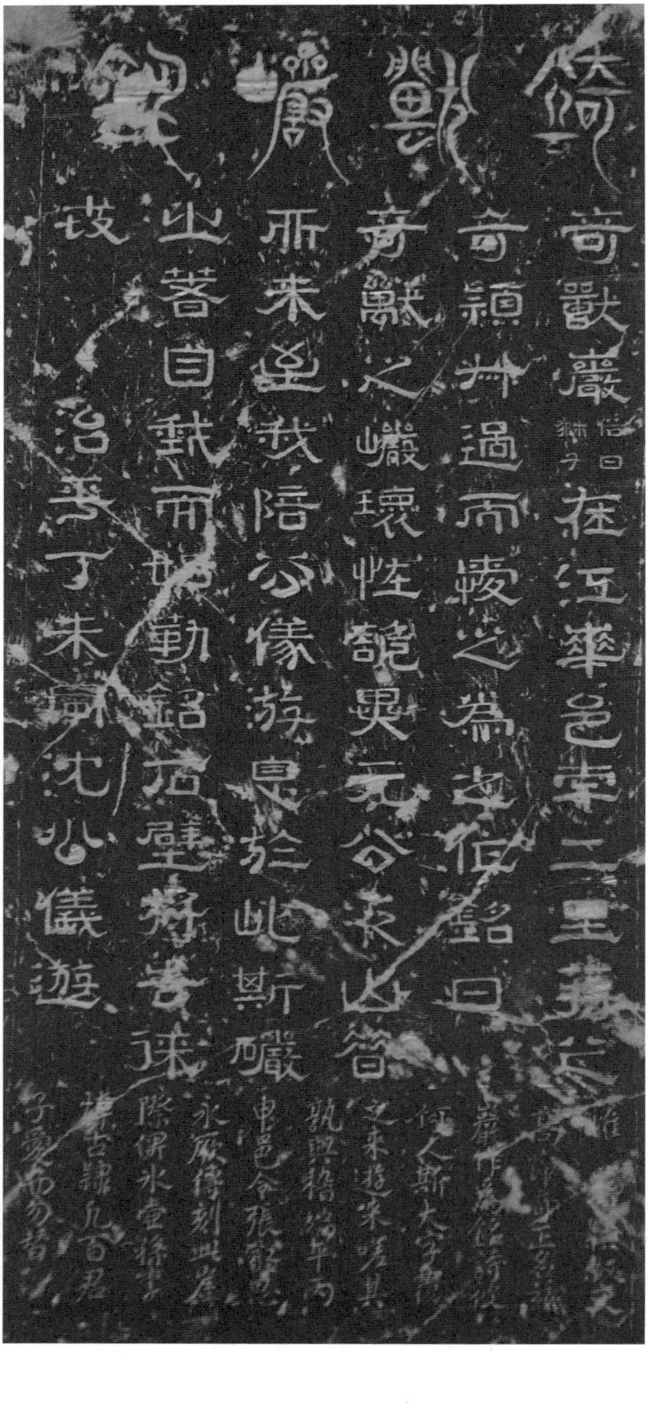

沈绅，详见其治平四年澹岩题名。

张睿，宋端平间任江华县令。

李焯，李长庚孙，事迹难考。

元结在永州开辟水石景观，对后人产生深远影响，来永州的文人官员似乎总要开辟一处前人没有发现、属于自己的岩洞景观，然后写文章赞颂。"斯岩之著，自我而始"，则是蒋之奇对奇兽岩的开辟。

## 七　山崖慰己：二程弟子邢和叔

邢恕，字和叔，河南原武（今河南原阳）人。进士，历官起居舍人、吏部尚书兼侍读、御史中丞、知汝州、知应天府、知南安军、龙图阁学士、显谟阁待制。《宋史》《东都事略》《宋元学案》《古今纪要》有传。事迹又散见于《续资治通鉴》、《宋史纪事本末》、《续资治通鉴长编纪事本末》、《二程遗书》、《伊洛渊源录》、《近思录》、邵伯温《邵氏闻见录》、邵博《邵氏闻见后录》、吕本中《紫微诗话》、陈长方《步里客谈》等。

邢恕在北宋政局与理学人物中，一向被视为奸臣叛党，其诗文石刻与书法真迹，亦罕有论者。

作为北宋士人中的一个独特人物，邢恕一生兼涉道、学、政三途，行事介于刚柔善恶之间。邢恕先问学于小程，时在仁宗嘉祐间。后问学于大程，时在英宗治平间。此后屡问学于大程，是程门早期精进弟子，同门稔称"邢七"，《宋元学案》称"邢尚书"；又曾就教于邵雍，以及出入司马光之门；既得到吕公著的举荐，受到王安石的赏识；与章惇相投，又与蔡确一见如素交；参与册立哲宗皇帝，预谋废黜宣仁太后；身列《奸臣传》，又名登《二程遗书》与《伊洛渊源录》。

元祐四年（1089），邢恕贬为永州参军，监酒税务。《宋会要辑稿》职官六七之二："元祐四年，蔡确败，邢恕贬永州监仓。"《宋诗纪事补遗》卷二十八："邢恕，元祐八年，责监永州酒税。"康熙三十三年（1694）《永州府志·职官表》："元祐七年，邢恕以参军监酒税。"

邢恕贬永州的时间，史书与方志记载不同，征诸石刻，邢恕在永州石刻中的最早纪年是元祐七年九月，最后为元祐九年（绍圣元年）正月，究其原因，当是元祐四年至七年，邢恕丁忧三年。

邢恕与永州关系密切。早在南宋，祝穆已将邢恕列入"永州人物"之中，见祝穆《方舆胜览》卷二十五。

邢恕没有诗文集传世。《全宋文》卷一八二一至一八二三收文三卷，除《小隐洞记》一篇外，均为朝中奏议。

《全宋诗》卷八七四收诗十首。其第五首《酬魏少府侍直史馆》为误收北朝邢邵之作，第九首《朝阳岩绝句》实为两首，四韵残句误漏一句，五句亦不宜合为一首，而编次亦多误。这些诗作除一首出邵雍《伊川击壤集》所附，其余均出自金石志与地方志，而金石志与地方志的来源皆为石刻。其中六首均作于今湖南永州，三首诗刻至今保存完好。此外，邢恕又有游记小品一篇，题名七通，也作于永州。部分石刻真迹保留至今。游记小品《小隐洞记》是邢恕保留至今的唯一一篇文学作品。

邢恕在永州共有石刻14通，兹编年条列如下：

一、元祐七年九月二十日与刘蒙、程博文朝阳洞题刻。（石刻尚存。）

二、元祐七年九月二十日与刘蒙、程博文火星岩题刻。（石刻不存，仅存拓本。）

三、元祐七年九月二十一日与刘蒙、安惇朝阳岩题刻。（石刻尚存。）

四、元祐七年九月二十一日与刘蒙、安惇火星岩题刻。（石刻不存，拓本未见。）

五、元祐八年三月八日与孙览、刘蒙、卢约朝阳岩题刻。（石刻尚存。）

六、元祐八年四月十一日与刘蒙、周玠、阮之武朝阳岩题刻。（石刻不存，拓本未见。）

七、元祐八年十月十七日石角山《小隐洞记》。（石刻不存，拓本未见。）

八、元祐八年十二月十四日《题愚溪寄刻朝阳岩》诗刻。（石刻尚存。）

九、元祐八年《题花严岩》诗刻。（石刻不存，仅见拓本。）

十、元祐间朝阳岩《独游偶题》诗刻。（石刻尚存。）

十一、元祐间朝阳岩《再游朝阳岩》诗刻。（石刻不存，拓本未见。）

十二、元祐间朝阳岩无题诗刻。（石刻不存，拓本未见。）

十三、元祐九年（绍圣元年）正月初五日与刘蒙、阮之武华严岩题刻。（石刻不存，拓本未见。）

十四、元祐九年（绍圣元年）正月浯溪无题诗刻。（石刻尚存，有磨泐。）

## 52. 宋元祐七年（1092）邢恕《独游偶题》诗刻（23×28厘米）

### 独游偶题

颓然一睡足，岩溜尚潺湲，面几即山郭，寂无人世喧。

邢恕和叔。

题刻在朝阳岩下洞内左侧石壁上，刘蒙、邢恕、安惇题刻之左，下临流香泉。五行，行楷，左行。

明黄焯《朝阳岩集》、康熙《永州府志》、康熙《零陵县志》、嘉庆《湖南通志》、道光《永州府志》、陆心源《宋诗纪事补遗》、陆增祥《八琼室金石补正》、光绪《零陵县志》、光绪《湖南通志》、《全宋诗》等有著录。

诗刻有署款，无年月。陆增祥谓与《愚溪诗》同时所刻，按二诗刻并不同时。邢恕朝阳岩题刻凡十见，其中七处有年月，最早为元祐七年九月二十日，最晚即《题愚溪寄刻朝阳岩》为元祐八年十二月十四日，至元祐九年正月作浯溪诗则已在回程中矣。此诗既题"独游"，当别具月日，要之当在《题愚溪》之前，暂定为元祐七年。

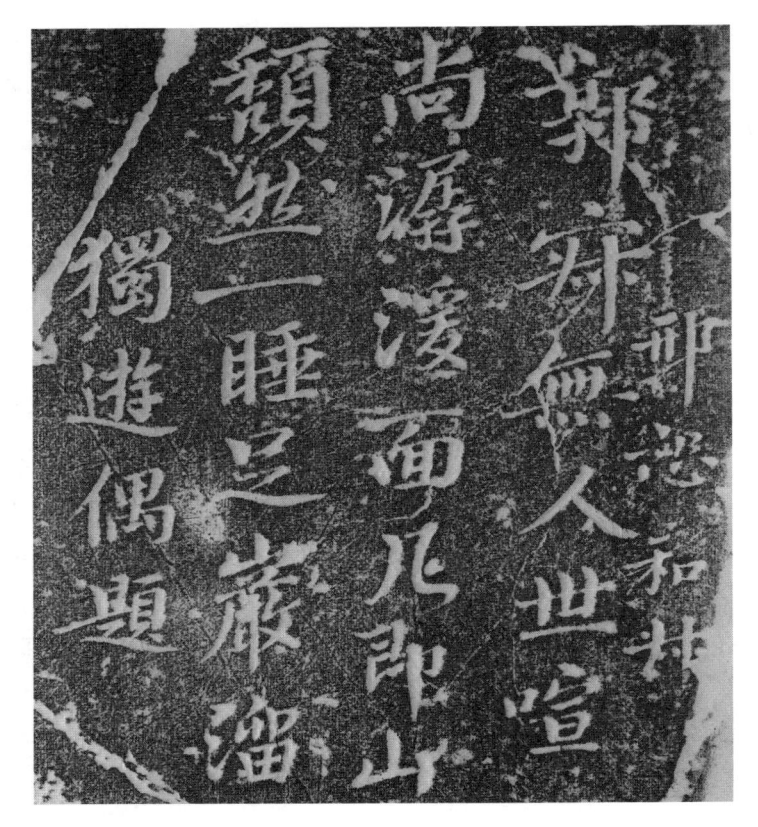

此诗意在以山水自遣，知山崖能慰己也。《题愚溪》则跋云"时谪零陵将去矣"，喜意溢于言表。

邢恕以诗名。《宋史》本传称，"神宗见其《送文彦博诗》，称于确，乃进职方员外郎"，又称其"博贯经籍，能文章"。其诗雅致多文人气，书法亦秀丽可喜。

## 53. 宋元祐八年（1093）邢恕《题愚溪寄刻朝阳岩》诗刻（71×50厘米）

溪流贯清江，湍濑亘百里。龙蛇几盘纡，雷雨忽奔驶。
石渠状穿凿，怪力祖谁氏？突如见头角，虎豹或蹲峙。
横杠互枝拄，小艇俄纷委。蘋藻翳泓澄，松竹荫崖涘。

中篇 《大宋中兴颂》 143

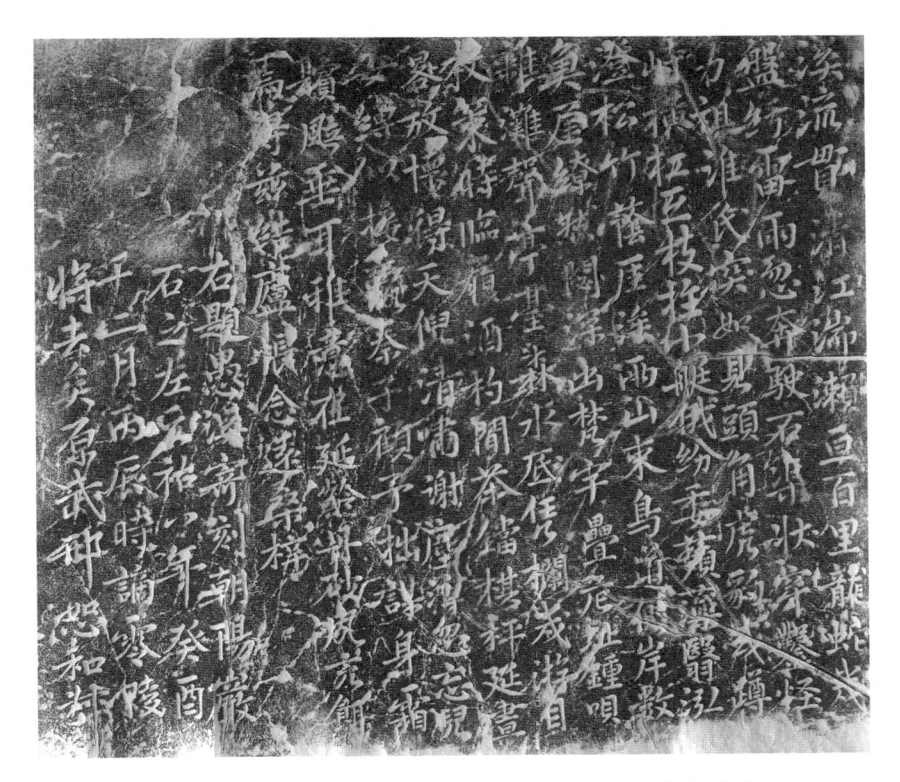

两山束鸟道，侧岸数鱼尾。缭然闷深幽，梵宇叠危址。
钟呗杂滩声，亭台森水底。凭栏几游目，杖策时临履。
酒杓间茶铛，棋枰延昼暑。放怀得天倪，清啸谢尘滓。
忽忘儿女缚，似接嬴秦子。顾予拙谋身，霜鬓飒垂耳。
雅意在延龄，丹砂凤充饵。焉得兹结庐，怅念远桑梓。

右题愚溪，寄刻朝阳岩石之左。元祐八年癸酉十二月丙辰，时谪零陵将去矣。原武邢恕和叔。

题刻在朝阳岩下洞外青阳洞旁石壁上，16行，行楷。石面字迹清晰，保存完好如新。

明黄焯《朝阳岩集》、清雍正《湖广通志》、康熙九年（1670）《永州府志》、康熙三十三年《永州府志》、道光《永州府志》、康熙《零陵县志》、嘉庆《零陵县志》、光绪《零陵县志》、《八琼室金石补正》、嘉庆《湖南通志》、光绪《湖南通志》、厉鹗《宋诗纪事》、《古今图书集成·方舆汇编》，均著录。

按：永州愚溪，初名冉溪，柳宗元更名愚溪。愚溪入潇水，朝阳岩下临潇水，二地均在旧城西岸，隔潇水与府城相对。方志称愚溪在城西一里，朝阳岩在城南二里，其相近如此。旧有浮桥，名平政桥，又名济川桥，出郡城正西门至愚溪。愚溪上有石桥，经石桥再至朝阳岩。亦可乘船直泊江岸，古称黄叶渡。

黄庭坚于崇宁三年（1104）至愚溪、朝阳岩，作《三月辛丑同徐靖国到愚溪，过罗氏修竹园，入朝阳洞》，文献或改题《游愚溪》，或改题《游朝阳岩》。此行黄庭坚乘肩舆（"竹舆鸣担肩"），而余人则步行（"蒋彦回、陶介石、僧崇广及余子相，步及余于朝阳岩"），回程又乘船（"挽牵遂回船"）。邢恕作《愚溪诗》及寄刻朝阳岩，虽未必同时之举，要之情景亦皆相似。

"嬴秦子"一语，典出刘向《列仙传》所载萧史、弄玉吹箫做凤鸣事。"雅意在延龄"及"怅念远桑梓"，措辞属意出处进退之际，亦士大夫所常言。而"时谪零陵将去矣"一语，当是临行寄刻时所加，其踌躇满志之态，亦足见性情云。

按：末署"元祐八年癸酉十二月丙辰"，丙辰为十四日。此时哲宗亲政，章惇重新回京秉政，次年改元绍圣，邢恕被招即由于此。

## 54. 宋元祐八年（1093）邢恕《题花严岩》诗刻

### 题花严岩

一簇僧房路屈盘，不逾城郭到林峦。
何人为假丹青手，写入轻绡挂壁看。
元祐八年邢恕和叔。

石刻不存，仅存拓本。永州华严岩，因炸山取石，荡然无存。
嘉靖《湖广图经志书》、《金石萃编》、《八琼室金石补正》、康熙三十三年（1694）《永州府志》、道光《永州府志》、光绪《零陵县

志》、康熙《零陵县志》、嘉庆《零陵县志》、光绪《湖南通志》、《宋诗纪事补遗》著录。《全宋诗》据《金石萃编》收录。

王昶《金石萃编》曰："横广二尺三寸五分，高一尺四寸，八行，行五字，行书。""一蔟"作"□蔟"，盖"一"字未拓出，其余与旧拓全同。

宗绩辰《留云庵金石审》曰："宋邢恕华严岩诗：存。较他刻恕书稍大，结体懒散，不如其小者。""一蔟"误作"一簇"。

陆增祥《八琼室金石补正》曰："邢恕诗：元祐八年，《萃编》已载。'题花严岩'，此行在诗前，低一格，王氏失载。'一蔟'，缺'一'字。《通志》《永志》俱缺标题一行。'蔟'俱作'簇'，石本实从'艹'也。"

至元祐九年正月，邢恕曾再度与刘蒙、阮之武同游华严岩。《零志补零》、道光《永州府志》、《八琼室金石补正》、光绪《零陵县志》、光绪《湖南通志》载其题名。陆增祥《八琼室金石补正》曰："刘蒙等题名：'临川刘蒙资明、静海阮之武子文、原武邢恕和叔，同游华严岩。宋元祐甲戌正月丁丑，和叔题。'高一尺一寸，广七寸，五行，行七字、八字，字径寸许，行书。《通志》未见此刻，据零陵县宗志录之，而舛错甚多。"可知题刻出自邢恕手笔。

## 55. 宋元祐九年（1094）邢恕"归舟一夜泊浯溪"诗刻（45×51厘米）

归舟一夜泊浯溪，晓雨丝丝不作泥。
指点苍崖访遗刻，更磨苔藓为留题。
元祐九年正月，原武邢恕和叔。

诗刻尚存浯溪，唯左上部一二行有磨泐。有署款，无题。"指点""更磨"四字据厉鹗《宋诗纪事》补。

道光《永州府志》、《八琼室金石补正》、光绪《湖南通志》、《宋诗纪事》著录。

《宋诗纪事》据《浯溪集》著录，"晓雨"误作"晚雨"。

道光《永州府志》卷二上"晓雨"误作"晚雨"。卷十八中"晓雨"不误，"指点"作"□石"，"更磨"作"□□"。宗绩辰《留云庵金石审》曰："行书，六行。案元祐八年九月，宣仁皇后崩，是年四月即改元绍圣，恕于改元之前已被召命得归，女尧舜亡而共骧窃喜，消长治乱之机已见于此。观乎此诗所谓'晓雨丝丝不作泥'者，其希恩冒宠之心毕著矣。"

《八琼室金石补正》、光绪《湖南通志》"指点"均作"□石"，"更磨"均作"□□"。陆增祥曰："邢恕诗：高广各一尺三寸五分，诗四行，行七字，字径一寸五分许。款二行，行六字，较小。正书。"

《全宋诗》据《八琼室金石补正》收录。"□石"下注："《宋诗纪事》卷二六作'指点'。""更磨"下注："二字原缺，据《宋诗纪事》补。"

## 八　暮年山谷：黄庭坚家族与永州

黄庭坚，字鲁直，号山谷道人，晚号涪翁，江西分宁（今九江市修水县）人。与张耒、晁补之、秦观游学于苏轼门下，合称"苏门四学士"，又与苏轼并称"苏黄"。诗风奇崛瘦硬，为江西诗派开山之祖。工书，擅行书、草书，与苏轼、米芾、蔡襄并称"宋四家"。著有《豫章黄先生文集》三十卷、《山谷外集》十四卷、《山谷别集》二十卷。《宋史·文苑传》有传。

崇宁二年（1103）十一月，黄庭坚因与赵挺之不和，被诬陷而贬谪至广西宜州。《宋史》卷四百四十四《文苑传·黄庭坚》记载了这一段史实："庭坚在河北与赵挺之有微隙，挺之执政，转运判官陈举承风旨，上其所作《荆南承天院记》，指为幸灾，复除名，羁管宜州。三年，徙永州，未闻命而卒，年六十一。"

崇宁三年三月，黄庭坚在赴广西宜州贬所途中，逗留永州。三月六日，在祁阳游浯溪。停留数日后，于三月十四日，抵达零陵，停留期间，二十八日游朝阳岩、澹岩。均有诗。

崇宁三年四月二十八日启程前往全州，五月十八日至宜州。崇宁四年九月三十日，卒于宜州。

黄庭坚在永州，曾与士人陶豫、李格、蒋大年、石君豫、成权、成逸、萧褎、萧裒、李唯、蒋沛等人交往。又与僧尼人物浯溪伯新、明远庵道卿、僧守能、志观、德清、义明等人交往。

黄庭坚在浯溪，留有六篇作品，皆上石。

  1. 黄庭坚《中兴颂诗引并行记》。
  2. 黄庭坚书《欸乃曲》。
  3. 黄庭坚书陶靖节诗。
  4. 黄庭坚东崖题记。
  5. 黄庭坚《答浯溪长老新公书》。
  6. 黄庭坚《浯溪图》诗。

黄庭坚在浯溪题诗刻石的意义，不仅在文学史上留下笔墨，更在于他挑起了元结《大唐中兴颂》本意是歌颂还是讥讽的争议。宋溶《浯溪新志》："《中兴颂》碑彪炳千有余岁矣，而立言之旨，议者纷纷，何昔贤心事之不能昭白于后人也？抑文人好为诟病使然欤？玄宗而既西狩矣，灵武之立，势非得已；不然，何以收众心而成大业乎？乃谓颂亦含讥，乐此而不为疲。则山谷一诗，实为聚讼之首。"王士禛《浯溪考》："黄鲁直题磨崖碑，尤为深切。'抚军监国太子事，何乃趣取大物为？事有至难天幸耳，上皇跼蹐还京师'云云，所以揭表肃宗之罪极矣！"

从黄庭坚在永州留下的诗文题记看，可以说他是度过了贬谪途中相对比较愉快的一段时光。而时隔20余年，黄庭坚从弟黄仲堪任永州通判，携子孙刻石留题；时隔60余年，黄庭坚之侄黄彪率其子侄八人来游，重访遗踪，摩拂苍崖，别生一番佳趣。

## 56. 宋崇宁三年（1104）黄庭坚《题永州淡山岩》诗刻（100×190厘米）

### 题永州淡山岩

山谷老人黄庭坚庭坚
去城廿五里近，天与隔尽俗子尘。
春蛙秋蝇不到耳，夏凉冬暖总宜人。
岩中清磬僧定起，洞口绿树仙家春。
惜哉淡山世未显，不得雄文镵翠珉。

淡山淡姓人安在？征君避秦亦不归。
石门竹径几时有，瑶台琼室至今疑。
回中明洁坐十客，亦可呼乐醉舞衣。
阆州城南果何似，永州淡岩天下稀。
政和六年住持僧智曷刻石。

　　石刻位于零陵淡岩，今已不见，有旧拓传世。行书，正文七行。标注一行，字极细小。

　　澹岩内有小径甚狭，贯通山背，中忽开朗，名为"回中"，今存"回中"两字榜书。宗绩辰称，淡山"惟黄庭坚诗帖最彰，邹浩诗纪驯狐夜报迹最奇，周茂叔、范淳父题名最重，蒋之奇长歌最工"。

　　署款"庭坚"二字重叠，当是刻工之误。原刻"去城廿五里近"一句六言，故"廿"当作"二十"。"与"字用草写，"蛙"字用古体"䵷"，"总"字用异体"揔"字。

　　诗刻为黄庭坚在崇宁三年（1104）所作，政和六年（1116）由淡岩僧人智曷摩勒刻石，去黄庭坚之卒已经12年。黄庭坚在浯溪、朝阳岩、淡岩均有诗作，上石则多在其卒后。

　　崇宁三年三月，黄庭坚在赴广西宜州贬所途中，逗留永州。初六日游浯溪，二十八日游朝阳岩，淡岩诗未记载时间，推测当在崇宁三年三月二十八日前后。

题永州淡山岩

永州淡山岩谷幽深，前人题名不可胜纪。予曩岁来，一再游之与鹏举吸饮岩中，清磬疎钟，隔壁相闻，此山深处使人忘去。今复与东吸碧霞，翫弄泉石，笑语世俗，不觉水石可人，徘徊不能去，时有瑶亭彦遵来会，疑如中朋梁甫蒙，何可呼胡醉舞，衣瀨州城到此何水所与，严人下伸

《山谷先生年谱》:"四月发全州,是夏至宜州。先生有跋《自书懒瓒和尚歌后》云:'四月辛未,余将发清湘矣。'"清湘县在全州,四月辛未为四月二十八日。诗当作于此日之前。

黄庭坚《题永州淡山岩》立意在于出世离俗与隐逸,与淡岩的隐逸主题相符。

## 57. 宋崇宁三年(1104)黄庭坚朝阳岩题名(68×46厘米)

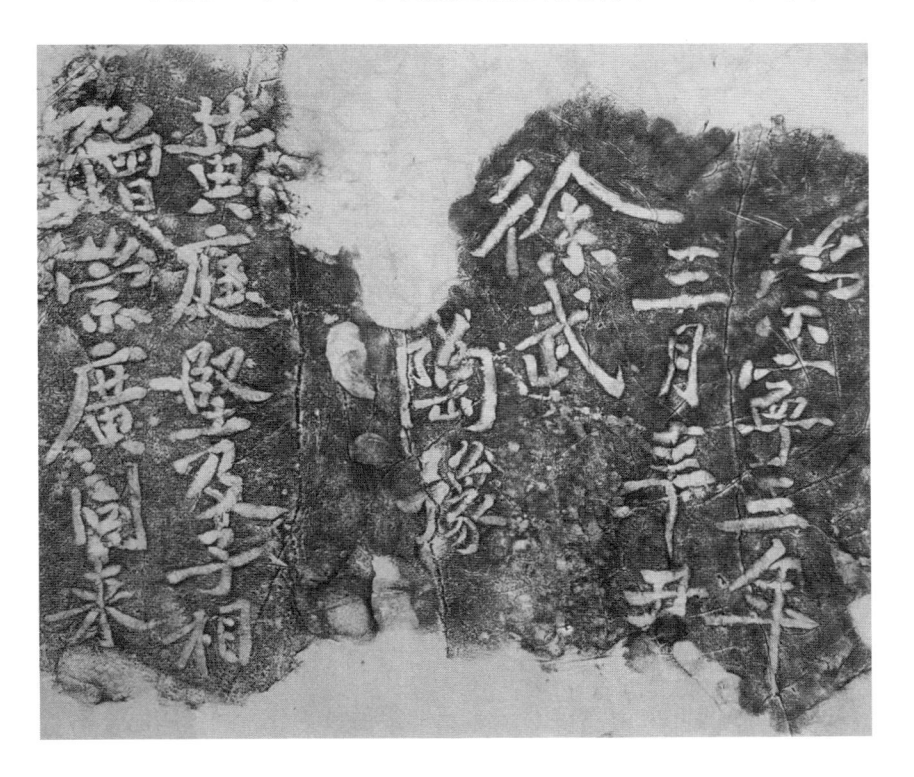

崇宁三年三月辛丑,徐武、陶豫、黄庭坚及子相、僧崇广同来。

题刻在朝阳岩下洞石壁间。石壁未经打磨,凹凸不平,且有裂缝,题记随形写刻,拓本亦成圆弧状。推测当时情状,似直接题墨于壁,故而不待摩崖,即行刻石。

道光《永州府志·金石略》、《八琼室金石补正》、光绪《零陵县志·艺文·金石》，以及光绪《湖南通志·金石志》、吴式芬《金石汇目分编》卷十五等著录。然各家之中，仅陆增祥曾见拓本，余皆转述，故均讹误。

《八琼室金石补正》卷八十五："黄庭坚题名：高广不计，六行，行字数大小不一，正书。崇宁三年三月辛丑，徐武（下空）、陶豫、黄庭坚及子相、僧崇广同来。"陆增祥按语："右山谷题名，瞿氏、宗氏皆未之见，今始搜得之。拓本分两纸，'陶豫'以上为一刻，后二行为一刻，审之前四行亦是山谷手笔，殆分刻左右也。徐武为永州司法参军，见《通志·职官》。陶豫见浯溪诗刻。'徐武'下似无字。"

黄庭坚在零陵作有《游愚溪》一诗："意行到愚溪，竹舆鸣担肩。冉溪昔居人，埋没不知年。偶托文字工，遂以愚溪传。柳侯不可见，古木荫溅溅。罗氏家潇东，潇西读书园。笋苗不避道，檀栾摇春烟。下入朝阳岩，次山有铭镌。薜石破篆文，不辨瞿李袁。嵌窦响笙磬，洞中出寒泉。同游四五客，拂石弄潺湲。俄顷生白云，似欲驾我仙。吾将从此逝，挽牵遂回船。"序曰："三月辛丑，同徐靖国到愚溪，过罗氏修竹园，入朝阳洞。蒋彦回、陶介石、僧崇广及余子相，步及余于朝阳岩，徘徊水滨久之。有白云出洞中，散漫洞口，咫尺欲不相见，介石请作五字记之。"诗和序皆交代了刻石的背景和场合。

陶豫，字介石，或为陶岳、陶弼族属。陶岳，字介丘，又字舜咨，五代末北宋初人，先世居九江浔阳，后家永州祁阳。著有《五代史补》《荆湘近事》《零陵总记》及《货泉录》等。其子陶弼，字商翁，官至顺州知州，著有《邕州小集》，《宋史》有传。

徐武，字靖国，姑苏人，时为永州司法参军。黄庭坚尝应徐武之请，为其父徐彦伯作墓碣。《山谷集》卷二十四载《徐长孺墓碣》。

此摩崖为黄庭坚亲笔无疑。字大，随形，不拘行款，随心所欲，率性为之。崇宁四年九月，黄庭坚卒于宜州贬所，此题刻为其卒前一年最后笔迹之一，亦为钱勰（字穆父）所说既见藏真（怀素字藏真）真迹之后所作。石刻所在本为朝阳岩石壁正面佳处，而隐在石隙两侧，900余年竟无扰动，且刻工亦佳，字与摩崖浑然一体，极为特殊，尤为难得。

**58. 宋靖康元年（1126）黄仲堪九龙岩题名（38×44厘米）**

双井黄仲堪觉民，自零陵行县经此，值太平进老同游，岩主照师爇香烹茶，使人隐然有仙意。孙适侍行。靖康元年孟冬戊午日题。

石刻位于东安九龙岩，行书，底下两行已磨泐，《八琼室金石补正》有著录："右黄仲堪题名。仲堪，山谷之弟，浯溪有其题名，与此同时特差数日耳。照师，名文照。"光绪《湖南通志》有著录。

九龙岩有寿圣院,岩主照师即文照住持。文照为多位到访九龙岩的官员题名上石。

九龙岩有宋宣和五年(1123)钱怀哲《题九云岩》诗:"朝奉大夫、通判永州军州、同管句神霄玉清万寿宫兼管内劝农事钱怀哲。潇湘行迈遇初秋,何幸因官得一游。无异醴陵三室洞,九仙羽客是吾俦。宣和五年癸卯正月二十五日,住持僧文照上石。"

浯溪有崇宁四年(1105)邹浩题名:"晋陵邹浩子柄,携零陵张绶、蒋纬,祁阳成权,侄逸道人文照、伯新、义明同游,崇宁四年五月五日。"此文照或为同一人。

黄仲堪在浯溪有题名:"靖康元年十月廿九日,双井黄仲堪觉民自零陵行县游此。子镒,携家侍行。"盖先题东安九龙岩,再题浯溪。

道光《永州府志》卷十八引《古泉山馆金石文编》:"黄仲堪题名,正书,九行,在浯溪磨崖下。考仲堪,山谷弟也,见山谷题跋'礼思大禅师题名'。双井,乃山谷所居乡名,在洪州分宁县,其地产茶。山谷题跋'石门寺与韩城元聿同游题名'目称'双井黄某'。石门乃寺名,宋溶《浯溪新志》采作浯溪崖傍之石门,题名误矣。又'廿九日'作'二十九日','黄'作'王','民'作'氏',皆非。"《黄庭坚全集》别集卷二《礼思大禅师题名记》:"修水黄某,弟仲堪,子枌、梓、椿、相、梲,成都范温,道人文演同来。礼思大师,阅三生藏,阅贝多梵字经,二锡杖,象刻佛供;僧俗书经夹,有纤麈如蚁,映光不可读者;及佛牙、舍利、蚌中观音相。宝玩溢目,为书'观宝轩'三大字。坐独松轩,观老松突兀于众杉间,本无超群之意。崇宁三年正月甲辰。"此记作于衡山,可知黄庭坚晚年南贬广西宜州时,黄仲堪一路伴随左右。

黄仲堪,字觉民,黄庭坚从弟,排行二十八,曾官衡山尉。黄仲堪的字由黄庭坚所取,黄庭坚作《觉民对问》《觉民读书帖》,称他"温恭而文,好学之气方爱日而未倦也"(见黄庭坚著、郑永晓整理《黄庭坚全集辑校编年》)。又,"仲堪,生于景祐四年(1037)丁丑五月初五日,殁于大观元年(1107)丁亥九月二十七日。曾授朝奉大夫，任永州通判。有子二人：镒、锃。周文称'仲堪很可能是庭坚叔父黄襄之子'，这在两谱中被证实了"（见王毅《〈黄庭坚家世考〉订补》）。据黄仲堪题名刻石时间及黄庭坚（1045—1105）生卒年，此文对黄仲堪的生卒年记载显然有误。

双井，位于江西修水县，黄庭坚出生于此，故因地望称黄庭坚。如杨翰《息柯杂著》卷六《跋朝阳岩刻山谷像》云："永州朝阳岩黄彪题名，有'观伯父太史题刻'云云，太史即山谷也。余守永，寻山谷字不得，因和其《游朝阳岩》诗，同原作刻岩上。石有余地，乃摹刻山谷像。去郡后数年，于石洞上竟得山谷题刻，物之显晦有时也。癸酉游岭南，六月十七日在李子虎斋中为山谷寿，今又四年矣。还山，检得小像拓本寄粤，知年年为公寿，犹如同拜双井老人也。""双井老人"即黄庭坚。双井自宋代即产茶，欧阳修有《双井茶》，黄庭坚有《双井茶送子瞻》《以双井茶送孔常父》，杨万里有《以六一泉煮双井茶》等诗。

### 59. 宋乾道七年（1171）黄彪万石山题名

南昌黄彪彪甫，乾道己丑仲秋下八日视郡事，越二年春人日题此，以纪岁时。子倓、棪、滥、荣、莘、樵、鍫侍。

题刻在永州万石山，今毁，有旧拓传世。五行，满行八字，隶书。道光《永州府志》卷十八著录。

黄彪，字彪父，一作彪甫，南昌人，黄庭坚从弟叔敖之子。袁燮《絜斋集》卷十四为黄彪之子黄莘作《秘阁修撰黄公行状》，可考其父子生平。

黄彪于乾道五年（1169）任永州知州。在永州澹岩、朝阳岩亦有题名。宗绩辰谓黄彪万石山题名"右刻八分书，五行，在梅孝女祠内，李拔诗刻之左。隶法瘦劲，年久石渐平滑，就读约略得半，拓之仅见数字耳"。由旧拓可见其风格。黄彪在朝阳岩题刻为乾道七

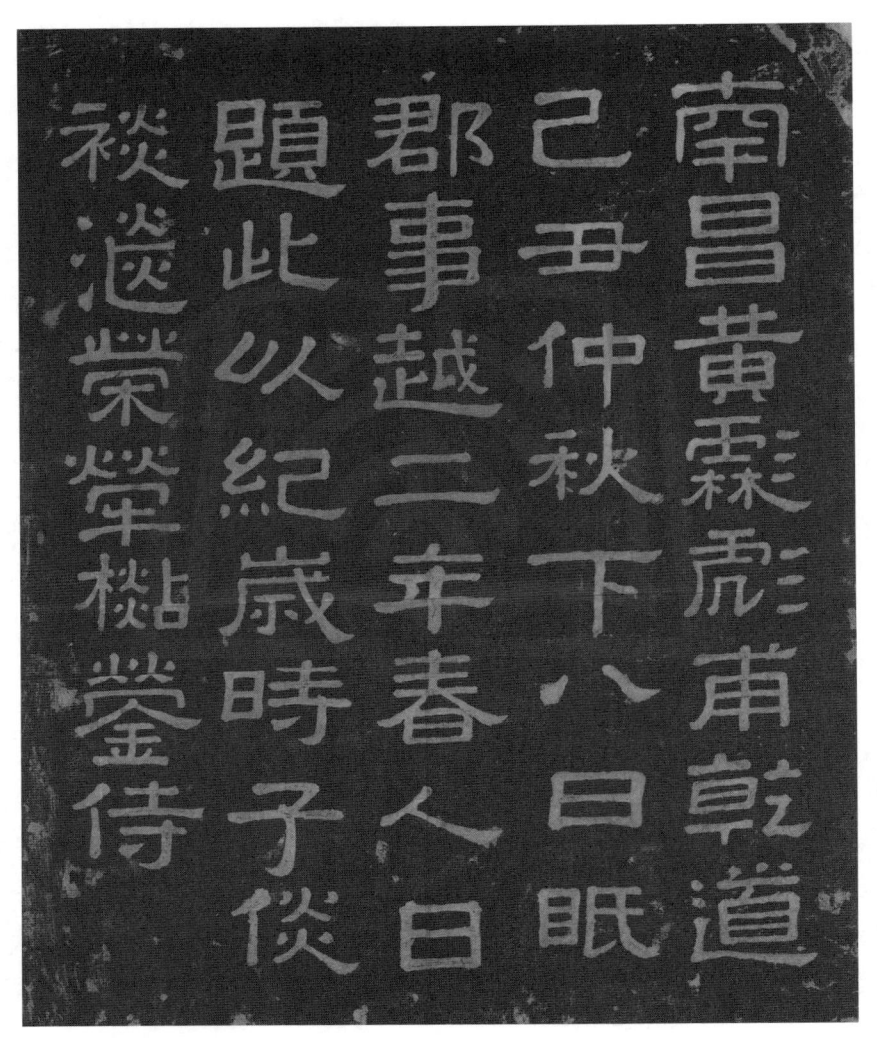

年（1171），保存完整，著录为："主郡吏南昌黄彪彪父，暇日携子侅、袚、澨、荣、荤、樾、莹，游朝阳岩，摩拂苍崖，观伯父太史题刻，叹慨久之。表侄九江夏孝章同来。乾道辛卯百五日。"刘沛谓黄彪万石山题名为杨翰重摹。今观朝阳岩题刻，笔画厚润，焕然如新，不知是否亦经杨翰重摹。要之，万石山、澹岩今已毁坏，黄庭坚、黄叔豹、黄彪诸刻，唯朝阳岩题刻独存，亦可宝贵。

道光《永州府志》卷十八著录澹岩题名："郡守黄彪祷晴于顺成

侯庙，祀事毕，天宇廓然，因至澹岩观二父遗刻，感叹久之。时乾道己丑十一月二日，男佽、袨、溔、荣、荤、樾、荃继来。"石刻已毁，尚存旧拓。

引《留云庵金石审》："右刻行书，四行。案：柳昭昭、毕若卿题名祷雨零陵王，杨英甫题名祠零陵王，盖公愿题名祀灵显，曹季明题名祀灵显应惠侯。而此又作祀顺成侯，或云所祀乃龙神，亦闻即唐刺史昌图之祠，所举四朝封号有异同耳，未知孰是也。"

## 九　赋诗招隐：乡贤达士李长庚

永州乡贤李长庚，字子西，家本宁远，迁居江华。绍兴二十四年（1154）张孝祥榜进士，历仕50年，历官朝请大夫，官至贺州知州。晚年乡居，廉洁有守，安贫乐道，不治产业，唯蓄书数千卷，读书室号"冰壶"。李长庚入祀乡贤祠，隆庆《永州府志》有传。道光《永州府志》载李长庚葬于江华，有墓碑，今已不存。李长庚有子李大光、李大言，皆特科进士，均负诗名。江华县寒亭暖谷有其子李大光摩崖诗刻，今存。

这位与张孝祥、杨万里、谢艮斋、傅伯寿、谢谔等人为友的诗人，曾有诗文万篇，部分刊刻为《冰壶集》，部分收藏于家稿，当时蝇头细书，今已亡佚，现在却赖石刻保全余绪。

### 60. 宋乾道六年（1170）李长庚《登空翠亭》诗刻（35×40厘米）

亭倚晴空翠作堆，峰峦奇绝画屏开。
凭栏眼力不知远，历历水穿幽树来。
登空翠亭
冰壶李长庚

石刻位于江华寒亭暖谷。诗题"登空翠亭"落款诗末，诗刻保存完整。

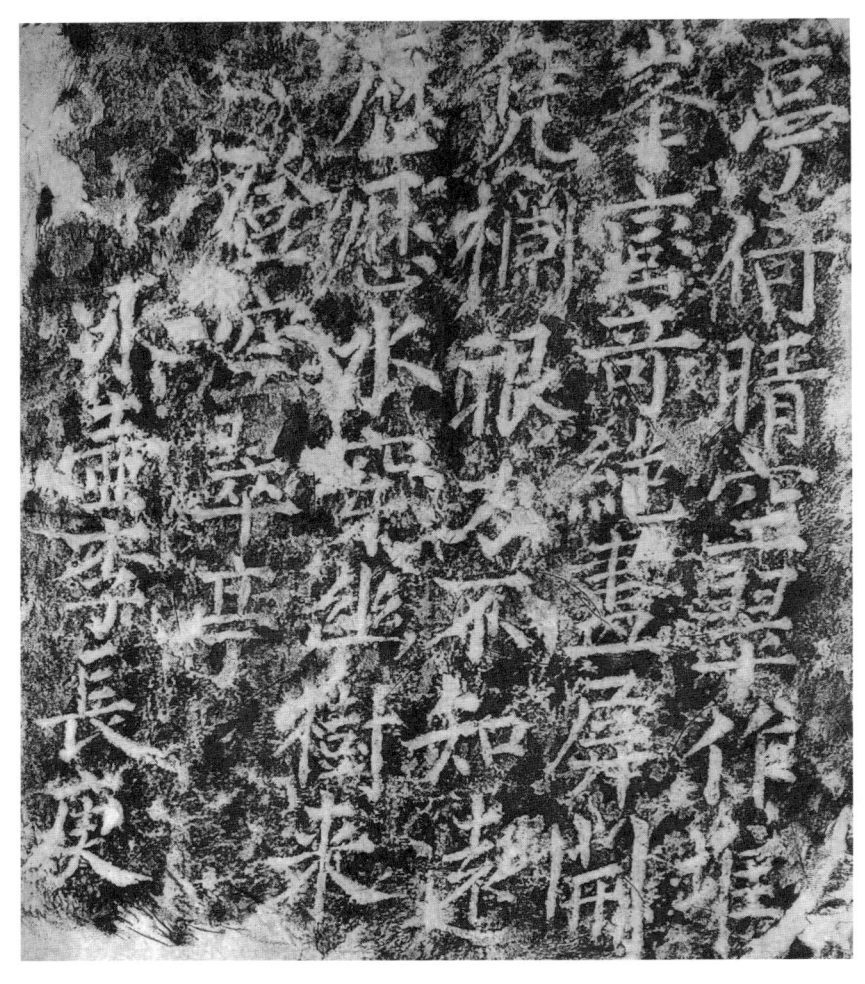

此诗地方志失载,《八琼室金石补正》著录:"右李长庚诗。庚午夏,仲维拓寄。《江华新志》失采。案:李长庚,字子西。宁远人,徙居江华。绍兴廿四年张孝祥榜进士,初官通判。乾道间,知贺州富川县事。与杨诚斋、谢艮斋为友。蓄书数千卷,名其斋曰'冰壶',时称冰壶先生,所著有《冰壶文集》。此诗志所不载,长庚和江朝议诗在阳华岩,时值乾道六年,此诗或亦当时所题。"诗刻未署刻石时间,据《八琼室金石补正》,姑定乾道六年(1170)。

## 61. 宋绍熙三年（1192）李长庚《府判李公诗》（90×175）厘米

### 府判李公诗

　　乙丑仲冬自宁远来游阳华
　　沿崖渡水六七里，划见幽岩尽屏倚。
　　却蹑长虹信步行，下瞰浅清皆脚底。
　　漫郎泉石之董狐，妙语品题良不诬。
　　千岩万壑果何似，吾家九疑真不如。

　　丁卯清明约邓致道游阳华
　　我来挈挈倦尘沙，下马无心更忆家。
　　不怨客中逢熟食，只知醉里是生涯。
　　花边顿觉春光老，柳外还惊日脚斜。
　　甚欲与君寻胜去，何妨着脚到阳华。

与致道约游阳华，寻以雨阻，追和山谷集中《岑公洞》二绝句韵
　　垂垂雨脚几时晴，便拟扁舟乘兴行。
　　想得斜川今更好，胜游恨不继渊明。

　　阳华妙处吾能说，泉响风摇环佩声。
　　定是山灵嫌俗驾，电光掣过雨如倾。

　　己巳七月游阳华
　　遥指断崖如削瓜，碧云一朵是阳华。
　　莫言空洞中无物，须信嶄巉下可家。
　　已听泉声响环佩，更看山色媚烟霞。
　　一丘一壑平生事，不觉归鞍带暝鸦。

长庚绍兴十九年七月十九日尝游阳华，后十有二年，复以是月是日从乡曲诸公再到岩下，感今追昔，因成十韵

阳华近七里，不到余十年。乃知声名锁，能障山水缘。
今日与邻曲，胜游追斜川。瘦藤穿荦确，一叶弄潺湲。
岩扃隐翠竹，梵宇净青莲。一笑蹑飞虹，毛骨清欲仙。
婆娑宝缨珞，放浪玉壶天。曲肱卧盘石，涤耳听流泉。
片云飞雨来，更觉秋凛然。酒尽各归去，千林昏暝烟。

  次韵江府判游阳华，江丈春间携家再来
尘外非无境，壶中自有天。从来招别驾，于此漱寒泉。
<small>见元次山《招陶别驾》诗。</small>
铭已得元结，记须烦子年。重游知更好，出谷趁莺迁。

陈士淳主簿举似，与严庆曾主簿，邓伯允仙尉同到阳华佳句，且有
 岩下弄琴、舟中吹笛之乐，长庚虽不奉胜游，辄继高韵
  说着幽岩意已清，那堪地近一牛鸣。
  尘萦俗累不容到，若见山灵烦寄声。

阳华山水自双清，况弄朱弦金石鸣。<small>宗少文有《金石弄》。</small>
我是行人那敢听，恐翻别调作离声。<small>时将赴上都。</small>

  云水光中语更清，从他山寺晚钟鸣。
  满舡载月归来好，一笛穿云裂石声。

  次韵卢仲修仙尉从柯府判游阳华唱酬诗篇
  阳华突兀倚清虚，鬼刻神镌自劫初。
  地胜雅宜招别驾，客来争欲命巾车。
  未知三岛果何似，尽道九疑都不如。
  当有幽人家在此，赋诗招隐笑康琚。

阳华蒋助教<small>大雅</small>求冰壶老人诗，欲刻之岩石。长庚未敢许也，他日托王子明致恳甚力，因令儿辈抄此数篇，以塞其请。子明试观，亦足以见老人笔力一年退如一年也。

岁在壬子季秋望日，李长庚子西云，外甥黄龟从书。

门生蒋大雅刻石。

学生王用晦书额。

石刻位于江华阳华岩，今存。

《八琼室金石补正》著录："李长庚诗：高三尺二寸，广一尺五寸二分。上列横额，题'府判李公诗'五字，字径一寸五分。下列三截，上、中截十六行，下截十五行，行字不一，字径六分，俱正书。"又云："右李长庚诗，在何麒诗刻之左。前六首皆绍兴间所作，《次江府判韵》一首当与江诗同时，时在乾道六年。后三绝自注云'时将赴上都'，案长庚于乾道间迁知贺州军事，和诗即在其时也，附乾道末。又有绍熙年诸作，别刻一石，另录于后。长庚为府判，志所失载。簿、尉诸人名，亦不见于志。《通志·山川》《府志·名胜》《县志·方域》均附录长庚诸诗，而《和山谷韵二绝》《再到岩下一首》未经采入。《次江府判韵》一首，《府》《县志》均脱后半，'非无'二字误倒，《通志》亦未录，《县志》并未录《丁卯清明》一首。所录诸诗亦多讹字。'幽岩'作'幽居'，'长虹'作'长江'，'浅清'作'清流'，'真不如'作'诚不如'，'熟食'作'热冷'，'花边'作'花间'，'日脚'作'月郯'，'寻胜'作'寻照'，'断崖'作'澹山'，'空洞'作'古洞'，'伯允'作'伯元'，'严庆曾'作'俨庆'二字，'尘萦'作'座萦'，'若见'作'君见'，'晚钟'作'晓钟'，'归来'归作'空兹'，悉据石本录之。又案：诗有云'从来招别驾，于此漱寒泉'，自注云'见元次山《招陶别驾》诗'，而《通志》以《招陶别驾》诗为长庚作，误矣。"《八琼室金石补正》"次韵卢仲修仙尉从柯府判游阳华唱酬诗篇"及以下未著录。

八题中有七题散见于其他文献，诗作时间不一。《乙丑仲冬自宁远来游阳华》作于绍兴十五年（1145），《丁卯清明约邓致道游阳华》《与致道约游阳华，寻以雨阻，追和山谷集中〈岑公洞〉二绝句韵》

作于绍兴十七年,《己巳七月游阳华》作于绍兴十九年,《长庚绍兴十九年七月十九日尝游阳华,后十有二年,复以是月是日从乡曲诸公再到岩下,感今追昔,因成十韵》作于绍兴三十一年,《次韵江府判游阳华,江丈春间携家再来》作于乾道六年(1170),《陈士淳主簿举似,与严庆曾主簿,邓伯允仙尉同到阳华佳句,且有岩下弄琴、舟中吹笛之乐,长庚虽不奉胜游,辄继高韵》《次韵卢仲修仙尉从柯府判游阳华唱酬诗篇》作于乾道末。诗作于绍熙三年(1192)统一刻石。

邓致道,生平不详,曾于绍兴二十年(1150)与县令蔡周辅等游阳华岩,见《蔡周辅题记》。

江府判,名江朝仪,生平不详,时为道州府判。道光《永州府志》录其诗一首。

卢永年,字仲修,永嘉(今属浙江温州市)人。淳熙八年(1181)辛丑黄山榜进士,授江州(今江西九江市)金判,庆元元年(1195)任黄岩令。王十朋有《永嘉卢仲修永年袖文见访,酬以短句》诗,王十朋与何麒、李长庚有交谊,故此推测卢仲修或为卢永年。

蒋言正,字大雅。后李长庚《宫使李大夫诗》亦是其刻石。

"漫郎",指元结。"董狐",春秋时晋国太史,以秉笔直书名垂后世,孔子赞曰:"董狐,古之良史也,书法不隐。"

"须信崭巉下可家",元结有《阳华岩铭(有序)》:"阳华巉巉,其下可家。"

"从来招别驾,于此漱寒泉。"元结《招陶别驾家阳华作》有:"探烛饮洞中,醉昏漱寒泉。"

"仙尉",《汉书》卷六十七《梅福传》:"梅福,字子真,九江寿春人也。少学长安,明《尚书》《穀梁春秋》,为郡文学,补南昌尉……至元始中,王莽颛政,福一朝弃妻子,去九江,至今传以为仙。"孟浩然《送王七尉松滋》:"愁君此去为仙尉,便逐行云去不回。"常建《送李十一尉临溪》:"以言神仙尉,因致瑶华音。"后以"仙尉"美称"县尉"。

"阳华山水自双清,况弄朱弦金石鸣。"自注云:"宗少文有《金石弄》。"宗少文即宗炳,南朝人,善画山水,精于古琴。《金石弄》为古琴曲。《宋书》有传,载曰:"古有《金石弄》,为诸桓所重,桓氏亡,其声遂绝,惟炳传焉。"

"康琚",西晋诗人王康琚,有《反招隐诗》。

## 62. 宋绍熙四年(1193)李长庚《宫使李大夫诗》(73×60厘米)

## 宫使李大夫诗

绍熙癸丑二月二十六日，蒋助教言正招游阳华。婆婆岩下，薄暮乃归，得诗五绝，以纪其事。冰壶老人李长庚子西。

春风今日扇微和，触目江山发兴多。
如画幽岩无十里，轻衫短帽得婆娑。

偶寻三径到阳华，碧玉珍珑真可家。
追想旧游如梦寐，摩挲石刻但咨嗟。

岩下留连且尽欢，不知红日半衔山。
归时林壑风烟暝，赖有昏鸦相伴还。

我老思为漫浪翁，暂来却恨去匆匆。
山头日色赤如血，是晚所见如此。照映川原草木红。

我识阳华六十年，当时面目故依然。
清泉白石都无恙，华发苍颜只自怜。

长庚绍兴甲寅从颖士九叔初游阳华。

绍熙甲寅五月十七日，从令尹张济之早饭狮子岩，晚饮阳华岩，夜阑乘月泛舟而归。

朝游狮子晚阳华，玩水看山乐可涯。
野鹤沙鸥惯看客，一双对立渡头沙。

到此令人忆漫郎，笔端妙语发天藏。
泉声漱玉生秋思，不减湖中五月凉。

雨余山色媚晴晖，无事孤云自在飞。
坐到黄昏尤不恶，载将明月满舡归。

门生蒋大雅刻石，孙光亨书额。

《八琼室金石补正》著录，题为"李长庚后诗"。陆增祥云："右李长庚后诗，书刻俱劣。'珍珑'，'珍'字乃'玲'之误也。志载光宗朝江华令虽张康一人，济之盖康之字。《省志·山川》《郡志·名胜》《邑志·方域》皆录此数诗，惟'扇微和'作'煽阳和'，'三迳'作'山径'。此疑石本之误。'真'作'正'，'追'作'近'，'寐'作'寤'，《邑志》不误。'挚'作'擎'，《省志》不误。'石刻'作'石壁'，'六十'作'十六'，'华'作'皓'，'看山'作'寻山'，'乐可涯'《省志》作'乐何涯'，《郡》《邑志》作'岂有涯'，'尤'作'犹'。"

道光《永州府志》、同治《江华县志》、邓显鹤《沅湘耆旧集前编》、陆心源《宋诗纪事补遗》、光绪《湖南通志·金石》著录。

"宫使"，李长庚曾任朝请大夫，《新唐书》卷四十六《百官志》："朝请大夫，从五品下。"《唐六典》："从五品上曰朝请大夫。汉诸将军、公卿年高德重者得以列侯就第，特进奉朝请，则其义也。隋炀帝置朝请大夫为正五品散官。"《通典》卷三十四《职官十六文散官》："朝请大夫，隋置散官，取汉将军、公卿年高德重者以列侯就第，特进奉朝请之义，大唐因之。"故以宫使代称朝请大夫。

颖士，即李颖士。

令尹张济之，陆增祥认为是江华令张康，道光《永州府志》："江华县令：张康，绍熙三年任。"

## 十　书法名世：掌御书臣李挺祖

李挺祖，号瓠轩，南宋道州江华人，濂溪书院掌御书臣。李挺祖生卒年不详，主要生活在宋理宗、度宗时期。他在永州留有15处摩崖石刻，这些摩崖石刻或受邀书写诗文，或与人同游时题名，或题刻榜书。由于李挺祖长于书法，迄今留存的摩崖石刻大都是受邀书丹。清瞿中溶在《古泉山馆金石文编》中称："挺祖书取法汉隶，结构有体，在宋人中已不可多得。"

## 63. 宋嘉熙间李挺祖"水石相胜"榜书（65×70厘米）

水石相胜

李挺祖书。

石刻位于江华寒亭暖谷，保存比较完整，不见于方志和金石书目。

嘉熙二年（1238）中秋，李挺祖同赵希鹄游寒亭暖谷，有刻石，释文为："山阴赵希鹄同邑人李挺祖，嘉熙戊戌中秋夕抱琴来游。"嘉熙三年中秋，李挺祖与熊桂、赵希鹄游阳华岩并刻石，释文为："嘉熙己亥中秋，熊桂摄县之暇，与长沙法掾赵希鹄、邑士李挺祖来游。弦琴觞酒，尽一日而返。"姑定"水石相胜"刻于嘉熙年间。

永泰二年（766），元结撰写《寒亭记》，由江华县令瞿令问书写，刻于寒亭附近的崖壁上，寒亭早毁，石刻今存。中有一句："县南水石相胜，望之可爱。"李挺祖书"水石相胜"，是对元结的纪念，也是寒亭暖谷水石相映成趣以及水石文化的点睛之语。

## 64. 宋淳祐六年（1246）李挺祖重刻蔡邕《九疑山碑》（51×66厘米）

**九疑山碑　汉　蔡邕**

岩岩九疑，峻极于天。触石肤合，兴播建云。
时风嘉雨，浸润下民。芒芒南土，实赖厥勋。
逮于虞舜，圣德光明。克谐顽傲，以孝烝烝。
师锡帝世，尧而授征。受终文祖，琁玑是承。
太阶以平，人以有终。遂葬九疑，解体而升。
登此崔嵬，托灵神仙。

九疑名昉《离骚》，祠庙古矣，乃无汉以来碑刻。阅欧阳询《艺文类聚》，有蔡邕碑铭，然仅载铭词而碑文不著，惜也。它所遗逸多矣。袭之既考新宫，遂属郡人李挺祖书于玉琯岩，以补千载之阙云。

淳祐六年秋八月，郡守潼川李袭之题。

石刻在宁远九疑山玉琯岩，今存。正文隶书九行，题跋隶书五行，跋文字体较小，列于铭文之后，皆低一字。

清孙星衍《寰宇访碑录》卷七"九嶷山铭"条云："蔡邕作，李挺祖八分书，淳祐六年八月。"

清江昱《潇湘听雨录》卷六："蔡邕《九疑山铭》，乃宋守李袭之倩郡人李挺祖书刻于玉琯岩，有跋，在碑后。诚所谓虎贲中郎尔，乃缉金石书者以为蔡书，谓不辨真赝，误矣。"卷七中称"李挺祖屡为昔贤补书篆隶"，所补书中，尤以此刻最为著名。

道光《永州府志》引瞿中溶《古泉山馆金石文编》："隶书，五行，较小，列于铭文之后，皆低一格。右《九疑山铭》，汉蔡邕撰，宋李挺祖八分书，李袭之刻，在九疑山玉琯岩之左。中郎此铭，欧、赵、洪诸家书俱未著录，当时不知曾否勒石，今惟见于欧阳率更《艺文类聚》中。宁远县曾志载李袭之于《寓贤》，云潼川人，谒舜庙有碑记。今读其跋，云袭之既考新宫，遂属郡人李挺祖书于玉琯岩，则袭之似尝修建舜庙，有政绩者矣。《县志·名宦》当为列传，其谒舜庙碑文志亦未录。李挺祖书取法汉隶，结构有体，在宋人中已不可多，然而县志亦无传，其事迹不可考。"

嘉庆《宁远县志》："李袭之，潼川人。淳祐四年知道州，谒舜庙有碑记，刻蔡中郎《九疑山铭》于玉琯岩。"

## 65. 宋淳祐六年（1246）李挺祖"玉琯岩"榜书

淳祐丙午

玉琯岩

李挺祖书。

石刻在宁远九疑山玉琯岩，今保存完整。

《徐霞客游记·楚游日记》载："岩外镌'玉琯岩'三隶字，为宋人李挺祖笔。"道光《永州府志》卷十八《金石略》"宋九嶷山

'玉琯岩'三大字"条记载："存。玉琯岩，字长尺许，广七寸，淳祐丙午李挺祖书。"宗绩辰《留云庵金石审》载："右直榜，在岩口，八分书。"

## 66. 宋淳祐六年（1246）李挺祖书乐雷发《象岩铭（有序）》（61×45厘米）

### 象岩铭有序

　　九嶷之麓为丽山，有岩明通，厥石如象。予游而爱之，遂命之名，而铭曰：

　　　　百兽之王，象实孔伟。有嵌斯石，惟象是似。
　　　　赑屃其形，巉岩其齿。我爱斯岩，原象之美。
　　　　锺奇日南，邈尔荒裔。服于帝车，维天子使。
　　　　相彼岩阿，济济多士。勖哉笃学，践履实地。
　　　　任重致远，伊国之器。地以人彰，敢铭岩趾。
　　　　铭者谓谁，雪矶乐子。

　　淳祐乙巳季秋，邑人乐雷发铭，江华李挺祖□丽□□，应雷立石。

石刻位于宁远象岩。

象岩为一田野中的青石孤峰，今存石刻数通。岩上方有"象岩"两字，楷书，高约米余，宽不足一米，旁有落款："咸丰戊午，山东分府欧阳闾题。"

陆增祥《八琼室金石补正》："右《象岩铭》，分书，十一行。前人无榷拓者，'雷发'上缺一字，据后刻及《九疑山志》知为乐姓，下见'江华□□祖'字，盖亦李挺祖所书也。"

乐雷发，字声远，号雪矶，舂陵（今湖南宁远）人。南宋宝祐元年（1253）特科状元。在永州创作《游紫霞岩赋》《舂陵道中望九疑》等诗文，著有《雪矶丛稿》，钱锺书评价其诗："所读晚宋小家中，《雪矶丛稿》才力最大，足以自立。"康熙《永州府志》、嘉庆《重修一统志》、嘉庆《新田县志》等有传。

乐雷发曾在象岩读书讲学，遗址尚存。曾邀请李挺祖任讲学书院的山长。宋淳祐五年（1245），乐雷发因力主抗金，被主和派宰相韩侂胄排挤，寓居象岩，由是作《象岩铭》。

## 十一 乾坤嘉会：宋儒群贤风雅

宋代是永州摩崖石刻的重要发展时期，宋代官员崇儒重道，推行教化，同时也极为注重文艺修养，在审美方面远高于明清。宋人在永州留下的摩崖石刻书法艺术价值极高，文学价值也极高。摩崖石刻上的各体书法，从数量和质量上都是古代高潮时期，摩崖石刻上的小品记文也颇多，记录山水性情，远绍元结、柳宗元的山水美文。宋儒多以群体出游的形式赋诗题记刻石，互相串联，交游广泛，体现宋人纵情山水的群体心态。

由于宋人对水石的感悟和提升，两宋摩崖石刻的发现和开发也是最多的，比如周敦颐和黄庭坚对澹岩的发掘，黄庭坚有诗："惜哉次山世未显，不得雄文镵翠珉。"比如月岩的发现，也是因周敦颐而显于世，现存摩崖石刻以南宋道州知州淳熙六年（1179）赵汝谊题刻为最早。比如蒋之奇对奇兽岩的开发，他认为"斯岩之著，自我而始"。再如阳华岩、寒亭暖谷中宋代石刻是最为丰富的，且大多都是地方官员题刻。他们极为注重审美，阳华岩现存的宋绍兴二十六年（1156）安珪《道州江华县阳华岩图（并序）》，文图并胜，图刻极为精细，代表了宋人对山水的改造和审美水平。

## 67. 宋嘉祐二年（1057）卢臧《永州三岩诗（有序）》

### 永州三岩诗有序

潭州湘潭县主簿、权永州推官河内卢臧撰。

永之东南，三岩相望，穿坚贯险，外峻内夷，浯潇之间，号为佳绝。火星岩嶄嶄乱石怪竿，于傍曲萦斜通，后瞰山腹，往时黄冠师宅其侧，塑火星像为人祈福。今宇坏基存，缁徒构宇而居。朝阳岩后阜前江，呀焉渊邃，旭日始旦，华粲先及，小亭岿然立于右岸。淡山岩依山而上，缘穴而下，深入虚广，逾数十亩。秦始皇时周正御名实之居，今为佛图，山富竹树，淡竹为多。其后斜穴百步，迤逦而出，扪萝蹬石，复有小岩。大底永山类多岩穴，兹三者为极胜，至者赏其外尘垒而移寒暑也。予嘉祐丁酉二年被台符承幕中乏，四月始到永，未几遍历所谓三岩者，且酷爱淡山虚广，遂砻其岩石，总刻三诗。偶遭台俞公按部游岩，遂持诗以丐赓属。公好奇博雅，既赏会于岩下，又从而继其声焉，其从游者题名于别石。时六月六日也。

#### 火 星 岩

岩扃瞰群阜，畴昔道宫邻。荧惑标名旧，浮屠缔构新。
石寒长滴乳，地润不生尘。吾到期深入，虺蛇勿噬人。

#### 朝 阳 岩

潇湘峻岸傍，岩穴号朝阳。全会江云势，先分海日光。
高深惊险易，冬夏返温凉。谁肯叶尘世，探穷仙者乡。

#### 澹 山 岩

谁开仙窟宅，非与众岩俦。树响晴翻雨，岚凉夏变秋。
禽灵啼复断，云怪吐还收。深羡群僧住，嗟予莫少留。

石刻位于澹岩，已毁，存旧拓。鸿篇巨制，颜体书写，可谓文光射斗。

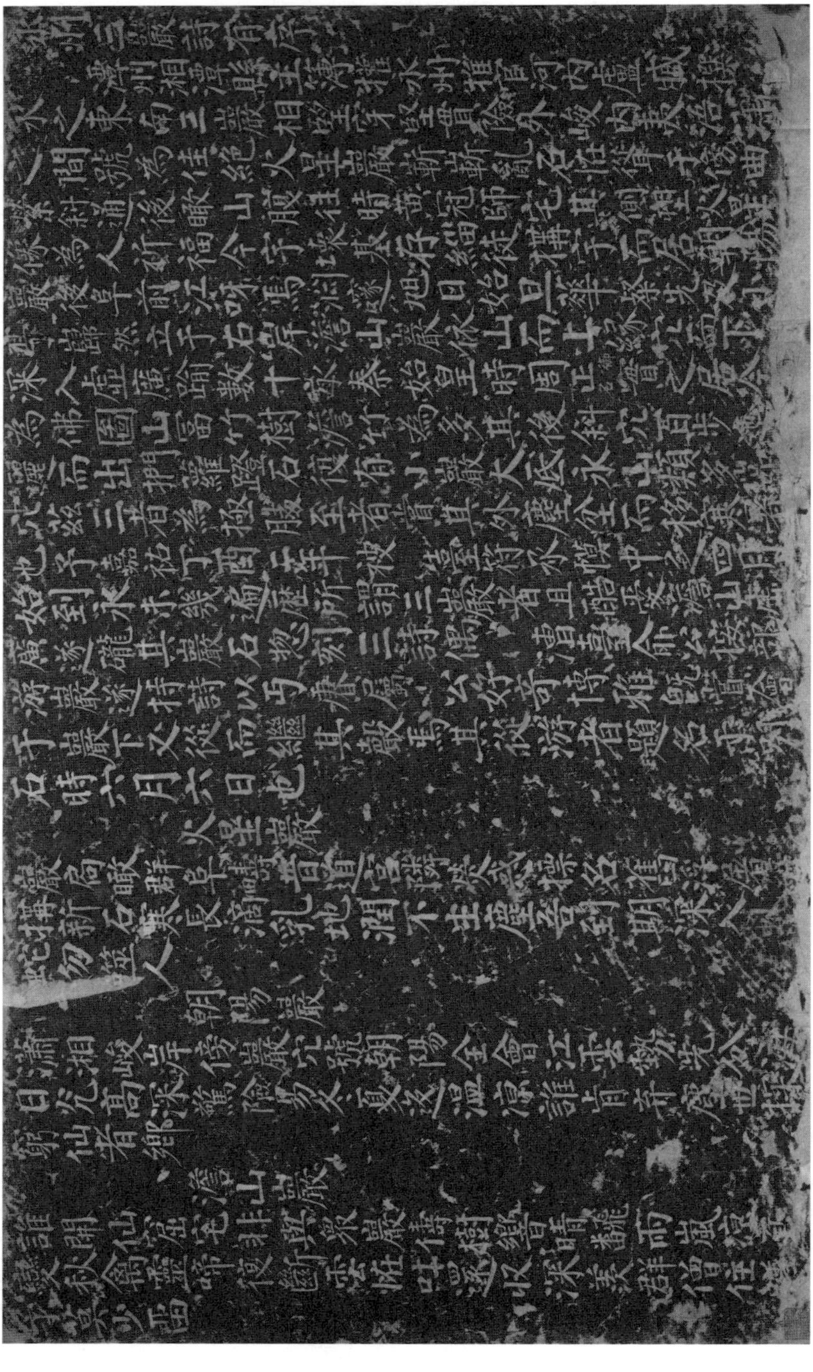

《永州三岩诗（有序）》（一作"并序"），"高二尺三寸二分，广四尺一寸六分，卅行，行十八字，字径寸余，正书"。见《零志补零》卷中、《八琼室金石补正》卷九十五、道光《永州府志·金石略》、光绪《零陵县志·艺文·金石》、光绪《湖南通志·金石志》等。《天下名山胜概记》改题《永州三岩记》。

所书字体，"贞"作"正"，宋仁宗名偏旁从"真"，此避嫌名。"惊"字上半缺一笔，避宋太祖祖讳。从"木"之字变作"手"旁，"於"皆作"于"，"怪"皆作"恠"，"抵"作"底"，"棄"作"弃"。

卢臧，字鲁卿，河南人。时任权永州推官。卢臧有著作，《楚录》五卷、《范阳家志》一卷，见《宋史·艺文志》，已佚。盖卢氏郡望为范阳。道光《永州府志》卷九《艺文志》宗绩辰云："《楚录》五卷：宋卢臧撰。《宋史·艺文志》作'卢藏'，误。案：臧曾官永州，诸岩有题刻，此殆其在永时所作。""鲁卿"寓鲁国公、颜真卿二义，书法擅长颜体。

卢臧又有与张子谅等嘉祐四年（1059）五月澹岩题刻，同年十月朝阳岩题刻，以及与徐大方等嘉祐六年辛丑上元后二日朝阳岩题刻，又有与徐大方等嘉祐六年辛丑上元后三日澹山岩题刻，见《金石萃编》卷一百三十三。

又有与米君平等浯溪题名，"米君平会卢臧、吴克谨食。嘉祐二年六月九日，臧题"。见《古泉山馆金石文编》卷三，瞿中溶云："右米君平等题名，正书，五行，在峿台左，前人未见。"

时有荆湖南路转运使、尚书祠部员外郎俞希孟，作和诗三首。题为"范阳同年示及零陵三题，率然为答，甚愧妍唱"，"漕台俞公"即俞希孟。

## 68. 宋嘉祐四年（1059）卢臧等澹岩题名

知军州事张子谅率通判张德淳同游，幕中麻延年、魏景，邑令夏钧从，大理丞陶弼，校书郎章望之，选吏李纲、卢臧实预焉。

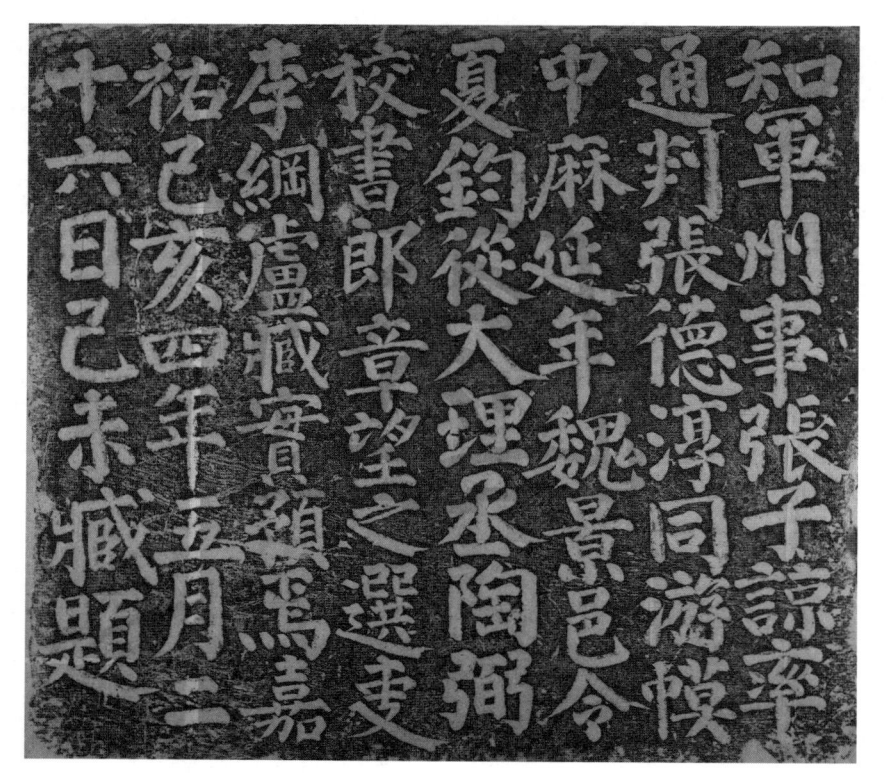

嘉祐己亥四年五月二十六日己未,臧题。

石刻位于澹岩,已毁,存旧拓。《金石萃编》有著录。

张子谅等人于十月与卢臧游朝阳岩,并题刻:"张子谅中乐、陈起辅圣、麻延年仙夫、魏景晦翁、卢臧鲁卿、夏钩播之同游。嘉祐祫享后十一日。"

张子谅,字中乐。曾官寺丞、太常博士。嘉祐间以屯田员外郎出任永州知州。

张子谅擅书,梅尧臣曾盛赞张子谅书法,《宛陵先生集》卷十八《依韵和张中乐寺丞见赠》"书可到二王",卷五十二《观张中乐书大字》:"芝旭驰名世有孙,大书如晓过秋原。长松怪柏皆成炭,豫氏观傍不解吞。"韩维《南阳集》卷五《奉送永州张中乐屯田》"好写大字镌苍崖"。嘉祐五年（1060）二月五日，张子谅、卢臧在朝阳岩另有"朝阳岩""朝阳洞"两通榜书。

麻延年，字仙夫，时任永州判官，后权倅永州。

魏景，字晦翁。事迹不详。魏景有与徐大方等嘉祐六年辛丑上元后三日澹山岩题刻，又有与马璟等嘉祐三年秋社日澹山岩题刻。

夏钧，字播之，潭州人。时任零陵知县。嘉庆《零陵县志·职官》记其任零陵知县在嘉祐四年。夏钧另有与张子谅等嘉祐四年十月朝阳岩题刻，以及与徐大方等嘉祐六年辛丑上元后三日澹山岩题刻，署"零陵令夏钧"。

宋代以来文献盛传夏钧见何仙姑故事。魏泰《东轩笔录》卷十载："潭州士人夏钧罢官过永州，谒何仙姑而问曰：'世人多言吕先生，今安在？'何笑曰：'今日在潭州兴化寺设斋。'钧专记之，到潭日，首于兴化寺取斋历视之，其日果有华州回客设供。顷年滕宗谅谪守巴陵郡，有华州回道士上谒，风骨耸秀，神气清迈，滕知其异人，口占一诗赠之曰：'华州回道士，来到岳阳城。别我游何处，秋空一剑横。'回闻之，怃然大笑而别，莫知所之。"《苕溪渔隐丛话》《五代诗话》《宋朝事实类苑》《类说》《永乐大典》诸书多引之。

王昶《金石萃编》考陶弼、章望之二人云："考陶弼，史传字商翁，永州人，由阳朔主簿历知邕州，徙鼎州、辰州、忠州、顺州，加东上阁门使，未拜而卒。此题大理丞，则传所略。传又称弼能为诗，故其诗杂见《方舆胜览》《后村千家诗》《合璧事类别集》《锦绣万花谷》《粤西诗载》《后村诗话》诸书中。其所著《邕州集》，《宋诗纪事》采之。章望之，史传称字表民，建州浦城人。由伯父得象荫，为秘书省校书郎，监杭州茶库，累光禄寺丞，致仕。此题校书郎，盖未监茶库时也。传又称其'北游齐赵，南泛湖湘，西至汧陇，东极吴会。山水胜处，无所不历。有歌诗杂文数百篇'。此题知军张子谅同游，盖'南泛湖湘'时也。其为诗，则《夏昼》一篇，见《宋文鉴》。"

### 69. 宋嘉祐五年（1060）王汾《游龙岩精舍》诗刻（43×40厘米）

**游龙岩精舍**

光禄寺丞、知潭州湘乡县事王汾上

暂到灵岩顷刻闲，篮舆还促度前山。

我今吏役羞前辈，胜地逢僧不得闲。

嘉祐五年庚子孟秋二十八日题。

石刻在东安九龙岩，今存。《留云庵金石审》载："正书，六行。"《八琼室金石补正》载："高一尺四寸,广一尺二寸五分。八行,行八字,字径一寸三分。衔名一行,十四字,年月一行,十三字,字较小,正书。"道光《永州府志》、光绪《东安县志》有著录。

龙岩、灵岩,均指九龙岩。九龙岩在两宋时建有寺庙寿圣院,可能指龙岩精舍,时庙主名喜公能诗,又当邵永古道,故有士人驻足赋诗题刻。篮舆,即竹轿。

王汾喜好题诗,在湘乡县任县宰期间,为东台山(又名凤凰山)题诗:"谁为前人不可李,金杯泛菊且开颜。但知落帽临风醉,未必龙山胜凤山。"《湖南通志》引《八琼室金石补正》考证宋代有两王汾:"一为王禹偁之曾孙,巨野人,登进士甲科,仕至工部侍郎,后入元祐党籍,绍圣间落职,当即此题名之人。"并无其他佐证材料,不甚准确,姑且存疑。

## 70. 宋治平二年(1065)薛俅澹岩题名

转运使河东薛俅,步按上六州一监,渡潇湘二水,历三门岩、九龙洞至永,游朝阳、澹山二岩,悉非人力,乃神物所造之景。通判乐咸、县令梁宏共行。

治平二年十一月三日题石。

石刻位于澹岩,已毁,存旧拓。

薛俅,字肃之,枢密直学士,曾任达州知州、梓州路提刑。史籍记载其多处石刻,如衡阳石鼓题名:"河东薛俅肃之、清河张公纪仲纲、高平过勔彦博、会稽夏噩公酉,瞻会衡阳石鼓学宫,治平乙巳上元后一日记。"撰有《祭奠华岳庙记》并刻石。

乐咸,治平三年(1066),以都官郎中通判衡州。熙宁元年(1068),改太常少卿知衡州。在澹岩有诗刻,石刻不存,《金石萃编》卷一百三十五著录:"尚书都官郎中、通判军州事乐咸。门开岩底洞沉沉,窦乳云泉矢路深。香石峭峰千载异,龙潭幽穴四时阴。

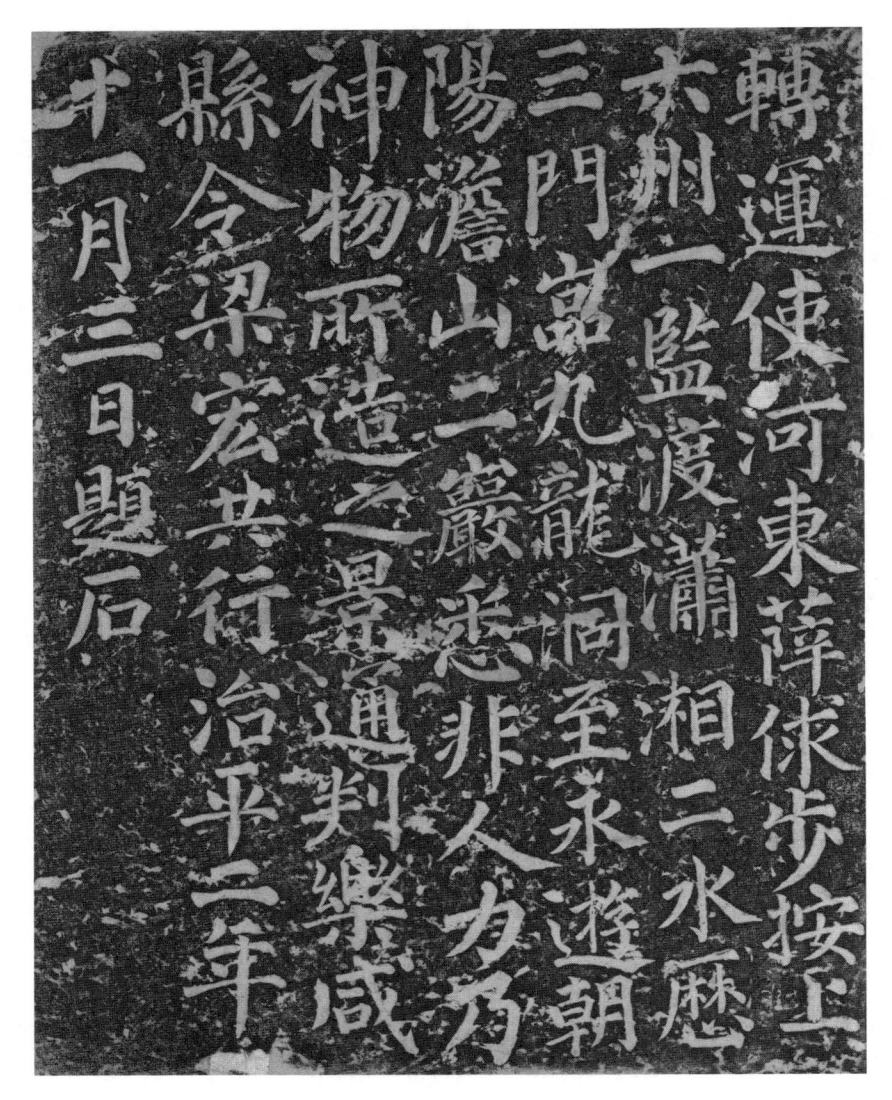

[碑文图片：转运使河东薛俅步按上, 六州一监, 渡潇湘二水, 历三门, 富九龙洞, 至永逢朝, 阳瀑山二岩, 悉非人力为, 咸神物所造之, 景通判乐, 县令梁宏共行治平二年, 十一月三日题石]

僧居筑室随高下，客到留题见古今。南出零陵一舍地，清潇堤上好追寻。"未载年月，大致在治平二年上石。

　　三门岩，又称三门洞，在东安，今已难觅。有余藻、高秉、柳应辰等题名。《八琼室金石补正》著录，云："三门洞之名，亦不见于志，荒僻可知，已去卢洪司北道十里，地名九山铺，有洞焉。洞有三门，洞内一石高数丈，状如云头，层叠不穷，健儿能攀援而上焉。丘壑众多，奇异万然。洞顶上漏天光，较之澹岩为尤胜。题名五方，均在洞内，洞外碑尽剥蚀矣。"

梁宏，字巨卿，临江（今江西新余樟树一带）人。时以文林郎出任零陵知县，后升大理寺丞。元祐中，梁宏以参与"七老会"知名。雍正《湖广通志》卷五十八《人物志·隐逸·荆州府》："宋孙谕，《明一统志》：'江陵人。元祐末挂冠，与时同退休者吴师道、梁宏、朱光复、贾亨彦、张景达，布衣唐愈，为"七老会"，五日一集，时人荣之。'"

除澹岩此刻外，梁宏在群玉山、朝阳岩另有八通题刻，见《金石萃编》、《古泉山馆金石文编》、《八琼室金石补正》、道光《永州府志·金石略》、光绪《零陵县志·艺文·金石》、光绪《湖南通志·金石志》。

一、治平元年与余藻三门洞题名："大宋天子改治平之初年，祠曹郎余藻奉命提点广西刑狱，季秋下弦经此，因题。文林郎、守永州零陵县令梁宏……"

二、治平二年清明与解舜卿等群玉山题刻："解舜卿、梁宏、董乾粹、马定、周均、刘湛，治平二年清明前一日同游。"

三、治平二年九月十四日与梁庚等澹山岩题刻："新贺州桂岭令梁庚子西，洎弟零陵令宏巨卿，进士寘隐甫，陪郡幕项随持正，新清湘尉蒋忱公亮，进士周镐毅甫同游，治平乙巳九月十四日题。"

四、治平二年九月十四日与项随等澹山岩题刻："持正、子西、公亮、巨卿、毅甫、隐甫同游，治平二年九月十四日，隐甫题。"

五、治平三年四月六日与陈藻、周敦颐、项随澹山岩题刻："尚书都官郎中、知军州事陈藻君章，尚书虞部员外、通判军州事周敦颐茂叔，郡从事项随持正，零陵令梁宏巨卿同游，治平三年四月六日题。"

六、治平三年九月与董乾粹等朝阳岩题刻："临江梁宏巨卿，庐陵董乾粹承君，东都张尧臣伯常、王献可补之，治平三年季秋二日偕游。"

七、治平三年十二月与范子明等澹山岩题刻："前八桂倅范子明，同永幕项随、令梁宏、掾董乾粹游澹山，治平丙午腊月吉，诚叔题。"

八、治平四年三月十四日与鞠拯、周敦颐、项随等澹山岩题刻："尚书比部郎中、知军州事鞠拯道济，尚书比部员外郎、通判军州事周敦颐茂叔，军事推官项随，前录事参军刘璞，零陵县令梁宏，司法参军李茂宗，县尉周均，治平四年三月十四日，同游永州澹山岩。"

《八琼室金石补正》卷九十四陆增祥按语："梁宏，字巨卿，零陵令，临江人。董乾粹，字承君，零陵掾，庐陵人。均见朝阳、淡岩诸题名。周均，零陵尉，亦见淡岩题名。解舜卿列梁宏之上，当是府寮。冯定介董、周之间，当是县簿。刘湛疑亦官属，而志乘职官皆不见其名。"

## 71. 宋治平四年（1067）沈绅澹岩题名（31×39厘米）

治平四年正月壬申，转运判官、尚书屯田郎中会稽沈绅公仪，行春陵、逾潇水，还经澹山寺。

石刻位于澹岩，已毁，存旧拓。

沈绅，字公仪，会稽（今浙江绍兴）人。景祐五年（1038）进士。治平四年（1067），以尚书屯田员外郎为荆湖南路转运判官。元丰中，知庐州。沈绅喜好山林之乐，在永州期间多次出游，并摩崖刻石。治平四年，与蒋之奇游紫虚洞、寒岩、无为洞，均有题名。治平四年，与周敦颐等游华严岩，有题名。治平四年，游浯溪，亦有题名。

治平四年孟春，沈绅与友人访浯溪元结故居，《永州府志》中有载："湖南转运判官、屯田郎中沈绅题名云：治平四年孟春丙子，访浯溪元子次山故居，读《中兴颂》。"

治平四年十月，沈绅游寒亭暖谷，并刻石，今存。诗云："元子

始此来,大暑生冻骨。名亭阳崖角,高文犹仿佛。我行冰雪天,噤语揖风物。银江走碧涨,九疑抱云窟。它年名不磨,至者戒无忽。"署款"沈绅公仪,治平四年十月甲子,作诗于寒亭山壁,晋陵蒋颖叔同游"。并与蒋之奇同游奇兽岩,蒋之奇有《奇兽岩铭》:"奇兽之岩,瑰怪诡异。元公次山,昔所未至。我陪公仪,游息于此。斯岩之著，自我而始。勒铭石壁，将告徕世。治平丁未同沈公仪游。"

治平四年十月，沈绅与蒋之奇二人游九疑山，取元结"无为洞天"四字，篆刻于石。又作《无为洞铭》，隶书刻于崖壁，释文为："南行江华，出游九疑。恭歇有虞，乃登无为。庄严佛宫，清泠玉池。兹余盘桓，白云相随。□□沈绅皇宋治平四年十月十七日，□□□岩壁，是时蒋颖叔（下原缺）。"宗绩辰《留云庵金石审》考曰："公仪铭拓本，前人未见，绩辰与李千之伯仲搜剔于丛箐薜荔之间，仅缺铭文三字，可为至幸。公仪善篆隶，此书大径四寸，用唐人分书法，纵放奇恣。似当日就石上作书，每行下数字，皆斜向右，署款大偏。其文左行，铭文五行半，款署其下也。"

## 72. 宋熙宁元年（1068）蒋忱撰、张处厚书、周敦颐上石《永州九龙岩记》

### 永州九龙岩记　汝南周甫刊

将仕郎、试秘书省校书郎、廉州军事判官蒋忱撰

儒林郎、行零陵县主簿张处厚书

将仕郎、守零陵尉韩蒙亨篆额

予尉清湘之二年，零陵县令梁君宏书抵予，且夸大九龙岩泉石之胜，属予为记。予为永人，尤嗜山水，而足未尝及所谓九龙岩者，疑其书辞之过实，方将走介，以讯其是非。未几，又绘为图以相寄。予以事役，未暇留意于翰墨，而梁君已解去。今年夏四月，予用广西帅辟就移廉幕。东归永，欲纵观所谓九龙岩。会湘水涨，而岩阻大江，又不得遂其愿焉。及赴官至桂林，一日之闲，并得零陵主簿张君处厚二书，皆以岩记为请，则予之文不可靳而不发于此时也。予始按图考岩之所在，自州直北，百里而近，有寺曰"洪陵寺"，傍有山曰"九龙山"，岩乃在其下。山之上有池可以钓，山之下有井可以汲。翠峰欲活，峭壁如削，其间嵌空宽广，座可容数十人。蔓有藤，围有松竹，皆见于图。予疑古有隐君子栖焉，不尔造化乌乎设

永州九龍巖記

特仕郎試秘書省校書郎廉州軍事判官蔣佖撰
儒林郎行零陵縣主簿張塾篆書
將仕郎守零陵尉韓□□

于尉清湘之二年，零陵縣令梁君宏書抵予且夸大九龍巖者，疑其書屬于為記予，烏永人龍山水而足未嘗及所謂九龍巖者。過賓客之暇，介以許其是非未幾，又繪為圖以相寄予。以事後未暇留意於走梁君已解去。今年夏四月，予用廣西帥檄就辟，東歸永欲縱觀所謂九龍巖者且因大江又不得，至桂林一日，水漲欲游湘西寺旁之谷，於始得零陵主簿汪公嘉甫氏相與，訪謂九龍巖曰：「此正所謂九龍巖也。」去州在治百步近，有寺曰淵澈寺，寺旁於山有石可從。龍崖谷相火而入，荒闊無所有，松之不霜岩水，此又非摹寫所能至也。凡零陵山水之著人耳目者，得蟠屈相雜而嵌空廣座，可容數十人，囊圓皆見于圖子。設此不可為荒闊無所之地以誌此凡零陵山水既為山之上有池可以釣山之下有井可以汲翠峯環時也予始按圖考岩之所在自州在地百步近有寺
墮如削其間嵌空廣座可容數十人蘘圓皆見于
九龍山岩乃在甘下山之上有池可以釣山之下
龍巖主簿汪公嘉甫氏相與訪謂九龍巖曰此正
時也予始按圖考岩之所在自州在地百步近有
得零陵主簿汪公嘉甫氏相與訪謂九龍巖曰此
非著人耳目者亦多若浯溪朝陽洞法華寺石門
之著人耳目者亦多若浯溪朝陽洞法華寺石門
子厚嘗見於文字有所謂三子文章所及而得之
其說獨於茲岩之不得其傳可也意岩之不重於
大其說獨於茲岩之不得其傳可也意岩之不重
寺額曰壽聖院洪陽也莫祜歷治平從皇朝名歌
繼又得邑令佐渠渠郎從岩而隱此又
紹廣南東路轉運判官朝奉郎尚書郎郎□□□

此，而久為荒閑無所用之地者耶？至于霜晴而石干，雲蒸而雨滂，
夏日火烈而岩風自清，冬雪滿空而岩水不冰，此又非摹寫所能至也。
予始知予之不游為失，而嘆茲岩之不遇也。凡零陵山水之著人耳目
者尤多，若浯溪、朝陽洞、法華寺、石門，最為卓然者，則元次山、

柳子厚尝见于文字。有澹山岩者又殊绝，而二子且不到，晚有李西台诗焉。此其著人耳目，盖有所谓三子文章所及，而得耀于今，为奇观，好事者又藉以大其说。独兹岩之不得其传，可不重惜欤！开山者，浮图曰元喜也。治平始赐寺额曰"寿圣院"，改"洪陵"也。噫！岩寺之兴，自景祐历治平，余三十年方赐名额，继又得邑令佐渠渠于文记，岂非时乎？世传昔有九道士从岩而隐，此又非予所能考信也，姑迹其旧名而为之记云。

熙宁元年五月五日，新广南东路转运判官、朝奉郎、尚书驾部员外郎、前通判永州军州事、上骑都尉、赐绯鱼袋周惇颐上石。

石刻位于东安九龙岩，已毁，存旧拓。

《八琼室金石补正》、道光《永州府志》、光绪《东安县志》、光绪《湖南通志》著录。

《留云庵金石审》："右刻正书，二十三行，笔法谨严，昔人未见。前陶羽章询所赠诗喜公者，于此始知其名元喜也。忱，零陵人，县志载为治平四年许安世榜进士。此云'尉清湘之二年'，盖登第后除尉，其明年辟廉州幕，与志正合。《周子本传》：'熙宁改元，用赵抃、吕公著荐，为广南东路转运判官。'此刻于将去永州之时，题衔亦与史和。记为五月五日所作，考《濂溪志》又周子生日，岩之遇和亦奇矣。"

陆增祥云："高四尺五寸，广三尺三寸五分。廿二行，行廿九字，字径一寸二分。上石一行，四十字，正书。额题'永州九龙岩记'六字，古篆，横列于上。"又云："右蒋忱记。《永志》'座'作'坐'，'噫'作'意'，均误。张处厚、韩蒙亨两人，《省志·职官》俱未载。记云'寿圣院改洪陵也'，《永志·寺观》云：'洪陵寺，在狮子岭左，今废。'案：狮子岭，在县东南，有朱陵岩，古有朱陵寺，南北相悬，宗氏误以'朱陵'为'洪陵'矣。寿圣院亦失载，宗氏既见此记，何疏于检点耶？"

蒋忱，字公亮，永州零陵人。

梁宏，见治平二年（1065）薛俅澹岩题名，与周敦颐在澹岩有两处题名。

对九龙岩的环境叙述详尽优美者，迄今所见，无过此记。另外，此记的特殊性还在于由周敦颐亲自主事上石。

### 73. 宋熙宁九年（1076）胡奕《澹山岩》诗刻

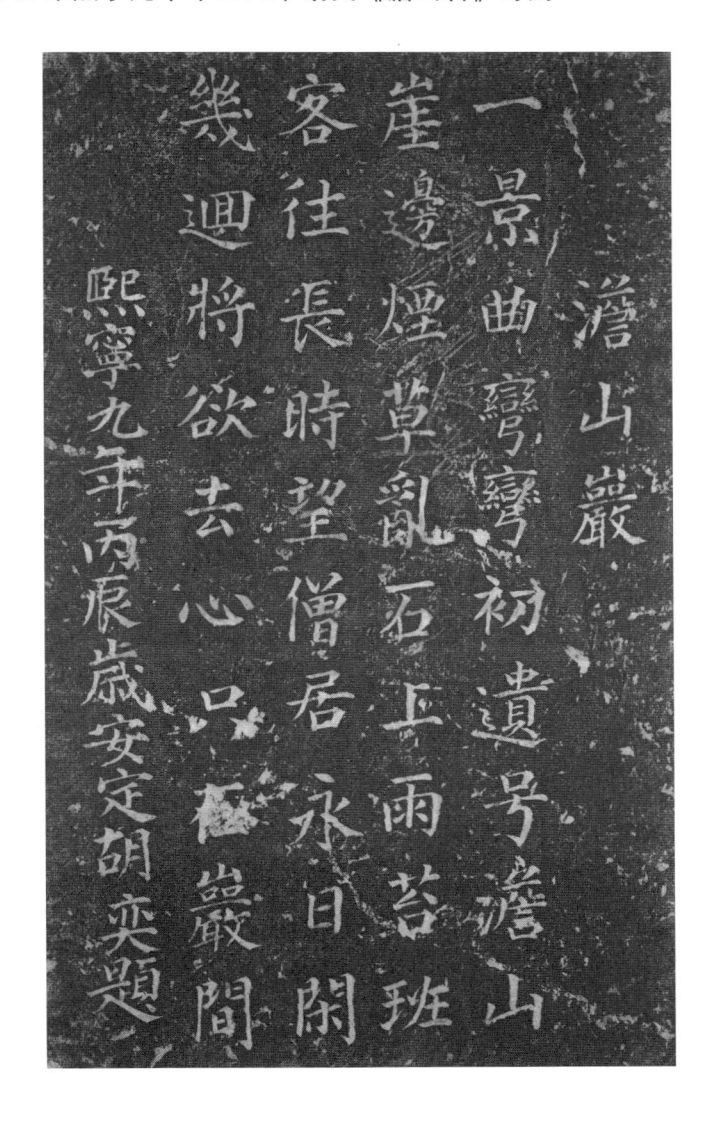

澹山巖一景曲窈窕初遗号澹山崖边烟草乱石上雨苔班客往长时望僧居永日闲几迴将欲去心以在巖间

熙宁九年丙辰岁安定胡奕题

## 澹山岩

一景曲弯弯,初遗号澹山。崖边烟草乱,石上雨苔班。
客往长时望,僧居永日闲。几回将欲去,心只在岩间。
熙宁九年丙辰岁,安定胡奕题。

石刻位于澹岩,已毁,存旧拓。

《金石萃编》著录,曰:"高二尺六寸五分,广一尺五寸。六行,行十字,正书。"《湖南通志》《留云庵金石审》《宋诗纪事补遗》《择石斋诗集》有著录,《八琼室金石补正》有载。

## 74. 宋靖康元年(1126)韦弁《步瀛桥记》(130×164厘米)

### 步瀛桥记

治坦夷者易,平危险者难;缉旧址者易,辟荒榛者难。惰事功者于易犹忽,好修为者虽难必成。能协力而成其难,非有利济之心者弗克也。惟此甘棠之溪,循山沿畛,皆通往还,比官道缭绕,斯颇径焉,故人多由之。然当春夏之泛涨,无舟楫之渡,逮秋冬之凛冽,须揭厉而涉,行人常苦之。此坊所居,惟周氏一族,族之长者有济道讳惟广,子美讳惟彦,显道讳允功,金议佣工,唱率子侄,偕族属辈,共为鸠集,裒金几二十万。乃平危险,乃辟荒榛。构石为梁,横跨汹涌,凿山之崖,筑沙为堤,可以乘,可以骑,咸得坦夷而履之。春夏泛涨,秋冬凛冽,无复曩时之苦也。构之以石,非若材木之易坏,所济信无穷已,为子孙之津梁,莫永于是。始而唱之者,岂不曰仁人之言,其利博哉!济道一日踵门,丐予名之,兼为之记。

予时讲道寓是,目击其勤,义不可默。予闻海上蓬瀛,神仙之奥也,缥缈空虚,望之如云,第见屹然高峙,骏极霄汉,四面波涛渺茫,欲登者无阶而进,惟有功行而成仙骨者,不疾而速,不行而至。大唐十八学士,居天子儒宫,备顾问,时况以登瀛洲焉,其意亦谓仕宦而至华近者,诚在于能修德,而阴有以鹭之尔。

斯桥之成，行人平步于飞湍旋汇之上，徘徊于嵌岩岛坞之间。林幽鸟鸣，山青水绿。而隔岸楼观，倒影澄渊，望外峰峦，环绕虚洞。翠烟紫雾，或乍卷而乍舒；行客飞云，常自来而自去。观其胜概，俨若画图，殆与昔人言蓬瀛之景，可仿佛意游矣。周氏于此修瀛洲之德欤？予生平喜人为善，故乐纪之，遂名之曰"步瀛桥"，冀观者因是而有所劝，幸毋诿予言以为侈也。

始创于宣和乙巳十二月，告成于靖康改元丙午二月。桃川韦弁记并书，周唐辅题额，唐弼召刊。

石刻位于江永月陂亭，保存完整。

光绪《永明县志》著录："右碑额横列，记二十行，每行二十八字，惟末行三十字，刻于甘棠崖壁。韦弁不知何人。桃川距甘棠十五里，今犹置桃川巡检。据此则自宋已有是名矣。周唐辅、唐弼为昆弟行，据甘棠《周氏谱》，唐辅宣和庚子领乡举，授奉议郎；唐弼举太庙礼官，终修仁主簿。记文劣而书颇工。"

周唐辅，江永上甘棠人。宣和庚子年（1120）举文学，授奉议郎。零陵蒋胜题曰："襟期清洒，文学老成。早膺一举，遂冠群英。蕴致群泽民之道，授奉议名位之荣。想当时而夸善政，致此日还仰令名。千载之下，莫能泯其蜚声也，噫！"

步瀛桥，又名度仙桥，位于湖南江永县夏层铺镇上甘棠村西南沐水之上，为半圆三拱石桥。建于北宋靖康元年（1126）。南宋绍兴五年（1135）、元顺帝至元二年（1336）、明化成四年（1468）及清乾隆年间均有修缮。"甘棠之溪"，指的是步瀛桥下的谢沐河，"循山沿畛"之"山"，指附近的将军山。

## 75. 宋建炎四年（1130）唐作求寒亭暖谷题名（40×25厘米）

宋舜元来权邑事，暇日率同官郑达道、刘子乾、丁庆孙、张彦诚、王仲宝、徐得一共游。

时建炎庚戌八月壬辰，唐作求题。

石刻位于江华寒亭暖谷，今存。

宋舜元与唐作求在江华奇兽岩另有题刻，今存，释文为："历山宋舜元被都檄来权邑事，暇日率三衢唐作求同游。时建炎庚戌中秋后二日。"

# 中篇 《大宋中兴颂》

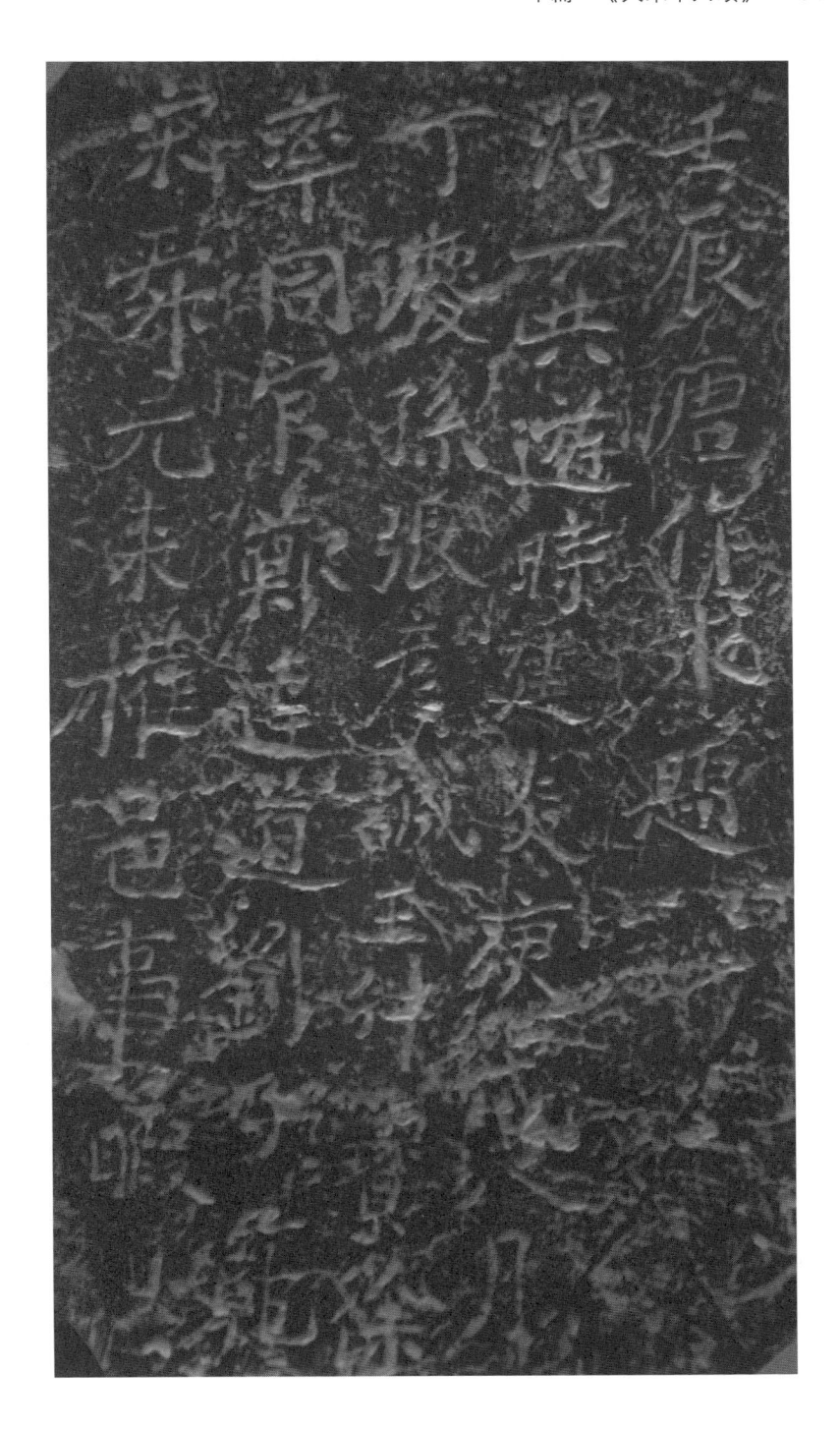

郑达道、刘子乾、丁庆孙、张彦诚、王仲宝、徐得一、唐作求皆为地方小吏乡贤，生平事迹不详。

### 76. 宋绍兴元年（1131）胡寅九龙岩题名（47×50厘米）

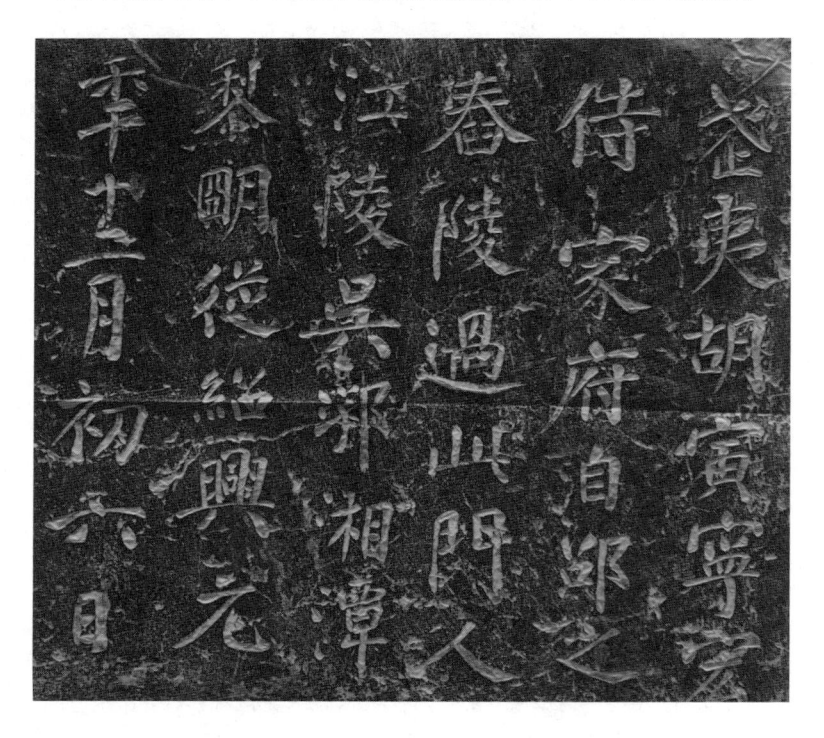

武夷胡寅、宁、宏侍家府，自邵之舂陵过此，门人江陵吴郛、湘潭黎明从。

绍兴元年十二月初六日。

永州东安县九龙岩寿圣院僧文照上石。

石刻位于东安九龙岩。楷书，六行，末行七字外，他皆六字，保存完整如新。

九龙岩有两个洞门，自右洞入可见胡安国父子题名。今存宋以来石刻40余通，题刻多所残毁，有的已经剥蚀殆尽。

胡寅（1098—1156），字明仲，后世称致堂先生，建州崇安（今福建武夷山市）人，后迁居衡阳。胡安国弟胡淳子，安国奉母命抚为己子，居长。胡寅尝从祭酒杨时学。宋徽宗宣和三年（1121）进士，宋钦宗靖康元年（1126），除秘书省校书郎。历官司门员外郎、起居郎、永州知府、中书舍人、礼部侍郎兼侍讲、徽猷阁直学士。秦桧当国，乞致仕，归衡州。因讥讪朝政，秦桧将其安置新州。秦桧死，复官。胡寅与弟胡宏一起倡导理学，对湖湘学派的发展，起了巨大的推动作用。著有《论语详说》《读史管见》《斐然集》等。

胡宏（1102—1161），字仁仲，号五峰，称五峰先生，建州崇安（今福建武夷山市）人。胡安国次子。胡宏以振兴道学为己任，是湖湘学派创立者。幼时从杨时、侯仲良学，以荫补承务郎。著有《知言》《皇王大纪》《易外传》等。

胡宁，字和仲，号茅堂，胡安国幼子。幼年跟随其父诵读经史。稍长，荫补将仕郎。著《春秋通旨》。

刻石时，当北宋末，朝纲不振。胡安国率家自荆门迁至湖南湘潭。又以孔彦舟、曹成等构乱湘中，不得已携家南徙，经邵阳、永州，本欲徙道州，奈城陷不果，而流徙至于广西全州，至三年七月，始阖家会于南岳，开文定书堂。

是年，胡寅守母王令人忧，居湘潭。《斐然集》卷二十记载当年逃避兵乱的情况："春，巨盗马友、孔彦舟交战于衡、潭，兵漫原野。四月，寅奉家君（即胡安国——引者注）西入邵。席未暖，他盗至，又南入山，与峒獠为邻。十二月，盗曹成败，帅兵于衡。又迁于全，西南至灌江，与昭接境。敝屋三间，两庑割茅遮围之。上下五百余指，度冬及春。瘴露昏昏，大风不少休。郁薪御寒，粢食仅给。"

## 77. 宋绍兴九年（1139）杜绾阳华岩题名（37×52厘米）

通判学士留题阳华岩。

会稽杜季杨，绍兴己未九月庚子行县，暇日率令、丞、巡、尉来游。

右文林郎、道州江华县令李直清命工刻。

石刻位于江华阳华岩，中间三行，大字隶书，左行，当是杜季杨笔。左右两边，小字楷书。右边一行字尤小，"直清"两字最小，可知左右两行字为李直清补写。

陆增祥《八琼室金石补正》著录，并云："杜绾杨判道州，志所不载。志载李直清，以绍兴九年令江华，与此正合。"

杜绾，字季杨，或作季扬、季阳，号云林居士，会稽人，一作山阴人。祖父杜衍，字世昌，庆历四年（1044）为相。杜绾著有《云林石谱》三卷，近年该著作多被认为是"杜绾编著出中国第一部论石专著"，《云林石谱》为"最早的专门记述中国奇石的专著"，"堪称奇石有谱著录的开山之作"。

《四库总目提要》："《云林石谱》三卷，宋杜绾撰。绾字季扬，号云林居士，山阴人，宰相衍之孙也。是书汇载石品凡一百一十有六，各具出产之地，采取之法，详其形状色泽，而第其高下。然如端溪之类兼及砚材，浮光之类兼及器用之材，不但谱假山清玩也。"

李直清，时任江华县令，同治《江华县志》、道光《永州府志》均载："李直清，绍兴九年任。"

## 78. 宋绍兴十四年（1144）汪藻"华严岩"榜书（36×102厘米）

华严岩

绍兴甲子浮溪翁书。

石刻位于零陵华严岩，与岩俱毁，存旧拓。

《金石萃编》考证："次为绍兴甲子浮溪翁书'华严岩'三大字，旁一行八小字，并篆书。甲子为绍兴十四年。浮溪翁疑是汪藻所自号，其所著诗文名《浮溪集》也。传载藻绍兴八年上所修日，历升显谟阁学士，知徽州，逾年徙宣州。言者论其尝为蔡京、王黼之客，夺职居永州，累赦不宥。此所书三字，是其时也。"

《八琼室金石补正》考证："浮溪翁题衔称提举太平兴国宫者，宋时谓之宫观使也。宫观使置自真宗祥符中，在京以宰相、见任史相领之，在外则少保已上始得使名，史相已下，提举宫观而已。见

196　湖南摩崖上的中兴气象

李心传《朝野杂记》。提举宫观，真宗时以两省、两制、丞、郎官为之，天圣七年以后，学士、待制、知制诰皆得为提举。初设祠禄之官，原以佚老优贤，员数绝少，王安石相，欲以处异己者，遂诏无限员。又在外宫观岳祠，初须力请而后授，若因责降，改作管勾、差焉。亦安石相后异己者方直除，大抵非自陈而朝廷特差者，如降黜之例。又熙宁二年，诏宫观五岳庙，并置管勾、提举、提点官，四年诏各留一官，余听如分司、致仕例，从便居住。其时宫观止十余，江州太平兴国宫，其一也。并见《文献通考》。时浮溪以显谟阁学士出知徽州，徙宣州，为言者所论，夺职居永，所谓学士得为提举也。太平兴国宫在江州，不赴江州而永州居住者，所谓黜降及听如分司致仕例，从便居住是也。"

汪藻（1079—1154），字彦章，号浮溪，又号龙溪，饶州德兴（今江西上饶德兴市）人。崇宁二年（1103），中进士，历任婺州观察推官、宣州教授、著作佐郎、宣州通判。绍兴元年（1131），除龙图阁直学士，知湖，后知抚、徽、泉、宣等州。绍兴十三年谪居永州，官至显谟阁大学士、左大中大夫，封新安郡侯，赠端明殿学士。为官清廉，"通显三十年，无屋庐以居"。汪藻以骈文名世，号称"中兴第一"，《宋史》卷二百四《文苑七》："徽宗亲制《君臣庆会阁诗》，群臣皆赓进，惟藻和篇，众莫能及。时胡伸亦以文名，人为之语曰：'江左二宝，胡伸、汪藻。'"有《浮溪集》流传于世。《宋史》有传。

汪藻寓居永州有《游袁家渴钴鉧潭（并序）》《澹岩书堂》《玩鸥亭记》等诗文行于时。汪藻存世书迹罕见，目前仅存华严岩、浯溪摩崖石刻真迹，浯溪摩崖为绍兴二十三年《崇宁三年太学上舍题名序》，保存较为完整。汪藻在永州有惠政，明清时期，永州人为纪念汪藻，特建浮溪祠以祀。

## 79. 宋绍兴十八年（1148）刘慎修阳华岩题名（65×56 厘米）

邑宰刘慎修，率广川段诲叔、魏人张仲古为阳华清游。
时绍兴戊辰初夏上浣后一日。

辰初夏上瀚後一日华清遊時紹興戊人張仲古爲陽廣川假誨并魏邑宰劉慎修率

石刻位于江华阳华岩。行楷，五行，左行，书法隽逸，以往未经著录。

刘慎修，广川人。道光《永州府志》卷十一下《职官表·江华》载，绍兴十五年（1145）为江华县令。

道光《永州府志》载，刘思永绍兴十五年为江华县令，则刘慎修当即刘思永。慎修是名，思永是字。《尚书·皋陶谟》："慎厥身，修思永。"孔安国传:"慎修其身,思为长久之道。"由此得名。

刘慎修两年后(绍兴十九年)在阳华岩另有题名:"刘慎修、罗国华、刘彦珏、陈泽民,己巳五月二十二日同来,为尽日之欢。"

## 80. 宋绍兴二十五年(1155)程邈"平生喜伟观"诗刻并安珪跋(214×50厘米)

平生喜伟观,泉石成膏肓。流落天南陬,颇觉宿念偿。
阳华甲千岩,岂特魁一方。横开造化奥,不假蒸烛光。
泂渊泛澄流,阔步维飞梁。草木被余润,神龙或阴藏。
千岁石乳垂,形似分微芒。客来试击拊,声如浮磬长。
缅怀永泰闲,四海何披攘。元子把麾符,择胜曾彷徉。

声蚴发健笔，漫浪忘故乡。别驾何如人，欲挽居其旁。
不知果从违，高咏犹铿锵。我今见中兴，随牒潇水阳。
官曹既清简，年谷频丰穰。不忧西原蛮，免奏租庸章。
公余且迟留，解衣据胡床。忆昔黄太史，淡岩藉揄扬。
地有遇不遇，实在名何伤。赖得金华仙，英辞洒琳琅。

绍兴乙亥岁十月二十七日，郡丞蓬泽程逊，以职事至江华，因游阳华岩，盘礴赋诗而归。县令南阳安珪、尉伊川程盖同来。

府判朝议程公按行下邑，公务之暇，率令、尉同游阳华，周览水石之乐，迟迟终日，眷恋忘归。公乃赋诗而还，其英辞妙句，铿然有掷地之声，觉前后名公大儒留题篇章，皆不足以望其藩篱也。于是命工镌刻于石，俾永其传，使斯岩之名自此增重。方来之士，有瞻其玉画、诵其嘉什者，亦可以知其人也。

江华县令安珪谨跋并立石。

石刻位于阳华岩。程逊大字，隶书。安珪小字，楷书。

程逊，字德远，开封人。《晋书·地理志》开封，"宋蓬池在东北，或曰蓬泽"，故自署"蓬泽"。

陆心源《宋诗纪事补遗》收录作者小传云："程逊，乾道三年知广州。"诗作于绍兴二十五年，其时程逊以朝议郎任永州府通判。

程逊有寒亭暖谷题刻，安珪题记，在阳华岩题刻前一日，见下文。另有狮子岩题刻，安珪题记，与寒亭暖谷题刻同日，故文字几乎一致。《八琼室金石补正》卷一百十二著录："蓬泽程逊季行毕事，游狮子岩。县令南阳安珪、尉伊川程盖同来。绍兴乙亥岁十月二十六日。府判朝议程公按行下邑，因暇率令、尉同游狮子岩，观览移时。公乃亲笔留题，以纪岁月，镌刻于石，传之不朽。江华县令安珪谨跋并立石。"石刻未见。

以上江华三刻均为程逊、安珪、程盖同游，均为程逊大字隶书，安珪小字楷书。

程逊还有澹山岩题刻，在江华三刻之次年，见于下。

81. 宋绍兴二十五年（1155）程逖寒亭题记并安珪跋（48×56厘米）

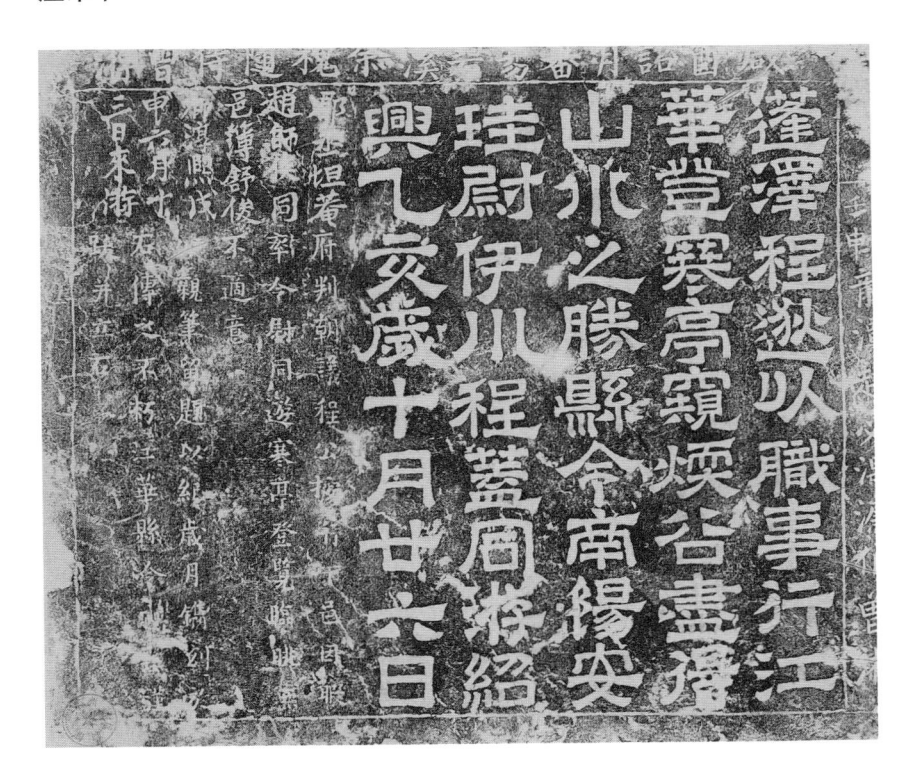

蓬泽程逖以职事行江华，登寒亭，窥暖谷，尽得山水之胜，县令南阳安珪、尉伊川程盖同游。绍兴乙亥岁十月廿六日。

府判朝议程公按行下邑，因暇率令、尉同游寒亭，登览临眺，无不适意。

公亲笔留题，以纪岁月，镌刻于石，传之不朽。

江华县令安珪谨跋并立石。

石刻位于江华寒亭暖谷，保存完整。寒亭暖谷由元结开辟，唐宋以来，题刻甚多，尤其两宋居多。

程逖此石刻四周还有其他几处题名，录之如下：

一、咸淳壬申，龙潭赵必㵠濂伯曾游。

二、郡丞坦庵赵师侠同邑簿舒俊卿，淳熙戊申六月十三日来游。

三、咸酉诏月番易，碧溪余槐随侍曾游。

## 82. 宋绍兴二十六年（1156）程逖等澹岩题名

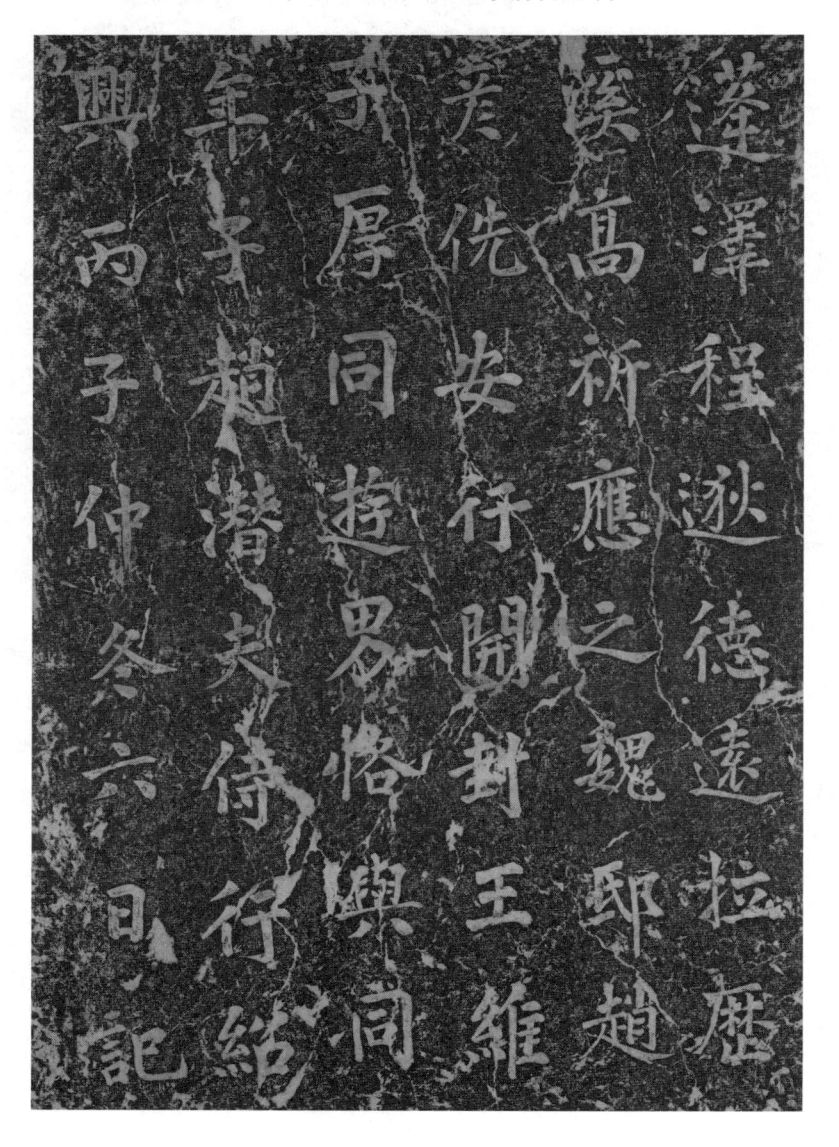

蓬泽程邈德远拉历溪高祈应之、魏邸赵彦侁安行、开封王维子厚同游，男恪与同年子赵潜夫侍行。

绍兴丙子仲冬六日记。

石刻位于澹岩，已毁，存旧拓。《金石萃编》、道光《永州府志》、光绪《零陵县志》、光绪《湖南通志》著录。收入《全宋文》。

程邈，见绍兴二十五年（1155）程邈"平生喜伟观"诗刻并安珪跋。

高祈，字应之，历阳（今安徽和县）人。高祈曾主持为周敦颐祠绘像，张栻《永州州学先生祠记》载："陈公命零陵宰历阳高祈董其事而成之。"

赵彦侁，字安行，应为皇室宗裔，《语石》卷八《宗藩》有载。

## 83. 宋嘉泰三年（1203）李大光"栈阁横空杳霭间"诗刻（40×52厘米）

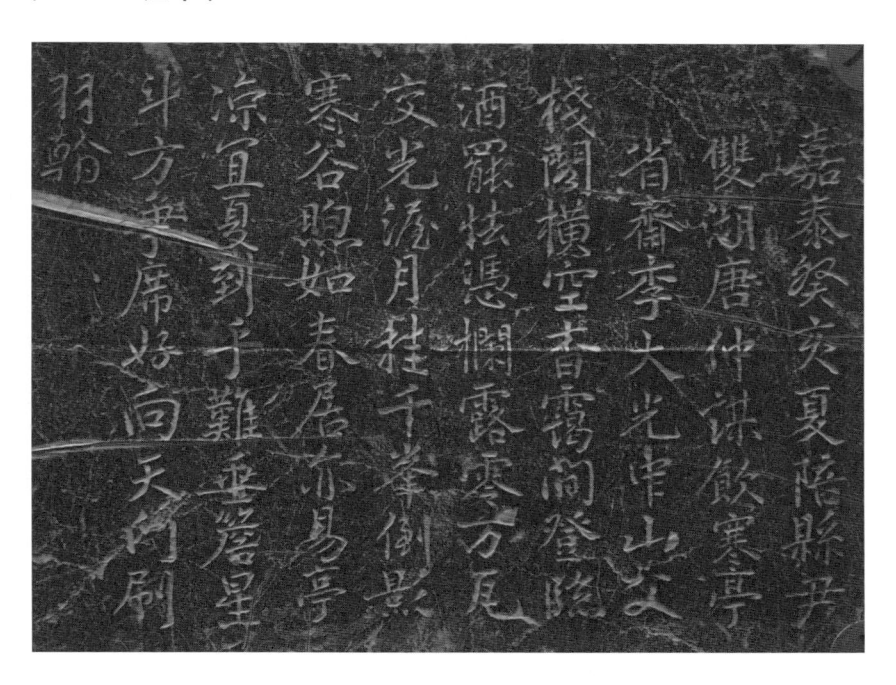

嘉泰癸亥夏，陪县尹双湖唐仲谋饮寒亭，省斋李大光中山父。
栈阁横空杳霭间，登临酒罢怯凭栏。
露零万瓦交光渥，月挂千峰倒影寒。
谷煦如春居亦易，亭凉宜夏到乎难。
垂檐星斗方争席，好向天门刷羽翰。

石刻在江华寒亭暖谷，今存，但因流水侵蚀，保存状态堪忧。《缪荃孙全集》收录。

李大光，李长庚子。

唐元龄，字仲谋，临川人，嘉泰元年（1201）任江华县令。同治《江华县志》卷四《职官》："江华令，唐元龄，嘉泰元年任。"

南宋嘉泰三年（1203），李景庄阳华岩题记："武阳李景庄，侍外舅历阳徐宜伯，赞治春陵，以嘉泰癸亥，因游九疑，来访阳华。令君临川唐仲谋，拉丞金华宗周卿，簿盱江熊介叔，尉武夷张明伯，会饮于岩之亭，盖十月七日也。景庄书之，仲谋欲刻之崖石，合词请明伯董其事，丞、簿正棋，亦为之欣然。"

唐宋时期，修建寒亭后，此处成为文人官员的雅集场所，诗刻描写了寒亭夏夜的幽凉。

## 84. 宋嘉泰四年（1204）张逢辰《淡山岩题记》（145×180厘米）

嘉泰甲子四月四日，太守领客游淡岩。宿戒，初暑未明登车，是日微阴甫晴，道疏雨飘洒，已觉身在尘埃外。又十余里乃至寺，寺门清敞，堂宇朴壮，亦非俗境。与客小休，由岩门跻栽数步，冷气逼人，宾主皆蒙夹衣以入，有衣祢者，足踏云根，苍翠四发，神剜鬼刻，非复人意所料，逞奇炫怪，领览不暇。龙井在左，肸有潜灵，凄神寒骨，冰雪入怀，益深益异，而益凛然也。仰视岩端，疑别有天，月台中峙，阳辉下堕，始觉有暖意。小酌台上，望扃亭益近天，登之，寻避秦人遗迹，则峭狭蒙密，不可布武矣。亦从此逝，

遂闯其蹊耶？降而右旋，穿诘曲，步磊隗，划然骇目，观音岩也。拔地笋立，锐干云雨，一龛正中，宴坐巍然。噫！此真补陀落伽山大士，神通随处即现，何必海岸徘徊忘去，顾景西迈，出门而俯。美哉清乎，水之导湘而东者也。挥客登舟，顺流而归。

太守寿春魏熊梦子师，客通判临川王克勤叔弼，路分东都单炜丙文，判官雪州何述先思道，推官权教授天台周仲卿次龢，零陵令括苍张逢辰子见。

石刻位于零陵淡岩，今保存较为完整。

《全宋文》著录，题为《澹山岩题名记》。光绪《零陵县志》著录，题为"魏熊梦等题名"。均有讹、脱等问题。

魏熊梦，字子师，安丰军寿春（今安徽寿县）人。宋孝宗时丞相魏杞之子，嘉泰中知永州。与书法家单炜关系较好，曾编纂《五痔方》，并由单炜书写。

王克勤，字叔弼，一字敏叔，抚州临川人。孝宗淳熙二年（1175）中童子科，内殿引见，孝宗嘉其警敏，补从事郎，令在秘阁读书。

单炜，字丙文，一字炳文，自号定斋居士，辰州人（今湖南沅陵人）。博学多识，有文武才，工书法，善舞剑，对二王书法有深研。经武举进入仕途，官至路分兵马钤辖。单炜好古博雅，与姜夔为友，与徐照、徐玑有师生之情。

周仲卿，字次和，宁海（今属浙江）人。庆元五年（1199）进士。

张逢辰，字子见，括苍人（今浙江丽水）。淳熙八年（1181）进士。

何述先，生平事迹不详。

"寺"即澹山寺，《永州府志》载："澹山寺，在城南二十五里澹岩之口。"今已无迹可寻。而在《永州府志》中有有关"龙井""月台""观音岩"的记载："开封李震亨仲、沔阳段晋龙伯津、鄢山王圭粹伯来游。领月台之风，漱石井之泉，摩挲山谷老人'永州淡岩天下稀'之诗，徘徊观音岩，穷幽极胜，醉心溢目而后归。时嘉泰甲子季春中浣日。"可见古时淡岩实有水井、月台和观音岩，"观音岩"非岩洞，而指洞内状如"观音"的钟乳石。

## 85. 宋开禧元年（1205）杨长孺等阳华岩题名（76×112厘米）

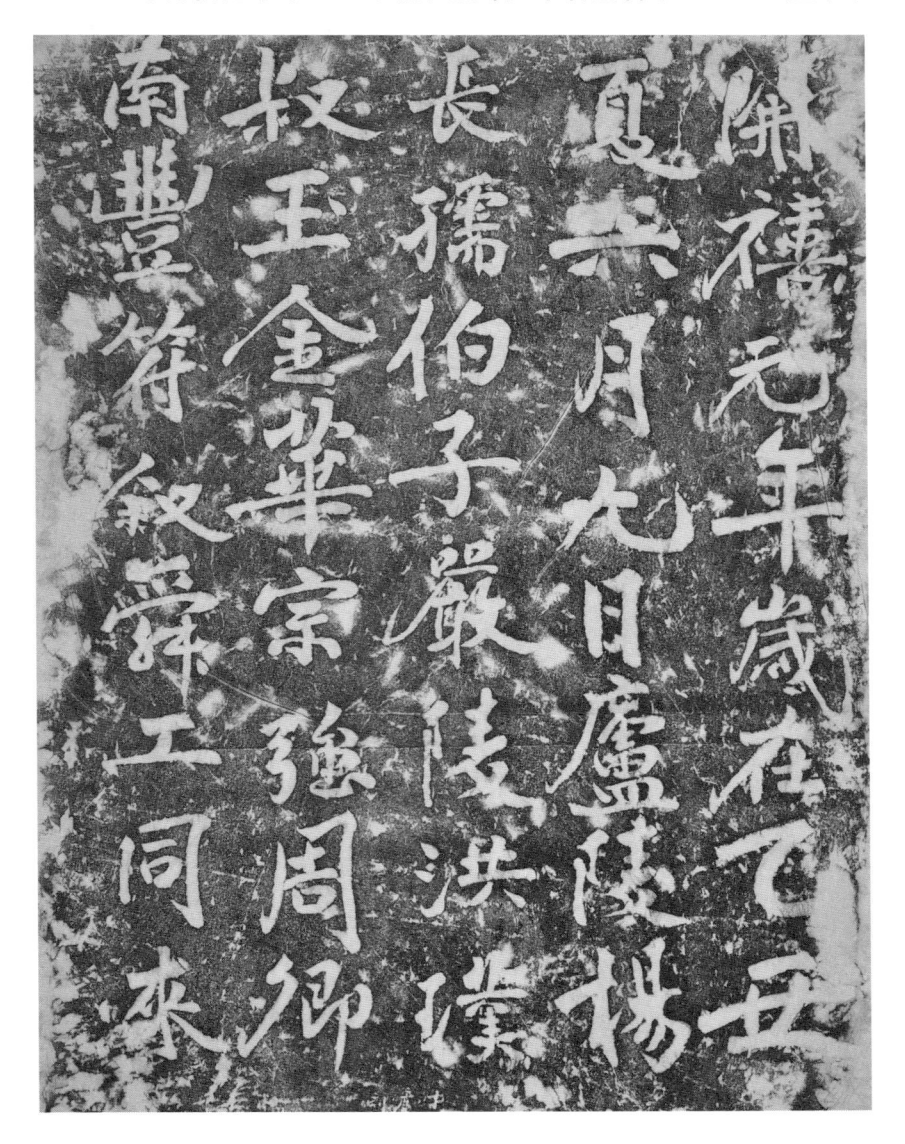

开禧元年，岁在乙丑夏六月九日，庐陵杨长孺伯子、严陵洪璞叔玉、金华宗强周卿、南丰符叙舜工同来。

石刻位于江华阳华岩，今存。

《八琼室金石补正》著录："右杨长孺等题名。长孺时判道州，洪璞时令江华，均见《官表》。宗强时为邑丞，见前刻。符叙非簿即尉。志俱不载。"

杨长孺，字伯子，一名寿仁，号东山先生、东山潜夫，晚号农圃老人，吉州吉水人。杨万里长子。淳熙元年（1174）以《书经》荐名，举于乡，荫补入仕。淳熙十五年，赏修职郎，初仕为零陵县主簿。绍熙元年（1190）以荫补永州零陵簿。嘉泰四年（1204），为道州通判。嘉定四年（1211）知湖州，五年除浙东提举，九年迁广东经略安抚使兼知广州。十三年改福建安抚使兼知福州。理宗端平中以忤权贵，遭弹劾罢归。绍定元年（1228），起为江西提刑，寻以敷文阁直学士致仕。卒年79岁，追谥文惠。杨长孺诗学陈师道，兼参家法，工书翰四六。著有《东山文集》《知止》《休官》《锦绣万花谷》等，编有《诚斋集》。杨长孺性刚介，有廉吏之称。

杨长孺是朱熹弟子，万斯同撰《儒林宗派》将杨长孺列为朱子门人。黄宗羲《宋元学案》卷六十九载其小传："杨长孺，字伯大，诚斋长子，号东山。以父荫守湖州，弹压豪贵，治声赫然，郡之士相与肖像祠于学宫。擢经略广东，以己俸代下户输租。迁福建安抚使。真西山入相，宁宗问当今廉吏，以先生对。端平间，加集英殿修撰，年七十余，致仕，卒，谥文惠。"

厉鹗《宋诗纪事》卷六十二："杨长孺，长孺字伯子，号东山，万里子。嘉定间守湖州，后为番禺帅。端平初累辞召命，以集英殿修撰致仕，家居卒。"

于北山著《杨万里年谱》载《杨长孺行实系年》。

杨长孺又有寒亭暖谷小飞来亭诗刻。

洪璞，字叔玉，严陵人。时为江华县令，接任唐元龄。同治

《江华县志》卷四《职官》载江华令："开禧：洪璞，二年任。"与石刻题名"元年"不合，或未上任。

宗周卿，名强，金华（今浙江金华市）人。嘉泰三年（1203），与李景庄等人曾游阳华岩。

符叙，字舜工，一字舜功，建昌军南丰（今江西南丰县）人。初从陆九渊学，后师朱熹，是朱子第一传弟子。黄宗羲《宋元学案》卷六十九载其小传："符叙，字舜功，建昌人。初问学于象山，象山曾遗傅子渊书，言'其妄肆无知之谈，子渊不得不任其责'。其答先生书，亦多微词。其后先生师朱子，尝言陆子不喜说性，盖亦不以槐堂弟子自名者矣。"万斯同撰《儒林宗派》卷十将符叙列为朱子门人。《朱子语类》卷七十九载符叙答朱子问，与朱熹有"建极"之问。

## 86. 宋绍定三年（1230）吴千能《水调歌头·澹氏人安在》

澹氏人安在，缥缈九霄间。我来唯有石屋，周览百寻宽。一曲中分夷险，两牖空光平布，满洞贮清寒。高致自堪仰，何必论金丹。

周贤士，知此意，薄秦官。一床一枕，依然犹伴白云闲。门外俗尘如海，门里道心如水，谈笑足回澜。此事无今古，不信叩崟山。

伊雒吴千能守潇湘八阅月，乃得游淡岩，真天下奇观也。赋《水调》刻诸石，弟千兕、子奕侍，客蒋泾、曹昌佑偕行。

绍定庚寅清明日。

石刻位于淡岩，已毁，存旧拓。《金石萃编》著录。

吴千能，嘉定八年（1215）为仙居知县。此词收入《全宋词》，小传云："千能，新郑人。绍定间，知永州。""伊雒"，又作"伊洛"。

摩崖石刻多以诗文题记、题名、榜书的文体形式出现，极少有以词刻石者。淡岩的词刻也很少，另有高惟月《念奴娇》词、易祓词寥寥数首。此词言隐逸主题，"周贤士，知此意，薄秦官"，指周贞实隐居淡岩之事，明洪武《永州府志》引唐代大中年间永州刺史张灏《石室记》云："秦有周君贞实，避焚坑之祸，隐于此，石床、石井犹存。"《明一统志》："又旧经云：'有周正实者，秦时人，遁世于此。成败之数，皆先知之，始皇三召不起。后尸解焉。'"

### 87. 宋绍定五年（1232）卫樵澹岩题名（55×70厘米）

绍定壬辰二月既望，郡守中吴卫樵山甫，通守四明魏崐居甫，偕推官权零陵县事上饶余锐子允，校官王庭简夫以劝农来。樵谨书。

石刻位于零陵澹岩，保存完整。

卫樵，字山甫，吴人，一作昆山人。乾道间任溧阳县丞，见嘉庆《溧阳县志》、乾隆《镇江府志》。绍定五年（1232）任永州知州。嘉熙三年（1239）为常州知州，咸淳《毗陵志》卷八《秩官》："卫樵：嘉熙三年六月朝散大夫，三年九月改知常州。"

卫樵在永州另有万石山题名、浯溪诗刻、澹岩题诗。

魏崐、余锐、王庭简，生平均不详。

## 88. 宋绍定六年（1233）娄续祖《题永州淡岩》诗刻

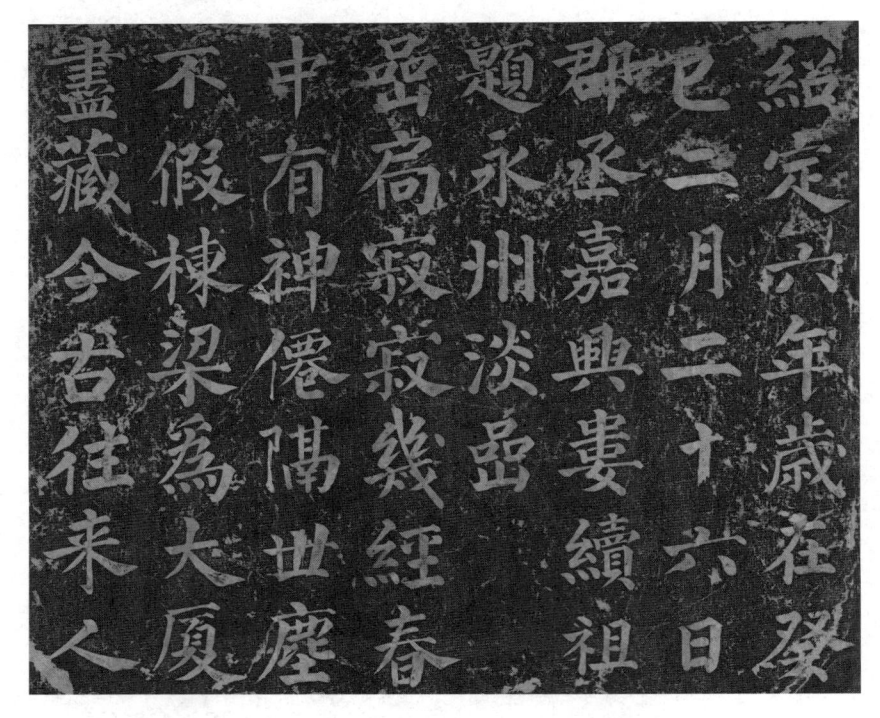

绍定六年，岁在癸巳二月二十六日，郡丞嘉兴娄续祖题永州淡岩。

岩扃寂寂几经春，中有神仙隔世尘。
不假栋梁为大厦，尽藏今古往来人。

石刻在淡岩，已毁，存旧拓。
《金石萃编》卷一百三十五著录，云："横广三尺六寸，高三尺一寸。八行，行七字。正书。"《缪荃孙全集》《唐宋人寓湘诗文集》收录。

下有陈宗礼诗，《八琼室金石补正》有著录，但未著录娄续祖诗。

娄续祖，嘉兴（今属浙江）人。理宗绍定六年（1233）为永州丞。

## 89. 宋淳祐三年（1243）周颉书杨长孺《小飞来亭》诗刻
（66×45厘米）

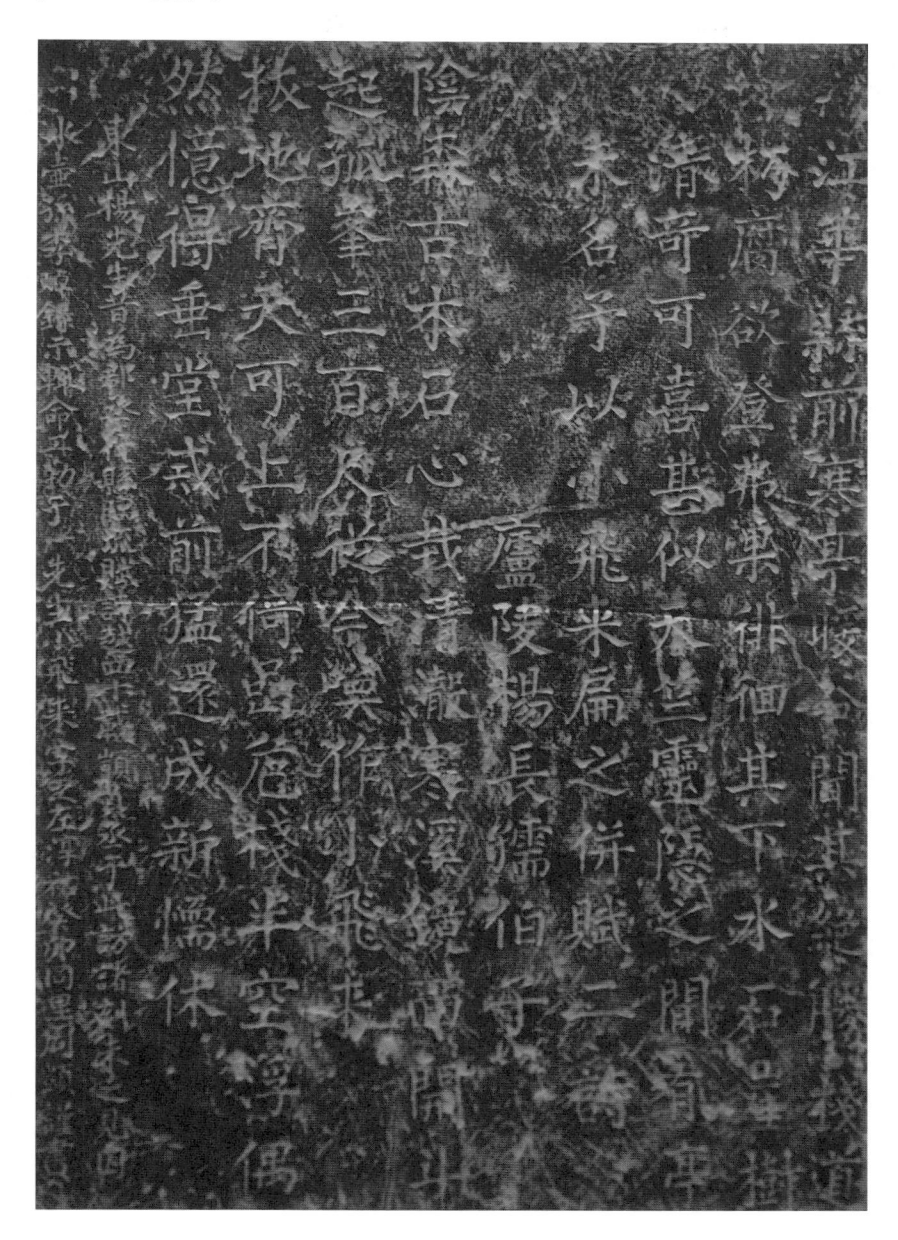

江华县前，寒亭暖谷，闻其绝胜，栈道朽腐，欲登弗果，徘徊其下，水石崖树，清奇可喜，甚似天竺、灵隐之间。有亭未名，予以"小飞来"扁之，并赋二诗。

庐陵杨长孺伯子

阴森古木石心栽，清澈寒溪镜面开。
斗起孤峰三百尺，从今唤作小飞来。

拔地齐天可上不，倚岩危栈半空浮。
偶然忆得垂堂戒，前猛还成新懦休。

东山杨先生昔为郡丞，行县临流赋诗，越四十载，颐负丞于此，访诸刻未之见，因冰壶孙李焊录示，辄命工勒于一先生"小飞来"字之左。

淳祐癸卯，同里周颐谨书。

八桂朱卅刊。

石刻在寒亭暖谷，今存。《八琼室金石补正》、同治《江华县志》、光绪《湖南通志·金石》亦著录。

《八琼室金石补正》卷一百三著录，题为"小飞来亭杨长孺诗"："右小飞来亭诗，杨长孺作，历四十年，周颐书而刻诸石。'栽'当是'栽'字。《省》《府志》均失访。'小飞来亭'亦不见于《永志·建置》。《通志·职官》：宁宗朝杨长孺，吉水人，零陵主簿，见《鹤林玉露》，与此言郡丞者不符，岂先为邑簿，后为郡丞，而遗其后官邪？《永志》于庆元时载其为零陵丞，不载其为簿，又于嘉泰时载其为道州通判，彼此均不相合。周颐姓名，《省》《府志》亦失载，皆可据此补正之。冰壶孙李焊，见《奇兽岩铭》。长孺，杨万里之长子也。颐下所缺似'复'字。明李邦燮《游寒亭记》云'历仄径，有大石向人欲压，前人题云小飞来，以拟灵隐之飞来峰'，此即杨长孺所题者，惜未得其额拓。"

周颐，方志不载，在江华县寒亭暖谷另有"更寒"榜书。

90. 宋淳祐六年（1246）杜汪"人到朝阳岩底岩"诗刻（60×44厘米）

人到朝阳岩底岩，足危目险下江干。
争如我辟寒亭境，步步升高高处寒。

诗刻位于朝阳岩下洞右侧岩壁上。

诗刻无题，无作者及年代。据"我辟寒亭"等内容知为杜汪所作。

黄焯《朝阳岩集》收录，列在宋代，注云"失姓名"，文字均同。

"岩底岩"，指朝阳岩下洞。"寒亭"，即寒亭暖谷，在永州江华县，唐属道州，刺史元结所创，并作《寒亭记》。

杜汪为江华县主簿，于淳祐三年（1243）至六年间，与其子杜子是、杜子恭，重修寒亭及木栈。陆增祥《八琼室金石补正》卷一百三《寒亭题刻十九段》载《杜子是题记》，按曰："子是，杜汪之子，见杜汪丙午题名……寒亭栈道之创置，与夫后来之修葺，志无一言及之，读此记可得其大略矣。"

杜汪，事迹不详。据杜子是石刻，一作正定人，一作金华人。时任江华县主簿。道光《永州府志·金石略》"宋寒亭杜汪题名"，宗绩辰曰："杜汪姓名，《官表》失载，不知其为守为令，阙以俟考。"（《留云庵金石审》）今按：杜子是石刻作"邑簿杜汪"。

寒亭、暖谷本是一地，在江华蒋家山，其地即唐宋县治所在，故士大夫屡往游之。亭在谷中，夏日可避暑气，故称寒亭。石壁有洞，洞中又有洞，复圆润可爱，冬日可存暖气，故称暖谷。"寒亭"因亭而名，其地则当称"寒谷"。"暖谷"因洞而名，其实当称"暖岩"也。寒亭暖谷山崖峻峭，有溪流，逼近崖底，而寒亭暖谷在山腹中，须攀越石隙而上，故景胜虽殊，而石隙与溪畔栈道乃是游历之关键处。

今山脚下仍存"寒亭路"大字榜书，两侧小字题记云："邑簿杜汪与李焯议开山径，得未刊碑璞，若有所待，喜而大书。淳祐癸卯，男杜子是入石。"又存宋刻云："邑簿杜汪命工伐乱石，叠祠堂阶址，以通此径。时淳祐甲辰也。建祠董役：沃斗参、唐元龟。"

此诗云"我辟寒亭境"，"寒亭境"犹言"寒亭径"，"寒亭径"即"寒亭路"也。

《八琼室金石补正》卷一百三又载杜汪《集杜工部句咏寒亭》、杜子是《集元刺史句咏寒亭》，皆行书，今俱存。

杜汪又有《集工部句题暖谷》诗，诗刻今存，笔画平整，结构疏阔，书法风格与朝阳岩石刻极似。

杜汪父子以杜甫为同姓先人，故集句最多。又按：杜汪、杜子是父子修建，不唯与元结创建寒亭暖谷事迹近似，亦与元结创建朝阳岩，旨趣、景物，大略相同。

此诗《全宋诗》失收，当补入。

诗末有"蒋若本"三小字及"寄名"两字。"蒋若本"似刻工名。

## 91. 宋淳祐十年（1250）林契寒亭暖谷题名（110×70厘米）

淳祐庚戌中秋朔，长乐林契奉檄拯涝，讫事，偕邑同寅唐岩秀、欧阳元衡、虞从龙、于武来游。

石刻在寒亭暖谷，今存。《八琼室金石补正》著录，但误录至阳华岩名下。《缪荃孙全集》亦收录。

《八琼室金石补正》卷一百六："右林契题名。庚戌为淳祐十年。文云'奉檄拯涝'，而是年被水，不见于志，岂不为灾邪？林契、唐岩秀、欧阳元衡，皆不见于志。郡邑志载虞从龙为江华令，列于孝宗淳熙年，殊误。"

淳祐庚戌为淳祐十年（1250），同年夏，唐岩秀、欧阳元衡、虞从龙、于武为建成含晖亭，在寒亭暖谷附近冷泉岩题记刻石，今存。

林契，福建长乐人。《永乐大典》卷七千八百九十二《汀州府》："通真院，在清流县东北，绍兴间创，赐敕额，绍定寇毁，旧南向。淳祐间令林契重创，易而西向，继而令林昌奉重修，增创观音阁于院东北。"不知是否同一人。

唐岩秀、欧阳元衡、于武的生平事迹都难以稽考。

虞从龙，虞允文曾孙，元代虞集祖父。虞从龙于宋淳祐间任湖南江华县尉，今江华县寒亭暖谷另有其相关石刻二通，一为淳祐十年夏题记，一为重刻蒋之奇《寒岩铭》。虞从龙于淳熙年间任江华县尉，雍正《江华县志》、乾隆《湖南通志》漏载，道光《永州府志·职官表》载于戴翊世之后，据石刻当系误载。

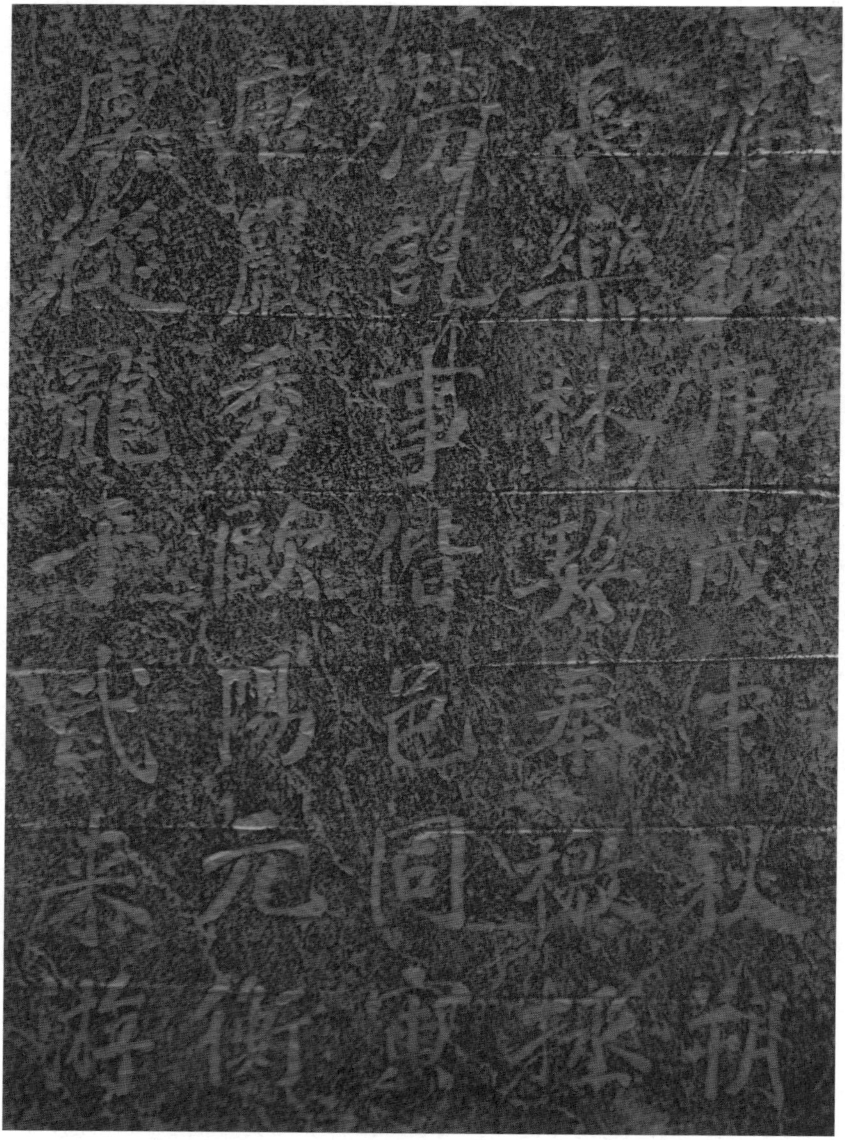

# 下篇 《大明中兴颂》
## ——大明中兴与阳明心学

明代地域辽阔，民族融合进一步加强，西南地区进一步开发。科举制更加成熟，中叶后地方官吏大多受到阳明心学的熏陶，明于大义，心有信仰，意气风发，文采斐然。大思想家如顾炎武、王夫之，阳明弟子如徐爱、胡直、刘魁，理学名臣如曹来旬、黄焯、顾璘、钱芹、唐珤、鲁承恩、何诏、王瑞之、方琼、许岳、丁懋儒、范之箴、周子恭、张勉学、胡文衢、安孝，地方乡贤如朱衮、吕藿、崔惟植、沈良臣、沈良佐、钱邦芑，莫不与永州摩崖发生交集，从而为清代金石考据学的兴起发出了先声。

### 一 庆流罔极，昭示来世：《大明中兴颂》

明武宗正德帝在位期间，外有鞑靼达延汗进犯，内有宦官擅政和民变发生，南倭北虏，危机重重。加上明武宗荒淫无度，朝政败坏，"悍夫竖孽，中外汹汹"。继之而起的三朝君主，世宗嘉靖帝、穆宗隆庆帝、神宗万历帝，用张居正改革，辅政十年，严惩贪官污吏，裁汰冗员；用戚继光总督蓟、昌、保三镇练兵，镇守长城；又有王阳明讨平宁王朱宸濠的叛乱，总督两广，创办阳明书院，倡导"知行合一""致良知"，明代理学发展进入新阶段，"阳明心学"广为传播，影响深远，对官僚统治阶级产生了很大影响，出现了嘉靖中兴、隆庆新政、万历中兴的新迹象。万历三年（1575），丁懋儒在永州知府任上，修建诸多人文景观，刊刻《宋濂溪周元公先生集》，同时撰文、书写了《大明中兴颂》，率永州官属共同镌刻于浯溪崖壁，盛道世宗、穆宗、神宗三朝以来惟精惟一、右文守成、威加漠北、海内以宁的中兴景象。实际上，以丁懋儒为代表的明代官员重视理学传承，敬慕周敦颐，这些官员到永州必在摩崖刻石，访旧稽古，注重地方建设，从现存的摩崖石刻内容可看出地方官员为中兴时代所做的贡献。

## 92. 明万历三年（1575）丁懋儒《大明中兴颂（有序）》（261×320厘米）

### 大明中兴颂有序

曰若稽古，帝王之兴，皆不由楚。我世宗肃皇帝，始以兴国，入继大统，盛德大业，超越前代。先是，帝星见于楚分，逆藩生心，历数所归，逆悖尽殄。四十六年，至顺极治。逮皇考穆宗，右文守成，号称圣主。今上皇帝，以天纵之资，知兼天下，嘉靖殷邦，庆流罔极。顾发祥之区，不有摹述，曷以昭示来世？儒不敢佞拟颂磨崖，彼唐宋所称，视此万万不及也。

颂曰：

于皇献祖，圣德凤闻。宥密基命，龙潜楚渍。
桓桓武宗，巡幸云纵。悍夫竖孽，中外汹汹。
皇天鉴降，圣祖神灵。世宗正位，海内以宁。
乃定郊庙，尊上考妣。惟精惟一，于昭受祉。
威加漠北，款纳交趾。露零河清，瑞不胜纪。
享国久长，赖及万方。穆考渊默，道治韦章。
肆我皇上，如日升东。至性英悟，孝奉两宫。
逊志于学，讲筵是隆。师臣惟帝，德懋功崇。
元辅良臣，实生帝乡。靖共于位，后先相望。
帝星所临，奕叶流光。丕迈有周，文武成康。
受命自兴，万祀流芳。

# 下篇 《大明中兴颂》

大明中興頌 有序

曰考楷古帝王之興皆不類遠

帝始以□典□□□維大兵盛而

是帝星見千莽□□蕃生世歷數

十六年至順極治遠

杯 聖王 今上皇帝以天縱之資知一天下

嘉靖發邦變流罔極顧發軒之后不有

示來世儻不敢佞祸頌庶唯彼唐宋不

不及也頌曰 於

皇獻祖聖德

諸楚清租桓 武宗巡幸墨後

祖烈皇天秦祥 聖祖神軍 世宗正位與外

国久去相及颐扬
望上如日异卅里陛英悟
諸进元隆帅匡惟
帝鄉靖关于位后先相望
適有周文武成康文命自
萬姓二千歲矣乙亥春王正月上旬
府所进士佐
书印知邵州通判
祁陽縣知縣

万历三年，岁在乙亥春王正月上旬，湖广永州府知府、前进士、侍读经筵官、兵科右给事中丁懋儒撰并书。同知邵城，通判纪光训、郎尚䋌，推官崔惟植，祁阳县知县许公望，典史张应文刻石。

石刻位于祁阳浯溪南岸崖壁，现保存较为完整。

丁懋儒，字聘卿，号观峰，别号三观主人，山东聊城人。万历二年（1574）任永州知府，卓有政绩。曾与同僚永州通判纪光训、永州同知邵城、永州推官崔惟植，刊刻《濂溪周元公集》，扩建朝阳岩，开辟零虚山、阴潜洞、青莲峡、卷潮峰、小有洞天、澄虚亭景观。撰《零虚山记》。

万历三年，永州府知府王俸、丁懋儒，同知邵城，通判纪光训、郎尚䋌，署道州事推官崔惟植，郡人佥事进阶蒋春生，监察御史黄廷聘，太常寺少卿吕藿，府儒学教授康求德，道州儒学学正胡梅，共同编纂了《宋濂溪周元公先生集》，丁懋儒作《刻濂溪周元公集叙》，署款"湖广永州府知府、前进士、侍经筵官、兵科右给事中东郡丁懋儒撰"。同年二月，丁懋儒访濂溪故里，读遗集，作《谒元公祭文》。

万历四年，作《奉诏抚瑶颂》，碑在永州宁远舜庙中。

丁懋儒在浯溪，有《与邓郡伯来溪、李太尹诚斋游浯溪》，诗刻今存，见下。

邵城，字守斋，浙江鄞县（今鄞州区）人。嘉靖四十三年（1564）举人，隆庆二年（1568）进士，隆庆六年任永州府同知。

纪光训，江苏丹徒人，岁贡生，曾任江苏安顺州知州，隆庆六年任永州府通判。

郎尚䋌，潍县人，举人，万历二年任永州府通判。

崔惟植，号弘庵，太平人，隆庆五年任永州府推官。

许公望，揭阳人，举人，万历二年任祁阳县知县。

张应文，华亭人，隆庆四年任祁阳县典史。

万历三年，大明王朝北部边境的"辽东六堡"修筑完成，李成梁击败泰宁部和土默特部的联合南侵，取得"绰哈之役"的大胜；万历皇帝首次亲享太庙，制作牙牌，书"谨天戒、任贤能、亲贤臣、远嬖佞、明赏罚、谨出入、慎起居、节饮食、收放心、存敬畏、纳忠言、节财用"等十二事自警。

《大明中兴颂（有序）》总述自武宗朝政败坏，"中外汹汹"后，继而起之的三朝君主世宗嘉靖帝、穆宗隆庆帝、神宗万历帝，在政治上用张居正改革，在军事上用戚继光南剿倭寇，在文化上启用王阳明，倡导"知行合一"，于是出现了"盛德大业，超越前代"的崭新气象。丁懋儒观《大唐中兴颂》《大宋中兴颂》，甚至认为"彼唐宋所称，视此万万不及也"。所以亲自撰文并书写此颂，以最隆重的形式，率领属官，将此颂镌刻于浯溪摩崖，盛赞三朝以来的中兴景象，并期待"万祀流芳"。

## 二　归止儒宗：阳明后学

由宋至明，程朱一派学说称为理学，陆王一派学说称为心学。理学重在言"理"，心学重在言"心"，二者都对中国学术思想做出了重要贡献。

人人有理学，即人人有信念。

程颢曰："一心可以丧邦，一心可以兴邦。"

王阳明曰："身之主宰便是心。"龚自珍曰："不能胜寸心，安能胜苍穹？"

王阳明有楷书《太极图说》传世，又有吟咏周敦颐的《太极岩》诗二首："一窍谁将混沌开，千年样子道州来。须知太极元无极，始信心非明镜台。""始信心非明镜台，须知明镜亦尘埃。人人有个圆圈在，莫向蒲团坐死灰。"

王阳明的诗，出入佛禅，归止儒宗，上承濂溪，下启良知，最见知行合一之旨。而王阳明的弟子更有不少来往于濂溪故里，瞻拜赋诗，成为月岩摩崖石刻中最活跃的群体。

## 93. 明正德九年（1514）徐爱《游月岩，观诸峰峦，奇之》《月岩》《濂溪》诗刻（126×67厘米）

### 游月岩，观诸峰峦，奇之

挟风上泷滩，破雾下道国。望望月岩路，阴阴营山侧。
遥惊垒奇云，参差拥寒碧。旌刀结玄阵，鱼龙角觝击。
轰雷飘急雨，神疲忌摧殛。就视集仙子，鸾台卸初饰。
啸舞珊瑚枝，歌夏琅玕石。部缀何肃整，霓裳翻奕奕。
高兴乏素缘，此会犹难值。

### 月　　岩

扳奇殊未厌，涧谷披蓁莽。梯崖陟穹洞，中秋魄孤朗。
长消随朔晦，东西窥偃仰。分明示太极，阴阳始析两。
哲人固先天，肇物亦有象。字画鱼鸟因，图书龟马仿。
元公自深易，证兹弥不罔。可以舂陵墟，仰配河洛壤。

### 濂　　溪

不尽幽奇目，濂溪看独明。寒泉冬更暖，紫气午还清。
南国精灵在，光风草木生。令人怀阙里，千古可胜情。

大明正德甲戌腊月初六日，南京驾部员外郎余姚徐爱，时偕道州郡守古歙洪通同游，庠生□时用书。

诗刻在道县月岩。楷书，字体端整，边框刻有纹饰，中有裂痕一道，以及人为凿毁痕迹，文字少许缺损。

徐爱（1487—1517），字曰仁，号横山，浙江余姚人。正德三年（1508），举进士二甲第六。四年，出任祁州知州，修文庙，建阴阳学府，裁定驿站草场租银，民多怀之。七年，升南京兵部车驾清吏司员外郎。十年，升南京工部都水司郎中。徐爱官风清廉，政绩颇丰，吏事精炼，受民爱戴。曾应诏陈言《上下同心以更化善治》奏议。十二年五月，卒于山阴，年仅31岁。著有《横山遗集》二卷。

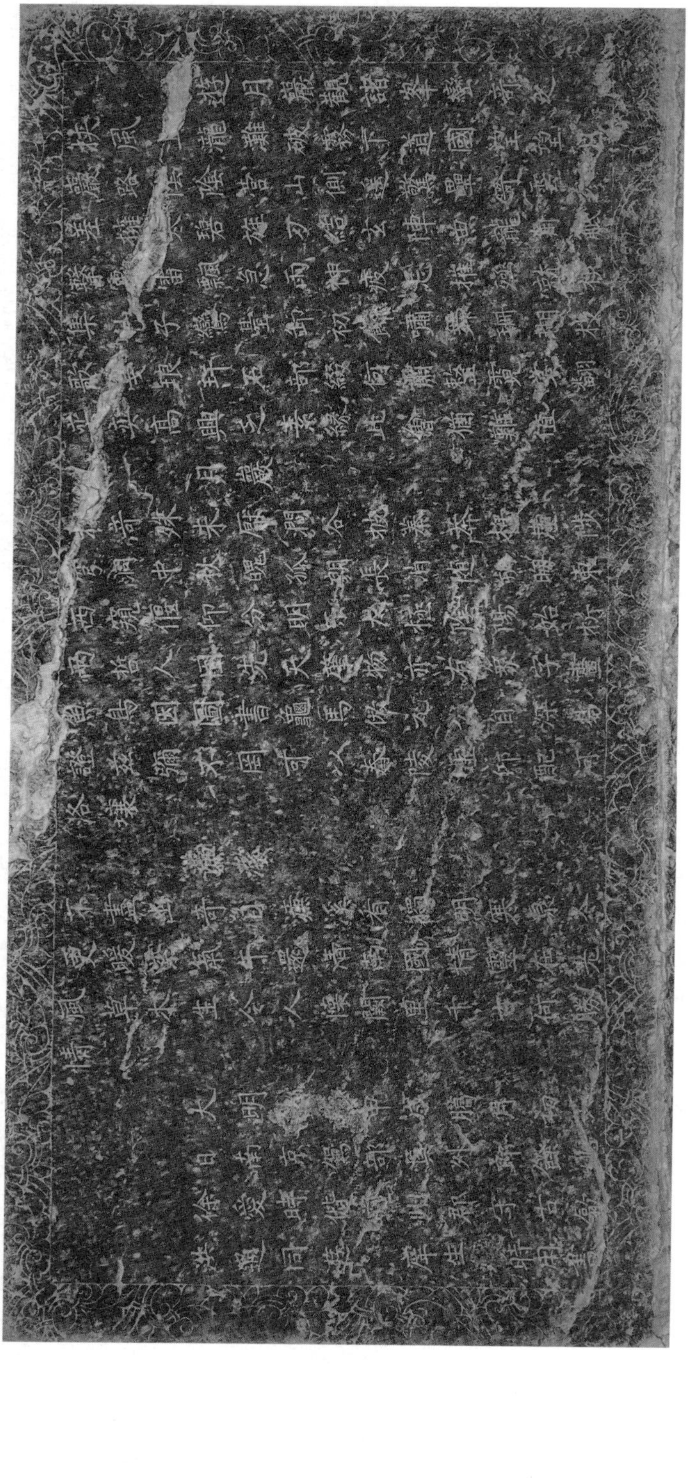

徐爱为王阳明嫡传弟子，又娶王阳明妹为妻。正德二年春，"始得以家君命执弟子礼焉"，正式拜入王阳明门下，"于时门下亦莫有予先者也"，因而成为王阳明的最早弟子。八年春，王阳明升为南京太仆寺少卿，徐爱便与王阳明一道同舟归省，侍王阳明自北来南，并于途中作《同志考叙》。《明史·儒林传》有传。徐爱最早记录王阳明语录，汇编成《传习录》，成为阳明学影响巨大的重要文献。《传习录》卷上现存徐爱所记的语录共14条，又作《传习录》序、跋、题辞。

徐爱有《月岩记》，见黄宗羲《明儒学案》节录。徐爱《横山遗集》中载有《祭周濂溪先生文》，应为月岩诗刻同时所作。《濂溪志》及清道光《永州府志》仅收录徐爱《月岩》一首。徐爱《横山遗集》收录了《濂溪》诗一首，另有《月岩记》一篇，内载《游月岩，观诸峰峦，奇之》《月岩》两首诗，文字略有不同。

署款"大明□□甲戌"，缺损部分应为年号"正德"二字，正德甲戌即正德九年（1514）。正值徐爱考满回京。当时徐爱为南京兵部车驾清吏司员外郎，"南京驾部"为南京兵部车驾清吏司的旧称。

萧鸣凤撰徐爱墓志铭，称其"尝行部江南"。《横山遗集》载徐爱《登祝融峰》《读摩崖碑》《衡阳纪梦》《岳麓怀友》《长沙署次韵》《登岳阳楼有怀》《自华容抵武陵春望》诗，《同游德山诗叙》文，可知徐爱曾沿湘江水路，游历湖南。月岩诗刻三首无疑为这次游历保留了珍贵的物证。

洪通，安徽歙县人，正德十年任道州知州。

## 94. 明嘉靖二年（1523）黄佐《月岩纪游》诗刻（85×57厘米）

### 月岩纪游

驱车冒灵雨，月岩访幽奇。引顾穹壤间，见此两郁仪。
蟾兔耀白日，神工开翠崖。金波互盈朒，玉轮中渺㳽。
消长瞻世变，弦望通天时。广筵得明牧，脱幅忘尘羁。
葭鸣虚籁起，杯深灵景移。因之发长啸，风生丛桂枝。
岭南黄佐。

诗刻位于道县月岩，今存。

黄佐，字才伯，号希斋，晚号泰泉，世称泰泉先生，广东香山人。明正德十六年（1521）进士，历官江西佥事、广西学政。

黄佐是岭南大儒，曾谒王阳明，辩难知行合一之旨。学宗程朱，博通经籍，著作宏富，有《泰泉集》等二百六十余卷，并编纂《广东通志》《广西通志》《广州志》《香山县志》。《明史·文苑传》有传。《四库总目提要》称："佐之学虽恪守程朱，然不以聚徒讲学名，故所论述，多切实际……佐少以奇隽知名。及官翰林，明习掌故，博综今古。生平著述至二百六十余卷。在明人之中，学问最有根柢。文章衔华佩实，亦足以雄视一时。"

黄佐《月岩游》诗刻，署款"岭南黄佐"，但未署年月。黄佐与封在永州的南渭王朱彦滨有交往，曾任册封南渭王副使。《泰泉集》卷三有五言古诗《濂溪》《月岩》《莲亭奉南渭王宴中作》，卷七有《九月十七日大封宗室，奉命充南渭册礼使》《永州楼上春望》《别萧、潘二通判于淡岩作》。册封事在嘉靖二年（1523）九月甲申，见《明实录》。据黄佛颐《先三乡贤年谱》，黄佐于嘉靖三年"自永州过粤"。黄佐拜谒濂溪故里及月岩当与此同时。

黄佐《濂溪》诗云："真儒去代久，一亩存遗宫。濂泉冽不食，旦夕寒淙淙。芙蕖谢光彩，卉棘纷蒙茸。乌乌聚乔木，嗷嗷鸣积阴。依岩见樵爨，驻辙闻村舂。日晏牛羊下，秋高禾黍丰。溯源旷无人，沿洄焉所终？蹇予勇言迈，杖策安能从？精灵谅斯在，泂穆相为通。繄昔宋中季，皇流迭褒崇。披云起结构，洒翰盘蛟龙。霁月辉朱缀，光风摇琐窗。谁令坐消歇，吾道曾何穷？"

## 95. 明嘉靖四年（1525）刘魁月岩题记并诗刻（158×38 厘米）

大明嘉靖四年，是为乙酉岁夏六月甲子，庐陵晴川刘子魁，公干道州。辱牧伯三山酌濂叶子文浩，邀为月岩之游。而文学德兴秋

潭叶子采,庠友廖时雍、时寅、汝弼氏偕在。宾主斯文,乾坤嘉会。酒酣歌浩,月出山高。仆夫戒严,野兴未已。复相与据石而坐,讲《太极》之遗编;剪茅以行,寻庭草之交翠。徘徊久之,乃别。

旁列阴阳画,中分上下弦。地形呈太极,天意启真传。
不有元公觉,谁开后学先。幸逢贤牧伯,相与讲遗编。

一圆涵太虚,左右分为两。天地固无言,阴阳自成象。
从此混沌开,今古亦劳攘。安得复其初,草木随生长?

太极辩有无,名贤争铢两。图之者何心,大抵难为象。
议讼固云然,要之亦徒攘。安得会心人,付以此山长?
是日饮于东门,观下弦月。

诗刻位于道县月岩,今存。

刘魁,字焕吾,号晴川,泰和人。明嘉靖间为宝庆府通判,转钧州知州、潮州同知,升工部员外郎。为人宽厚平易,豁达大度;为政则忧国忧民,敢于直谏。《明史·儒林传》有传,云:"刘魁,字焕吾,泰和人。正德中登乡荐。受业王守仁之门。嘉靖初,谒选,得宝庆府通判。历钧州知州、潮州府同知。所至洁己爱人,扶植风教。入为工部员外郎,疏陈安攘十事,帝嘉纳。"刘魁有《省愆稿》五卷,《四库总目提要》称,刘魁"嘉靖初,疏谏雷坛工作太急,忤旨廷杖,与杨爵、周怡同,长系镇抚司狱,久之,释归而卒……所著有《晴川集》《仁恩录》,今皆不传。此编……盖亦狱中作也"。

刘魁为王阳明弟子,阳明卒,刘魁作祭文,载《王阳明全集》。黄宗羲《明儒学案》卷十九《江右相传学案·员外刘晴川先生魁》:"先生受学于阳明,卒业东廓,以直节著名,而陶融于学问。"

刘魁升任钧州知州在嘉靖七年(1528),其任宝庆府通判当在嘉靖二年至六年。

康熙《宝庆府志》卷五《秩官表》通判:嘉靖"刘魁,字焕吾,泰和人。举人。二年任。有传"。

宝庆与永州、道州相邻，刘魁在宝庆府通判任上，因公事到永州、道州。

刘魁于同年七月游永州朝阳岩，有诗刻及长跋。跋云："大明嘉靖乙酉岁秋七月，余庐陵刘子魁公干永道，得登九疑，拜重华陵；溯濂溪，谒元公故里；游月岩，观望弦月；憩淡岩，读山谷诗。所至胜处多留题，邑人好事者亦辄为刊之石……"

刘魁在永州江永县层岩有诗刻二首，道光《永州府志》、康熙《永明县志》著录。

刘魁在祁阳浯溪有诗刻，今存。

叶采，号秋潭，德兴人。嘉靖五年任道州教谕。

## 96. 明嘉靖四年（1525）刘魁《谒濂溪先生祠二首》诗刻（132×72厘米）

### 谒濂溪先生祠二首

叶子酌濂不以为陋，并命工刻之月岩之石。

　　瓣香久欲荐溪蘋，今日躬寻庭草春。
　　孔孟以来推此老，程朱之上更何人。
　　图书未领千年意，风月空瞻七尺身。
　　最是神明扶正直，池莲应不杂荆榛。

　　濂溪溪上敬停骖，再拜先生古道颜。
　　圣可学乎真有要，果而确也信无难。
　　圆圈万象包含内，芳草一庭意思间。
　　摄邵至今风韵在，一回瞻望一回惭。

先生常以永州倅摄邵州事，仰怀先哲，俯愧后尘云。

庐陵后学刘魁谨书。

公，宝庆别驾也。承邀至州，故有纪。

雍白。

匠莫佐刊。

诗刻位于道县月岩，今存。

题下"叶子酌濂"为叶文浩，福建闽清县人，道州知州。款后所刻"雍白"之"雍"，疑指后文同游者廖时雍，"公，宝庆别驾也。承邀至州，故有纪"一句应为其所言。宝庆为邵阳古称，别驾为通判的别称，刘魁时任邵阳通判。莫佐应为石刻工匠，为叶文浩所请，即"叶子酌濂不以为陋，并命工刻之月岩"。

月岩存刘魁诗刻两通，一为五言，一为七言。五言诗刻有记。七言诗刻为《谒濂溪先生祠二首》，有题、有序、有跋、有款，并有刻工留名。

"瓣香""荐溪蘋""庭草春"均为用典,表明刘魁对濂溪先生的尊崇。

"摄邵"指治平四年(1067),周敦颐以永州通判权知邵州。

《谒濂溪先生祠二首》与《月岩之游诗三首》虽为刘魁游历山水而作,却体现了他作为阳明弟子深厚的思想底蕴。《四库总目提要》称,刘魁"少从王守仁游,讲良知之学;登朝以气节著,吟咏非所注意"。但"孔孟以来推此老,程朱之上更何人"二句,确为千古不磨之论。

## 97. 明隆庆二年(1568)颜鲸诗刻、明隆庆三年闪应雳诗刻(122×64厘米)

浑沦一窍自天来,参两分明此地开。
象帝久知人世罔,真机端有化工栽。
盈虚弦望犹凡眼,阒境空明是圣胎。
独有舂陵神解后,乾坤无处不春台。
隆庆戊辰,慈溪颜鲸题。

天开太极中央见,洞辟阴阳两窍明。
万物未生涵奥妙,五行初动泄真精。
乾坤显象机缄启,英哲通微著作成。
游罢观□□□意,光风满神出蓬瀛。
隆庆己巳,宁昌闪应雳。

诗刻位于道县月岩,今存。

颜鲸诗刻六行,楷书,字体端正清晰,清秀质朴。诗刻下半磨泐残缺。

颜鲸,字应雷,号冲宇,浙江慈溪人。少学于山阴王畿,为王阳明第二代弟子。明隆庆二年(1568),颜鲸任湖广提学,六月行部至湖南,途经道州,拜谒濂溪故里,游月岩,诗刻为此时所作。

234　湖南摩崖上的中兴气象

除《游月岩》一诗外，颜鲸在濂溪故里另有《谒濂溪祠》《游故里》《谒元公祭文》，两诗一文皆为追慕周子所作。

闪应雷诗刻位于颜鲸诗刻左侧，字体与颜鲸诗刻相似，在同一石面之内，盖由同一人书写。但颜鲸诗作于隆庆二年，闪应雷诗作于隆庆三年。

闪应雷，云南昌宁人，一作永昌人，诗刻云"宁昌"，应为刻工笔误。嘉靖二十八年（1549）举人，隆庆二年任永州府捕盗通判，此年裁撤捕盗通判，转为管粮通判，署府事。曾参与编纂隆庆《永州府志》，署名"永州府知府晋江史朝富重修，署府事通判永昌闪应雷校刊"。闪应雷在浯溪有诗刻，今存。

诗中提及"太极""阴阳""乾坤"，均与周敦颐《太极图说》关联。尾联"光风"一词，出自宋黄庭坚《豫章集·濂溪诗序》："春陵周茂叔，人品甚高，胸怀洒落，如光风霁月。"

## 98. 明万历元年（1573）胡直"如月之中"榜书（243×40厘米）

如月之中

泰和胡直书。时同游为道州守罗君斗，铜仁人；及予门人蒋论、曹学参，全州人；周鸣球，罗田人。万历季春喜日。

八桂匠人成奇周刊。

诗刻位于道县月岩，今存。

胡直，字正甫，号庐山，世称庐山先生，江西泰和人。明嘉靖三十五年（1556）进士，官至福建按察使。问学于江右王门学者欧阳德、罗洪先，著有《衡庐精舍藏稿》等。黄宗羲《明儒学案》有传，列在《江右王门学案七》。

胡直在迁广东按察使的途中，取道全州拜谒濂溪故里及月岩，题榜"如月之中"刻石。石刻榜书4个大字，题跋小字42个，末尾另有极小字，为刻工题名。

题跋"万历季春"不署年份，说明其为万历之初，改元之际，即万历元年（1573）。

胡直另有《春陵三胜纪略序》，述及与道州知州罗斗及"二三子"同游月岩一事，恰与榜书相互印证。罗斗，贵州铜仁人，其先江西清江人，隆庆六年（1572）任道州知州。蒋论、曹学参均中举未仕，从全州随胡直受业。周鸣球，事迹不详，大约从湖北随胡直受业。

出于对濂溪思想的"表章作新"，胡直有两事欲做，因无闲暇，都未实现。一是厘正濂溪先生的遗集，二是修复仰濂祠。因此胡直在永州地方官员完成了这两件事后进行表彰，写了《刻濂溪先生集序》《道州濂溪先生楼田洞中家庙碑》《三君修元公庙颂》三篇文章，都收录在其文集中。

## 三 理学别境：纪咏周子

濂溪故里指周敦颐出生地，广义指当今湖南永州市，具体指湖南永州道县楼田堡。濂溪故里在宋代为道州营道县营乐里，又称"濂溪保"，道光《永州府志》卷二《名胜志》载："宋时名濂溪保，保分上下，周子所居，则下保也。"

周敦颐去世后，南宋嘉定十三年（1220），宋宁宗赐谥"元公"，淳祐元年（1241）封汝南伯，从祀孔子庙庭。其流风遗泽，令后人感慨怀慕。濂溪故里后人思其遗爱，立祠祀之，吟咏不绝，历代皆有《濂溪集》《濂溪志》的编纂刻印传世。后世对周敦颐的诗歌题咏，或是以瞻仰濂溪遗迹为题材，如月岩、濂溪等，或是拜谒故里建筑为题材，如濂溪祠堂、濂溪书院等。道州境内与濂溪先生相关的景物主要有三处：道州城内的濂溪书院、濂溪祠和状元山；道州城外的濂溪故里、圣脉泉和道山；濂溪故里以西的月岩。

月岩相传为周敦颐早年悟道之所。传周敦颐幼年时曾经在此乘凉读书，领悟太极。月岩今存摩崖63通，以南宋道州知州淳熙六年（1179）赵汝谊题刻为最早。月岩邻近濂溪故里，故其主题为吟咏周敦颐、理学、《太极图说》。

### 99. 明弘治五年（1492）周冕《题月岩》诗刻（47×106厘米）

#### 题 月 岩

宋家天子受周禅，历数相承逾百年。
乾德雍熙追天圣，端拱无为统绪传。

五星奎聚文明兆，我祖应期生营道。
来歌来游于斯岩，仰观造化生成妙。

阐图著书授二程，千载绝学晦复明。
圣朝崇重恩垂后，锡爵词林奕世荣。

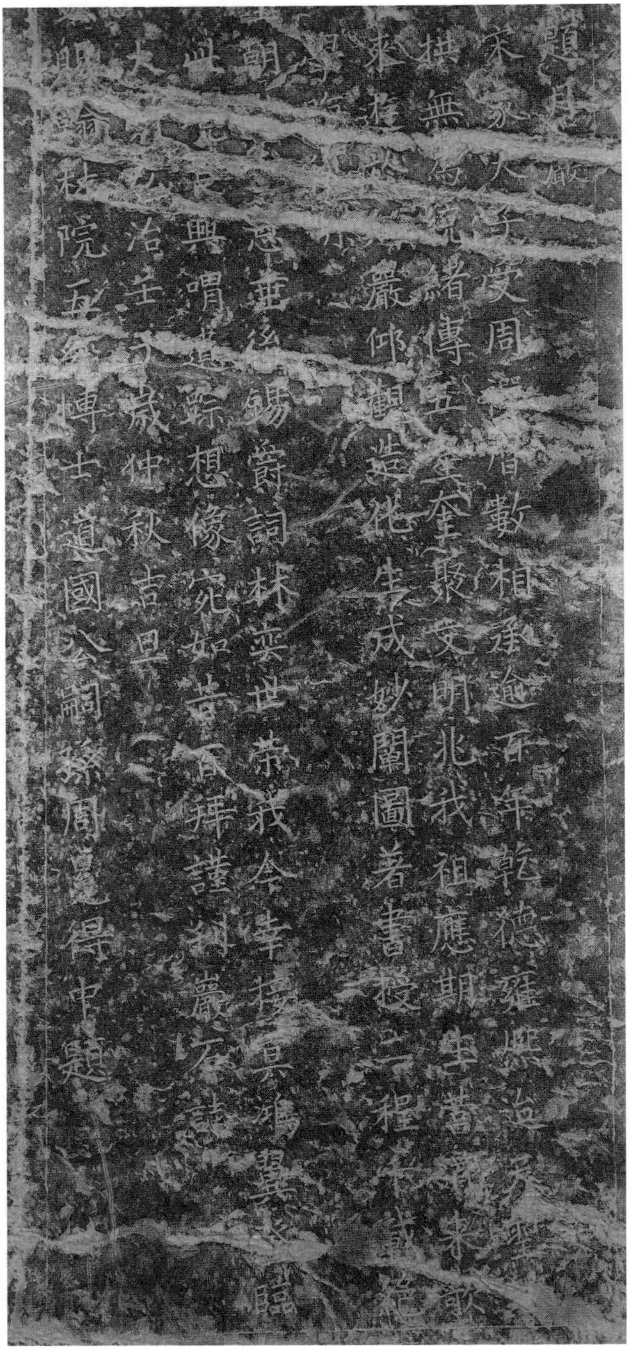

我今幸接冥鸿翼，登临此境长兴喟。
遗踪想象宛如昔，百拜谨刊岩石志。

大明弘治壬子岁仲秋吉旦，明翰林院五经博士、道国公嗣孙周冕得中题。

诗刻位于道县月岩，今存。

周冕，字得中，号拙逸。郡庠生。景泰七年（1456）钦召至京，授翰林院五经博士。著有《拙逸集》十卷。周敦颐后裔居江西庐山，直至十二世孙周冕，始赐还湖南道州，主持祭祀周敦颐之事。

《明史》卷二百八十四载有周冕小传："周冕，先贤元公周子十二代孙也。其先道州人。熙宁中，周子葬母江州，子孙因家庐山莲花峰下。景泰七年，授冕翰林院五经博士，子孙世袭还乡，以奉周子祀事。卒，子绣麟袭。卒，子道袭。卒，子联芳袭。卒，子济袭。卒，从弟汝忠袭。卒，子莲应袭。"

《题月岩》为四首绝句，是濂溪后裔"五经博士"刻石较早的一首诗，虽历时500余年，至今保存完好。

周冕所存诗文极少。另有《忆元公》诗，胥从化《濂溪志》中有周冕所作的祭文《九江致祭》。

## 100. 明嘉靖二年（1523）丁致祥"浑涵造化"榜书（160×142厘米）

浑涵造化

嘉靖癸未秋八月，夫柳山人丁致祥书。

诗刻位于道县月岩，今存。

"浑涵造化"四字榜书，四方排列，端正浑厚。署款一行小字则用行书，细小轻灵。

丁致祥，号草窗，又号夫柳山人，江苏武进人。正德三年

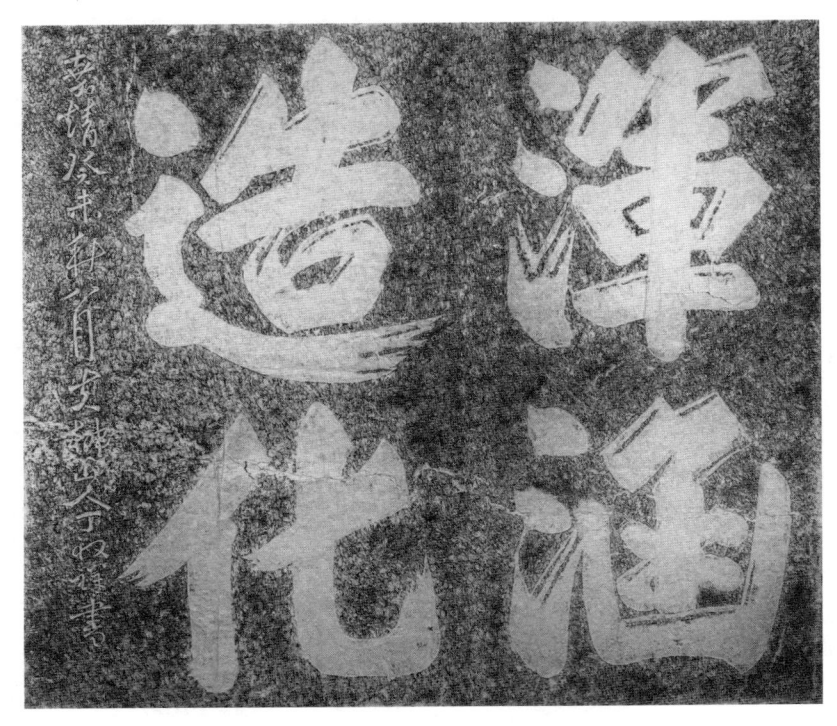

（1508）进士，历官户部主事、户部郎中、湖广布政司参议、陕西按察司副使分巡关南道、河南布政司参政。著有《草窗诗》一卷。

月岩榜书外，丁致祥尚有《谒元公》诗。

正德十六年经浯溪，有五言律诗两首刻石，今存。

丁致祥工于大字榜书，归化县城五门东乐门、西清门、南安门、北宁门、南水门，均为丁致祥书匾。

## 101. 明嘉靖八年（1529）黄焯"濂溪"榜书（86×170厘米）

濂溪

后学延平黄焯书。

"濂溪"榜书在濂溪故里道山脚下，距离地面约六米高，未署刻石时间。

黄焯于嘉靖三年（1524）任永州知府，嘉靖九年迁湖广左参政，刻石时间当在三年至九年间。

黄焯在永州的石刻以榜书为主，在濂溪故里的"濂溪"榜书旁边另有一通尺幅稍小的"濂溪"榜书，为道州知州方进所刻，同样没有落款，署名"晚生琼山方进识"。方进，字丽明，海南琼山（今海南省琼山区）人。嘉靖八年任道州知州。两通"濂溪"榜书一左一右，方进"濂溪"榜书稍小，可推测，黄焯以永州知府的身份前往道州濂溪故里拜谒，或与方进同时刻石，大致在嘉靖八年。

"濂溪"榜书下有圣脉泉，是濂溪的发源地。泉眼两侧有濂溪十三世孙周绣麟的"寻源"榜书，石刻高55厘米，宽100厘米，双钩楷书，落款为"十三代孙周绣麟稽首拜书"。有方进"圣脉"榜书，石刻高115厘米，宽55厘米，楷书上石，字体部分损毁，落款为"琼山方丽明"。

## 102. 明嘉靖八年（1529）方进"濂溪"榜书（85×135厘米）

濂溪

晚生琼山方进识。

石刻在道县濂溪故里道山崖壁上，保存完整。

方进，字丽明，琼山（今海南省琼山区）人。明弘治年间中进士，嘉靖五年（1526）任连城县令，八年任道州知州。方进在道州任知州期间，建爱莲亭、风月亭，已毁不存，在道山下面的泉源刻有"圣脉"榜书，石刻今存。此"濂溪"榜书或与黄焯"濂溪"榜书同时刻石。

## 103. 明嘉靖十年（1531）许岳"□城围合开双阙"诗刻（97×60厘米）

　　　　□城围合开双阙，□□盈亏形似月。
　　　　天风吹我月宫游，一局仙棋不知歇。
　嘉靖十年，偕州同江阴严玉、学正象山史秉彝、州幕云间姚宪章，醉弈于此。永判余姚一磐许岳尧卿识。

　诗刻位于道县月岩，有数字剥落。
　许岳，字尧卿，号一磐，浙江余姚人，一作姚江人。嘉靖八年（1529）任永州通判。其诗大抵均以棋局譬喻世事，形之歌咏。
　严玉，江苏江阴人，嘉靖八年任道州同知。
　史秉彝，浙江象山人，一作云南金齿卫人，嘉靖九年（1530）任道州教授。
　姚宪章，松江华亭人，嘉靖十年任道州推官。松江别称云间，今属上海。
　嘉靖十年（1531），许岳自永州至道州，与道州僚属严玉、史秉彝、姚宪章同游月岩，有刻诗一通。
　许岳又有祁阳浯溪《读中兴碑》（又题《三绝堂诗》《浯溪三绝亭》）诗刻一通："昔怀浯溪不得见，今向浯溪游几遍。崖端古刻云气生，古藓惊流雨花溅。""元公已逝不再来，长歌痛饮眠苍苔。为笑诗人好题品，无端悲喜如童孩。""当时事势非灵武，唐室山河宁旧土。摩挲石碑三叹息，多少今人不如古。"

又有祁阳浯溪《棋局诗》："水石清奇更无此，四吾端可尚三吾。金声玉勒从今古，一局仙棋酒一壶。"

又有零陵朝阳岩无题诗刻一通："谩教山水属高贤，开辟留将启后先。足下白云疑拔地，眼前红日喜瞻天。春光勃勃岩头草，道体渊渊洞底泉。晚我来游公有暇，追随苏子泊湖船。嘉靖十年，姚江一磐许岳识。"

又有零陵朝阳岩《棋石》诗刻一通："山水清奇为君何，古今诗刻谩嵯峨。凉风明月新佳景，醉拂棋坪且烂柯。一磐许子。"

又有零陵澹岩《游澹山》诗："水退石岩出，天空地窟幽。此中棋酒乐，何必问瀛洲。"

《棋局诗》《棋石》两首与月岩诗刻题意相近。

## 104. 明嘉靖十七年（1538）顾璘"灵岩象唯月"诗刻（68×85厘米）

灵岩象唯月，盈昃巧为妍。正示团圆影，旁分上下弦。
龙开崖畔石，日转窍中天。雕琢须神力，伊谁测帝先？
姑苏顾璘。

诗刻位于道县月岩，今存。

诗刻共44字，其中诗40字，落款4字，行书字体。此诗又见于顾璘《凭几集》、胥从化《濂溪志》、李桢《濂溪志》和隆庆《永州府志》。

顾璘，字华玉，号东桥居士，长洲（今江苏省苏州市）人。明弘治九年（1496）进士，历任广平知县，开封知府，全州知州，台州知府，浙江左布政使，山西、湖广巡抚，右副都御史，所至有声。嘉靖十六年（1537）任湖广巡抚，升工部尚书，累官至南京刑部尚

书。顾璘少有才名，以诗著称于时，与刘元瑞、徐祯卿并称"江东三才"，与陈沂、王韦、朱应登并称"金陵四大家"，顾璘亦是"弘治十才子"之一。著有《浮湘集》《山中集》《息园诗文稿》等。

　　《明史》有传，略云："璘少负才名，与何、李相上下。虚己好士，如恐不及。""初，璘与同里陈沂、王韦，号'金陵三俊'。其后宝应朱应登继起，称'四大家'。璘诗，矩矱唐人，以风调胜。韦婉丽多致，颇失纤弱。沂与韦同调。应登才思泉涌，落笔千言。然璘、应登羽翼李梦阳，而韦、沂则颇持异论。三人者，仕宦皆不及璘。""南都自洪、永初，风雅未畅。徐霖、陈铎、金琮、谢璿辈谈艺正德时，稍稍振起。自璘主词坛，士大夫希风附尘，厥道大彰。许谷，陈凤，璿子少南，金大车、大舆、金銮，盛时泰，陈芹之属，并从之游。谷等皆里人，銮侨居客也。仪真蒋山卿、江都赵鹤亦与璘遥相应和。沿及末造，风流未歇云。"

顾璘与湖南关系密切，明正德八年（1513）至嘉靖十七年，两入湖南，留下大量作品，作品收录在《浮湘稿》《近言》《凭几集》《凭几续集》中。正德八年，顾璘因直忤镇守太监廖堂、中官王宏而谪全州知州，路过湖南。嘉靖十六年，顾璘以都察院副都御史官衔，出任湖广巡抚，奉旨祭岳。

顾璘自衡阳沿水路南行，自宁远向桂阳、郴州、耒阳，经耒水水路再回到衡阳。《凭几集》卷二载其在永州境内所作诗，依次有《祁阳道中雪》《熊罴岭望雪》《题笑岘亭》《窪尊》《颜元书院》《漫郎宅》《高山寺留别》《十二月念六日出永州，值迎春新霁》《澹岩题石》《游澹岩》《潇江泛舟入道州》《丁酉除日道州作二首》《戊戌元日道州作二首》《舂陵怀古二首》《人日宁远山行三首》等。

道光《永州府志·寓贤传》称顾璘"性爱山水，往来永州，辄留题岩谷，高情逸致，脱略轩冕，流风可想也"。

顾璘在永州留有多通石刻。

顾璘在月岩另有题记一通："明嘉靖戊戌正月五日，巡抚都御史姑苏顾璘，同按察副使南昌姜仪，来观月岩奇概，乃叹造化之灵，无所不至如此。璘书，通判崔凤、守备官尤钦刻。"

嘉靖十六年，顾璘在零陵朝阳岩有《丁酉望后同钱、邢二使君来游，赋此》诗刻一通，云："水府攀跻险，云房结构重。兹游乐何极，胜侣得人龙。丁酉季冬望后，顾璘同钱、邢二使君来游赋。"

在朝阳岩另有题名："嘉靖丁酉十二月二十七日，都御史姑苏顾璘，邀给事中海盐钱薇、监察御史当涂邢址来游，且钱适粤之别。风日晴佳，野性甚适。璘题。"

顾璘在淡岩有诗刻一通，今存，见后文。

## 105. 明嘉靖二十一年（1542）唐瑶"万山深处路逶迟"诗刻（80×69厘米）

万山深处路逶迟，三洞空明接翠微。
大块向人呈至巧，先天于此见真几。
玄猿引类窥宾燕，石乳悬崖散酒卮。
一笑归来宽眼界，两岩端合竖降旗。
明嘉靖壬寅，永州守武进唐瑶书。

诗刻位于道县月岩，今存。

唐瑶，字国秀，号有怀，江苏武进人。正德五年（1510）进士，嘉靖九年（1530）知信阳州，迁户部员外郎，二十年任永州知府，二十三年致仕。明毛宪《毗陵人品记》卷八称其"累官永州知府，居官以惜民财、重民命、正风俗为急"。王慎中有《中顺大夫永州府知府唐有怀公行状》，详述其生平。唐瑶所著有《唐永州集》《历代志略》。

唐瑶在永州，有惠政。

一则"作祭周濂溪、柳子厚二祠文。至郡谒祭，新其庙宇"，以及祭祀唐公庙，祀唐行旻。

一则创建寓贤祠，以及火星岩、拱秀亭。

"三洞"指月岩。"大块"指宇宙天地。"先天"是《易经》的先天八卦。在天地产生之前，已先有一个征兆隐含在那里，这就是"天下之心"，也就是"天机"，或者称为"真几"。

## 106. 明嘉靖二十五年（1546）黄九皋"停骖遥望山之东"诗刻（176×176厘米）

停骖遥望山之东，瑞光千丈腾长虹。
眇眇轮中露佳树，炯炯阙下生新瞳。
承明徐步中天月，天心皓魄金波融。
水晶崖石呈素晕，广寒深处传香风。
上弦之月如满弓，云收午夜悬晴空。
示我一圈不言趣，醒人几点飞来淙。
想昔太始初鸿濛，天造地设难为工。
两仪四象峙左右，先天太极当其中。
千载道丧生元公，图书衍义来学宗。
岩前游客各叹赏，孰阐正学开蒙童。

嘉靖丙午夏，萧山黄九皋识。同游龙泉萧文佐，漳浦王会，武昌易堂，州人周绣麟、周庠，顺昌廖庚，全州唐廷颢。

石刻位于月岩西门右侧石壁，距地约5米，尺幅颇大。

黄九皋，字汝鸣，号竹山，浙江萧山人。明嘉靖十七年（1538）进士，授工部主事。因忤巨珰，谪道州同知，二十五年任。量移凤阳府通判，升宁国府同知，官终鲁王府长史。著有《竹山集》。

王会，字咸亨，号一川，福建漳浦人。嘉靖二十三年任道州知州。著有《归田稿》。

萧文佐，字子周，江西万安人。嘉靖十七年任苏州教谕，二十年任长洲教谕，二十五年任永州通判。曾作《谒元公祭文》传世。

易堂，字进之，湖北武昌人。曾任昭化训导。

诗的篇幅较大，结构分明，前部分以对比的手法铺叙月岩的状貌，后部分写周敦颐阐明道体及其影响。

## 107. 明嘉靖四十一年（1562）刘廷臣"悟道先迹"榜书（202×66厘米）

嘉靖壬戌九月之吉。

悟道先迹

道州同知刘廷臣书。

诗刻位于道县月岩，今存。

刘廷臣，字松山，江西高安人，一作庐陵人。嘉靖三十九年（1560）任道州同知。

## 108. 明嘉靖四十一年（1562）张勉学"竭来月岩游"诗刻（350×75厘米）

  竭来月岩游，恍疑到城阙。天门一窍通，洞口双峰揭。
  是时值秋半，高天挂明月。岩虚因月胜，月白为岩发。
  明晦分西东，虚实异凹凸。乾坤俯仰间，万象晰毫发。
  图画开端倪，天然谢剞劂。独对会予心，忘言坐超忽。
  嘉靖壬戌秋，吴郡张勉学游月岩赋此。时道州判官孙世文侍游。

诗刻位于道县月岩，今存。

张勉学，字益甫，江苏长洲（今苏州）人。嘉靖二十六年（1547）进士，选庶吉士，改吏科给事中，迁吉安推官，擢南京刑部主事，转郎中，升湖广荆岳道金事。四十一年升湖广参议，分守衡永道。著有《礼经说》《宦游集》《湖岳编》《勘边疏稿》。同治《苏州府志》、乾隆《长洲县志》、乾隆《江南通志》等有传。

张勉学游朝阳岩、澹岩、紫霞洞，均有诗，见地方志。张勉学

在零陵朝阳岩又有"高岩幽窟""流香洞"题榜。

张勉学在湖南多吟咏。在岳麓，作《告先师文》；在衡山，谒岳神庙，作《告朱、张二先生文》；在益阳，有《益阳县署夜坐》诗。

张勉学在永州多惠政。"建永安门子城，重修城楼"，撰《重新记》，有《镇永楼》诗；在道州，谒周濂溪故里，有《谒元公祭文》《谒濂溪故里祠》诗。

孙世文，江西德兴人，嘉靖三十九年（1560）任道州判官。

## 109. 明万历十七年（1589）胡文衢"参悟道真"榜书（154×60厘米）

参悟道真

万历己丑春孟望，新安胡文衢书。

诗刻位于道县月岩，今存。

楷书字体，笔画圆润敦厚，雄浑有力，字体清晰完整，无残缺。

胡文衢，字子达，安徽歙县人。明万历十三年（1585）任永州通判。

胡文衢任永州通判后四年，于万历十七年在月岩留下榜书"参悟道真"一通；二十年于祁阳浯溪留下榜书"三吾胜概"，于零陵朝阳岩留下榜书"朝阳起凤"。

110. 明万历二十年（1592）吴中传"乾坤别境"榜书（254×71厘米）

乾坤别境

东郡吴中传书。

诗刻位于道县月岩，今存。字体风格典雅端庄，苍劲浑厚。

吴中传，号巽庵，山东朝城（今属莘县）人。明万历二年（1574）进士，任西安府推官，对积弊"推革殆尽"。万历十二年转兵部郎中，"督蓟州兵储，羡金千两，悉报部"。十七年任楚州藩政，奉诏督理版策。二十年充视厘使，入贺便道归省。次年，转陕西按察使，辨明枉冤，劝善廉污。再迁云南廉宪，因在漠南中潦雾之毒而卒。每到一地，劝善革弊，振纲肃纪，问民俗，祛吏弊奸豪，深受百姓爱戴。

万历二十年，吴中传为湖广承宣布政使司右参政，分守上湖南道，随左副都御史李桢来道州，"辟异说而崇正学"，留下"乾坤别境"榜书，以及《重修濂溪书院碑记》一文。同时，在永州撰写了《刻柳文题辞》。

## 111. 明万历二十六年（1598）张乔松"太极岩"榜书（206×85厘米）

太极岩
万历戊戌冬，吴平青徕张乔松书。

诗刻位于道县月岩，今存。"太极岩"榜书，尺幅阔大，气势恢宏。

月岩又名"太极岩"，其得名与张乔松有关。张乔松，字青徕，又字尔操,江西新余人。明隆庆元年(1567)举人,万历八年(1580)进士,授行人司行人,升工部主事。历官杭州巡盐御史、福建兵备佥事、云南右参议、湖广兵备按察司副使、湖广布政使司右参政。

清康熙《永州府志》卷八载:"明嘉靖甲辰,州守王会磨崖刻字曰'太极洞',著有图说。万历时,张乔松名'太极岩'。"张乔松《月岩辩》也记载说:"世之游者,往往以'月岩'目之,殆未察乎岩真体矣,予故表之为'太极岩'。"盖因张乔松认为"月"只是岩洞的表面景象,"太极"才是岩洞的真实内涵。

张乔松任职湖广期间,曾到达道州,留下"太极岩""天开太极"榜书二通,"天开太极"下有诗刻一首,以及《月岩辩》一文。

张乔松又曾到祁阳浯溪,留有《镜石》诗刻一通。

## 112. 明万历三十一年(1603)钱达道《同游月岩,即景口占》诗刻(177×82厘米)

癸卯春仲,偕翟守戎养翼,暨僚友程充轩、王梅轩同游月岩,即景口占。

帝子何年遣六丁,凿开混沌自空明。
上清宫阙依稀见,太极仪形次第呈。
瀑溅飞琼晴作雨,云扶绝巘翠为屏。

酒酣两部笙歌沸，洞口苍茫落照横。
吴人钱达道。

诗刻位于道县月岩，今存。

钱达道，字五卿，号培坦，江苏常熟人，一说宜兴人。吴越王武肃后裔。万历元年（1573）癸酉科举人。万历十四年任新昌知县，历官曹县知县、霸州知州、兖州府同知，三十年左迁道州知州。

钱达道在月岩另有"鸿濛一窍"题榜，在道县斑竹岩有《题斑竹岩》诗。曾游道县中郎岩，以岩中有八个石柱，更名为"八柱岩"，刻"八柱承天"榜书。曾游道州福岩洞，做"石屋洞天"榜书刻石。又游道州城西八里华岩，因两岩对峙，一明一暗，更名明者为"华阳岩"，暗者为"华阴岩"。

翟养翼，事迹不详。守戎，守备的别称。程充轩、王梅轩，当是钱达道的僚佐，均以室号相称，名字不详。

## 113. 明万历三十一年（1603）钱达道"鸿濛一窍"榜书（290×85厘米）

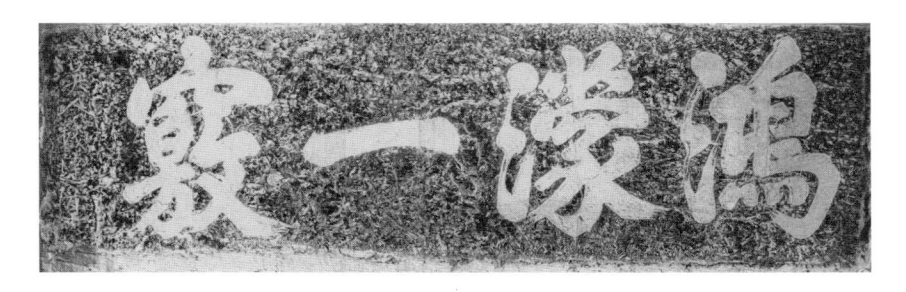

鸿濛一窍
吴人钱达道。

诗刻位于道县月岩，今存。

"一窍"犹言"一洞"，"鸿濛"意谓天地初开，隐喻太极为天地之本。

钱达道另有《同游月岩，即景口占》诗刻，言"凿开混沌自空明"云云，是对"鸿濛一窍"榜书的具体解释。

钱达道《谒周元公祠》诗云："溪上宫墙异代留，每因风月忆前修。千年绝学开河洛，万古斯文接鲁邹。草色尚余庭下绿，莲香如向座中浮。于今始遂龙门愿，不是当年纸上求。"

## 114. 清光绪十三年（1887）张铭"拙榻"榜书并题记（52×123厘米）

拙榻

昔读《拙赋》四十字，知濂溪学问、事功皆在于此，虽《太极》《通书》世鲜能之，然志伊尹志、学颜子学，非巧也，仍守拙耳。今夏余牧是邦，晤圣裔文举学博，摹元公像赞来赠，邀作月岩之游，见广寒深处石榻天然，傍为当年读书悟道处，前人之述备矣，独此尚无疥壁，因题曰"拙榻"，用志景仰云。

时清光绪丁亥小阳，黔中张铭梓陔识。

诗刻位于道县月岩，今存。石刻在月岩崖壁南侧半坡石洞内，无风雨侵袭，保存完好如新。字体为行草，风格厚润宽博。

"小阳"，夏历十月。

"学博"，五经博士。州府教授、训导亦别称学博。

张铭，字梓陔，贵州黔中人，廪生。清光绪九年（1883），任宁远知县。初夏游九疑山，作《九疑山》诗两首。十三年夏，升任道州知州，会见濂溪后裔周文举，得赠所摹元公画像及像赞。两人交好，并于夏历十月同游月岩。

周敦颐尝作《拙赋》以明己志，又崖壁小洞之内有天然形成的石榻，故张铭题曰"拙榻"，以表达对周敦颐的景仰之情。可惜石榻今已被毁，不得见其原貌。

下篇　《大明中兴颂》　257

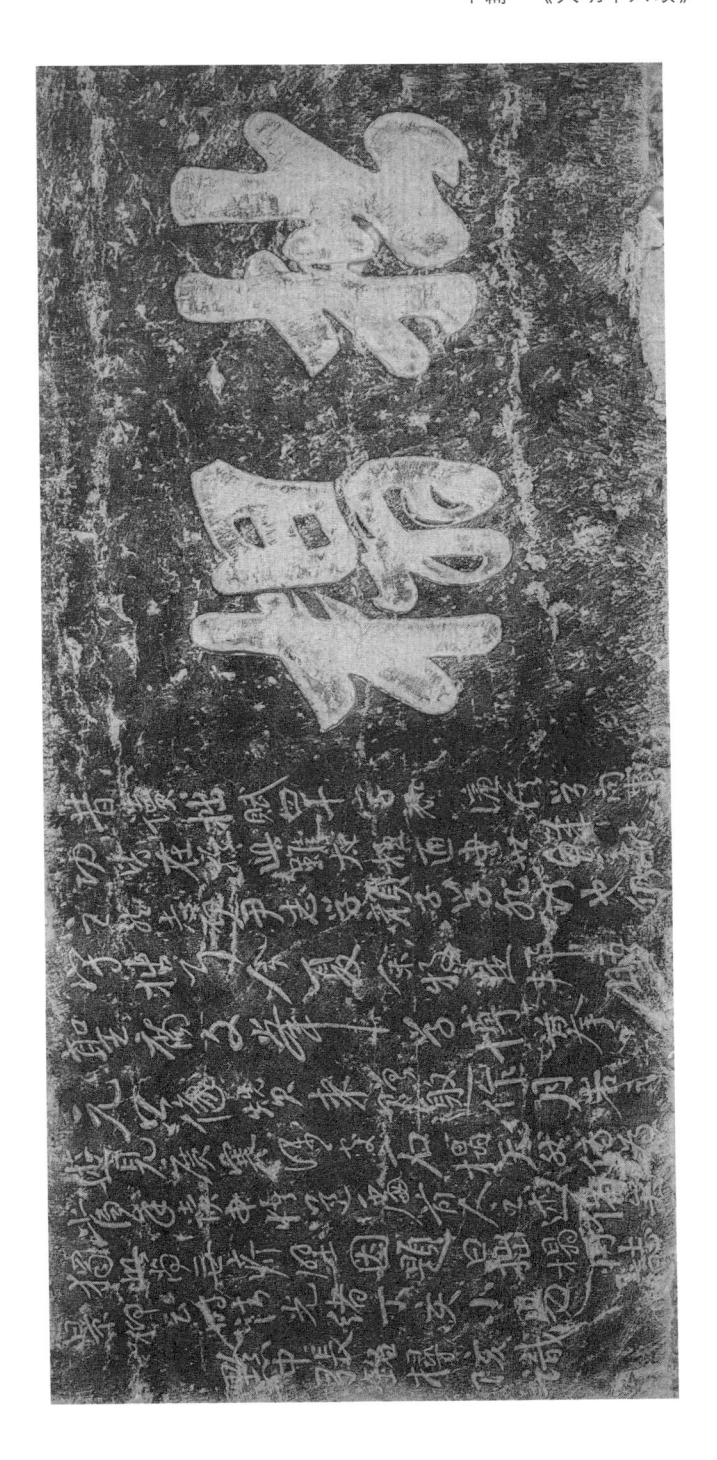

周敦颐阐扬"诚"这一概念，将天道、人性相联结，为下学上达提供了合理性；倡导"拙"的品性，将人性、天道相贯通，为下学上达提供了可行性。若要返归于天道之"诚"，则当效法圣贤，持守"拙"的品性。周敦颐一生为官30多年，中正耿直，为政守拙，实为"去巧存拙"的践行者。由宋以降，至元、明、清三代，周敦颐"守拙"思想影响了一代又一代的士人，张铭"拙榻"榜书石刻即是比较典型的体现之一。

## 四　文学德兴：儒官吏治

郡守县令，主政一方，地方吏治一向被视为国家政治的基石。《汉书》称治民则黄霸、王成、龚遂、郑弘、召信臣、韩延寿、尹翁归、赵广汉、严延年、张敞之属，皆有功迹见述于世，"循吏"是汉朝开国建国的经验总结。永州自汉晋已有《零陵先贤传》问世，明清时期更往往有州府长官创建书院，刊刻古典，遗爱于民，政绩卓著。

朝阳岩现存石刻150余通，其中不少为明清时期的诗刻、题记和榜书。朝阳岩得名于《诗经·卷阿》"凤凰鸣矣，于彼高冈。梧桐生矣，于彼朝阳"，寄意求贤。除朝阳岩外，其他岩洞几乎都有地方官员刻石的痕迹，这些石刻内容，有治理地方的记载，有与同僚的唱和，颇能反映州县循吏和地方乡贤的这一情怀。

### 115. 明天顺四年（1460）刘俊等《甘棠八景》诗刻（132×186厘米）

**甘棠八景**

昂山毓秀

混沌分来秀气钟，半天削出翠芙蓉。
萦回上国三千里，壮观邻藩十二峰。
树色暝时晴复雨，岚光多处淡还浓。
岿然压断群山景，风月无边知几重。
翰林检讨刘俊作，周新述。

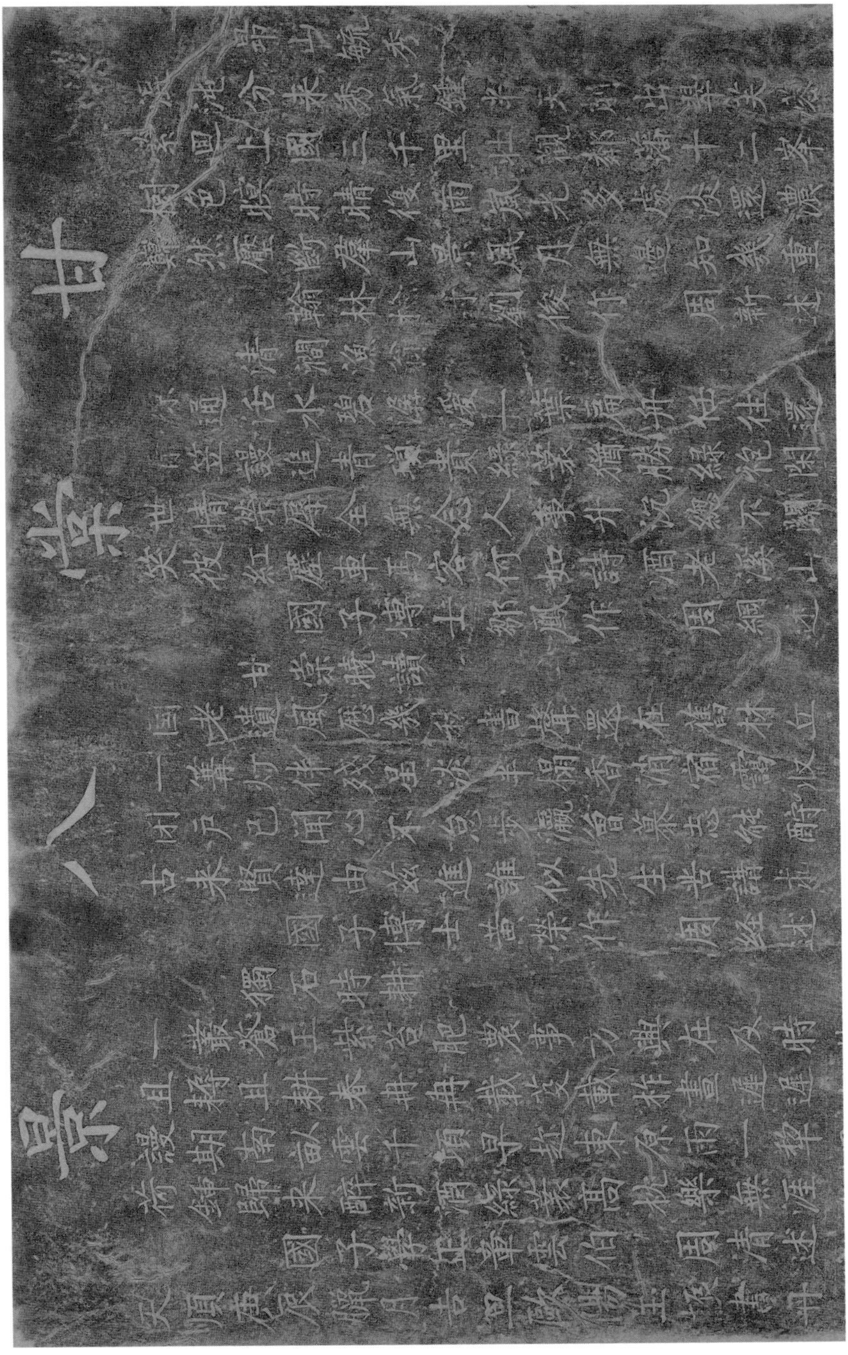

### 清涧渔翁

源通活水碧潺湲，一叶扁舟任往还。
青笠谩追青琐贵，绿蓑犹胜绿袍闲。
世情荣辱全无念，人事升沉总不关。
笑彼红尘车马客，何如诗酒老溪山。
国子博士邹凤作，周纲述。

### 甘棠晓读

国老遗风历几秋，书声还在旧林丘。
一篝灯伴残星淡，半榻香消宿霭收。
闭户已闻心不怠，步瀛曾慕志能酬。
古来贤达由兹进，谁似先生苦讲求？
国子博士黄荣作，周经述。

### 独石时耕

一丛苍玉紫苔肥，农事方兴在及时。
且耰且耕春冉冉，载芟载柞昼迟迟。
谩期南亩云千顷，早趁东原雨一犁。
荷锸归来醉新酒，绿蓑高枕乐无涯。
国子学正章云伯，周清述。
天顺庚辰腊月吉旦，欧阳玉振书丹。

### 山亭隐士

山亭创始自诛茅，懒散从今远世交。
诗句每因闲里得，棋声偏向静中敲。
种瓜间有谈农圃，问字应无载酒肴。
四海苍生望霖雨，要施甘泽润商郊。
国子学正魏荣，周明俊述。

### 龟山夕照

禹修鳌极奠坤垠，寅饯回阳万壑春。
苍玉嶂前飞火鉴，碧云堆里转朱轮。
群鸦背日翻金翅，孤鹜冲霞入锦茵。
爱是晚来风景胜，可人诗句愈清新。
国子学正吴佹，周绍宽述。

### 西岭晴云

山色苍苍自古今，山云舒卷却无心。
松梢散处清阴薄，竹底凝时翠霭深。
未见从龙归大海，几看随鹤过遥岑。
有时阁雨来迟外，缥缈如催席上吟。
国子助教李浩，周明聪述。

### 芳寺钟声

梵林岑寂妙圆通，灵籁无声起远钟。
青鸟梦回天际白，赤乌翅展海头红。
晨光惨惨流残月，曙色苍苍散晓风。
自古洗心须净地，何当假榻坐谈空。
国子助教陆埙作，周显述。

八桂匠氏李永森刊。

石刻位于江永上甘棠村月陂亭。

《诗经·召南·甘棠》有："蔽芾甘棠，勿翦勿伐，召伯所茇。"《毛诗序》："《甘棠》，美召伯也。召伯之教，明于南国。"甘棠村名盖源于此。

黄荣，字景茂，江苏上元人。宣德元年（1426）举乡试，由教谕升国子博士。

章云伯，浙江温州人。初由儒士举授为本县（平阳县）训导，后改为宜兴训导，后升为国子学正、五经博士。

魏荣，江苏江浦人。宣德七年举人，由训导升为国子助教、翰林检讨。

李浩，字协韶，年 80 岁以上钦赐举人，次年会试授为国子学正。

吴侁，浙江嘉兴人。初为建昌府学训导，后迁为南京国子监助教、翰林院检讨。

## 116. 明成化二十年（1484）黄中、卢绶、卢纶《游浯溪诗》诗刻（28×110 厘米）

### 游浯溪诗

登临此日访浯溪,三复中兴颂德碑。
忆昔大唐成往事,至今崖石与天齐。
佐楚雄府事邑人黄中题。

泛泛江湖重复游,溪亭台榭甚清幽。
游人颂遍当年事,分与空崖题上头。
邑人卢绶。<small>阴阳训术。</small>

### 游浯溪诗

耿耿忠良谁与齐,磨崖镌刻在浯溪。
春秋健笔垂龟鉴,邦国中兴息鼓鼙。
旷世令人增慨赏,于今老我重攀跻。
休言潦倒无才思,也学邯郸谩品题。
迪功郎邑人卢纶识,成化甲辰六月。

石刻位于祁阳浯溪,保存完好。

黄中,祁阳人,贡生,任云南楚雄府经历。乾隆《祁阳县志》卷五《选举》明贡生:"天顺,黄中,任楚雄府经历。"

卢绶,祁阳人,任祁阳县阴阳训术。

"阴阳训术",官名。明代注重天文术数,设立学官,府级称正术,州级称典术,县级称训术。明代各县设知县一员,县丞二员(一管粮,一管马),主簿一员,典史一员,教谕一员,训导二员,阴阳训术、医学训科、僧会道会各一员。

卢纶,祁阳人,迪功郎。当为卢绶同族兄弟。

迪功郎,文官散阶,正八品。

### 117. 明正德十四年(1519)何诏《复登朝阳岩叙别,因以咏怀》诗刻(100×48厘米)

正德己卯春正月人日,予当三载考绩之期,慨聚散不常,偕僚

## 下篇 《大明中兴颂》

正德己卯春正月人日予当三载考绩之期怅聚散不常偕僚友筋推王君单复登朝阳岩叙别因以䛊怀朝阳岩上步春风千里汪山一望中刺史官荣十又祀潇湖湘财匮计䛊每惊烽火三边急深幸军书罕海同此日登临施欢笑酹月色浦城东赐进士工部尚书郎知永州府事山阴何诏题

友节推王君辈，复登朝阳岩叙别，因以咏怀。

> 朝阳岩上步春风，千里江山一望中。
> 刺史官荣才菲薄，湖湘财匮计圆融。
> 每惊烽火三边急，深幸车书四海同。
> 此日登临强欢笑，醉归月色满城东。
> 赐进士、工部尚书郎、知永州府事山阴何诏题。

诗刻在朝阳岩下洞洞口右侧，保存完整。诗刻书法秀整，据署款"山阴何诏题"，当为何诏所书。

光绪《零陵县志》卷十四《艺文·金石》全文著录。

何诏，字廷纶，号石湖，山阴人。正德十年（1515）至十四年任永州知府，四年期满，故重游朝阳岩，赋诗叙别。

道光《永州府志》卷十七《事纪略》：正德十一年，"巡抚秦金，征湖南等三省兵，征峒猺"。"时永州守山阴何诏，按丁籍均徭，流移来归。"十二年，"祁阳大旱大疫，螟食稼，秋八月赈之"。可知战乱、饥馑为当时行政两大事端。

正德十三年，何诏有与僚友冯济、毛公毅、萧幹、贺位、王瑞之朝阳岩题刻。正德十三年题刻，乃是由于郴桂用兵，馈运不继，何诏建议以库银就地收购粮草，既足军用，又免运输。随之又与属官率兵直捣贼巢，建立军功。题刻即归自郴桂所作，既能"协恭厥职，夙夜靡遑"，不妨"同游少适燕喜之私"，有慰劳属官之意。

次年，即正德十四年，何诏期满即将离任，登临赋诗叙别。诗中"刺史官荣才菲薄"，意谓知府官阶已高，自己却才能低下，是谦辞。"湖湘财匮计圆融"，意谓本地财务匮乏，幸而尚有谋略应对，即指以银购粮一事。"每惊烽火三边急"，仍指郴桂用兵。

易舒诰明言，在此次郴桂用兵中，知府何诏、计宗道，推官王瑞之、朱节有协赞之功。故何诏在永可谓称职。至正德十五年，永州知府乃由吴允祯接任，何诏则升任广西右参政。

"节推王君"，即永州府推官王瑞之。

118. 明正德十四年（1519）王瑞之《次何诏原韵》诗刻（42×95厘米）

潇湘洞黑咏飘风景物你稀仙岛来天
曙日光空谷白春凝泉晓落汀融隐赏
隐隐残郡刎极喜欣欣百姓同炎
总浑朱足令人欲挟大江东
赐进士南户部尚书主事谪永州府推官
陕□□次韵

潇湘洞口咏飘风，景物依稀仙岛中。
天曙日光空谷白，春凝泉暖落江融。
细看隐隐残碑刻，极喜欣欣百姓同。
吏隐赏心浑未足，令人欲挟大江东。

赐进士、南户部尚书主事、谪永州府推官江阴王瑞之次韵。

诗刻在朝阳岩下洞洞口右侧，何诏诗刻之左。两刻相邻，尺幅相近，字体略同。

诗刻署款姓名三字为人凿去，仅余轮廓。

所说"次韵"，即步何诏《复登朝阳岩叙别，因以咏怀》原韵。

黄焯《朝阳岩集》全文著录，题为"次韵"。光绪《零陵县志》卷十四《艺文·金石》全文著录，误题为"王瑞人诗"，按语云"右正书五行"亦误，"落江融"误作"落江红"。

王瑞之，字献夫，江阴人。

据道光《永州府志·职官表》，王瑞之任推官在正德十一年（1516），十四年有南昌人姜仪继任，十六年王瑞之升任贵州按察使司佥事。可知不久王瑞之亦继何诏离任而去。

## 119. 明嘉靖二年（1523）黄焯"三吾胜览"榜书（320×50厘米）

延平黄焯书。

三吾胜览

石刻在祁阳浯溪，保存完整。

黄焯，字子昭，号龙津子，福建延平南平人。正德九年（1514）进士，嘉靖二年（1523）任永州知府，嘉靖九年迁湖广左参政。著有《中庸论语读法》《修来篇》《遵美堂政录》《贻光堂集》。事迹详见徐阶《世经堂集》卷十六《湖广左参政龙津黄君墓志铭》。

嘉靖五年，黄焯开始编纂《两岩集》，至嘉靖十年，两岩之一的《朝阳岩集》编成刊刻。今国家图书馆藏《朝阳岩集》孤本，嘉靖原刻，一册，不分卷，书叙称《两岩集》，正文及书口题《朝阳岩集》，内容包括铭、记、志、诗、歌、游题短记、补遗七部分。嘉靖七年，黄焯还编纂了《浯溪诗文集》。《浯溪诗文集》二卷，《四库全书总目》有提要，并称有两淮马裕家藏本，然其书今已不见。

榜书未署年月，姑定为嘉靖二年。

## 120. 明嘉靖二年（1523）黄焯"雩风沂浴"榜书（75×165厘米）

雩风沂浴

龙津书。

石刻在祁阳浯溪，保存完整。

黄焯在永州所游历，除朝阳岩、澹岩外，尚有宁远紫霞岩、道州中郎岩、道州道山、祁阳浯溪。

黄焯更名宁远紫霞岩为"重华岩"，更名道州中郎岩为"进贤岩"。

黄焯在澹岩有榜书石刻"澹山洞天"四大字，在道州道山有榜书石刻"濂溪"两大字，石刻今存。

在浯溪，黄焯除有"三吾胜览""雩风沂浴"榜书石刻外，还建有仰高亭、望中兴亭。仰高亭在浯溪书院内,望中兴亭在磨崖碑之右。

"零风沂浴"典出《论语·先进》:"莫春者,春服既成,冠者五六人,童子六七人,浴乎沂,风乎舞雩,咏而归。"

榜书未署年月,姑定为嘉靖二年(1523)。

## 121. 明嘉靖三年(1524)林英、吴允迪、邓庆林唱和诗三首(132×73厘米)

好风为我启行媒,胜地登临眼界开。
天地铸成浑太极,元公发秘淑将来。
凌云怪迹真奇绝,列席豪贤幸与陪。
镇日徘徊光霁里,一团生意觉春回。
永明知县三山林英。

绿树青山引兴媒,岩光遍览好怀开。
月分弦望空中见,气运阴阳极里来。
心学发明资后学,酒陪观乐更诗陪。
咏归未罄无边趣,遥指白云望几回。
永明训导新兴吴允迪。

芊芊草径本无媒,萧飒金风一扫开。
峒月盹今还仰古,图书继往复开来。
派流河洛渊源远,功入庙庭祀典陪。
万古斯文昭日月,先生挽得古风回。
永明训导归善邓庆林。

嘉靖三年甲申菊秋望后四日谨识。

石刻位于道县月岩,至今保存较为完好,字迹清晰可辨,仅个别字体剥落残损。三首诗刻的书写结构整齐,字体为楷体,风格圆润典雅,端庄秀丽。林英原唱,和者为永明训导吴允迪与邓庆林。

林英,字邦器,福建闽县人。任永明知县达11年,有惠政。光绪《永明县志》卷三十《职官志》载:"嘉靖初,以贡生为麻阳教谕,考最,升知永明。时岁频年不稔,英曰:'岁之不登,令之过也。'一以清静为治,无烦苛者。其年大稔,民以英政和翔洽所致,歌曰:'东家仓,西家箱,林侯惠我何能忘!'英在任十有一年,始终一节,抚按竟无荐之者,遂以县令终。"

邓庆林,广东归善人,永明训导。吴允迪,广东新兴人,永明训导。嘉靖四年(1525)邓庆林任满,吴允迪继任。

122. 明嘉靖十六年（1537）顾璘"玄云结宇"诗刻（155×70厘米）

玄云结宇，白日回光。神灵所辟，仙真斯藏。

大明嘉靖丁酉岁除，姑苏顾璘题。同行者永州吴溥、全州唐镐文程。

石刻在淡岩洞内顶部，保存完整。行楷，四行。

康熙《永州府志》、康熙《零陵县志》、光绪《零陵县志》著录，三者均将此刻收入《艺文志》。

顾璘在澹岩另有诗刻一通，光绪《零陵县志》有著录："古木悬秋月，空云结洞天。岩中人不见，归去竟忘年。时为巡抚，顾书题，来游□□人，□□□□□□识，嘉靖十七年正月人日题。"内容相近，石刻现已不见。

## 123. 明嘉靖四十一年（1562）张勉学"高岩幽窟"榜书（140×74厘米）

高岩幽窟
明长洲张勉学题。

石刻在朝阳岩上洞。

榜书覆盖了两通宋乾道七年（1171）诗刻，一为史正志所作《秋日阳岩》，一为曾协所作《夏日陪游朝阳岩》。

《零志补零》卷下"诸岩题名石刻"著录,并云:"'高岩幽窟'四大字,名氏年代不见。玩书,颇似卢广宁,然□□也。"今按:榜书尺幅较大,署款在左侧,不知宗霈何以未见。

张勉学,字益甫,江苏长洲(今苏州)人,一作吴郡人。嘉靖二十六年(1547)进士,选庶吉士,改吏科给事中,迁吉安推官,擢南京刑部主事,转郎中,升湖广荆岳道佥事。嘉靖四十一年升湖广参议,分守衡永道。著有《礼经说》《宦游集》《湖岳编》《勘边疏稿》。同治《苏州府志》、乾隆《长洲县志》、乾隆《江南通志》有传。

考张勉学任职在嘉靖四十一年,其后分守衡永道为周京,任职在嘉靖四十三年,张勉学在任仅两年,其中居永州之日无多,朝阳岩、澹岩、月岩亦不容屡游也。姑据澹岩诗刻、月岩诗刻,系榜书于嘉靖四十一年。

## 124. 明嘉靖四十一年(1562)张勉学"流香洞"榜书(130×74厘米)

流香洞
明吴郡张勉学书。

石刻在朝阳岩下洞。

张勉学在朝阳岩又有"高岩幽窟"榜书，署款"明长洲张勉学题"，无年月，已见上。

《零志补零》卷下"诸岩题名石刻"著录，并云："'流香洞'三大字，参政吴郡张勉学题，缺年月。"

张勉学又有朝阳岩诗，未知署款。又有澹岩诗，署款"嘉靖壬戌秋"，又有月岩诗，署款"嘉靖壬戌秋"，兹据澹岩诗刻、月岩诗刻，系榜书于嘉靖四十一年。

流香洞在朝阳岩下洞内，明范之箴有《流香洞记》。

范之箴，字从敬，秀水人。嘉靖十四年（1535）进士，历官工部郎中、永州知府、云南副使、湖广参政、云南按察使。二十五年任永州知府。

雍正《浙江通志》卷一百六十七《人物·循吏》有传。

## 125. 明万历二年（1574）徐庭槐、史胜祯、张裡"零虚山"榜书（132×58厘米）

零虚山

知县徐廷槐、县丞史胜祯、主簿张裡刻。

石刻在朝阳岩零虚山，署款处有磨泐。

光绪《零陵县志》卷六《官师》知县："徐廷槐，上饶人，万历二年任。"

县丞史胜祯、主簿张裡，史志失载。

万历二年（1574），丁懋儒任永州知府，创建零虚山，有《零虚山记》："'零虚'即'朝阳'。山以岩显，自有天地以来，兹山以岩洞固在也。造化秘藏，人不能窥测。永泰中，元次山自舂陵经此，爱其水石之异，泊舟寻之，得岩与洞，以其东向，因名'朝阳'，序而铭之，故人知零陵有朝阳岩，自次山始。逮宋，有名贤题刻。入我朝，复以榛芜蓊翳，人迹罕到。前郡守东里曹君修饰，而岩洞复显。次山所谓'茅阁'，或云即柳子之'西亭'。后人以览胜省观，再易之，巍然出于岩上。抵境之逾月，岘南纪君邀予一游。盖素识其胜，不意足迹所履，然亦孰非天之所以予我者乎？求其山之名，纪曰：'迩城唯群玉颇大，相距不二里，或群玉之支，不尔，则概以朝阳之。'夫岩洞在下，而亭之址独高，且峰峦层出，登其亭不知其岩与洞。而麓之石罗列在前，如揖如拱，去岩洞并非止寻丈许，其环立延袤里许，'朝阳'不得而兼之明矣。遂由前人之途，偕零陵徐尹暨丞，次第探讨，扪萝缘石，右侧石上得'潜涧'二字，洞深丈余，人不能下。又其南为'听泉亭'，为'小有洞'，为'叠翠'，为'耸碧'，为'崆峒'，为'渊潜洞'，为'卷潮峰'，为'石门'，为'芳泉亭'，皆勒诸石。岩壑争奇，踪迹幽邃，如青莲布地，芙蓉呈秀，虽在人目前，而所不及见者，几年一旦，我得而有。或皆唐宋诸人之题识，而姓名不留，兹非所尤异者乎？因斩茅筑基，就山麓建亭，曰'澄虚'。乱峰之内，巉壁如门，建亭曰'青莲'。初入处，题曰'青莲峡'。朝阳本山，创名曰'零虚山'。凡零陵对江西岸，一里之内，下皆空峒，山泽通气，匪虚而何？山有定名，则自朝阳而下，皆属之'零虚'，'群玉'不得而支之也。一人也，有四支百骸，乃成全体；一山也，必泉涧岩洞，始可名山。前所云'朝阳岩'，乃指一支而言人。即一窍而言山也，于理不亦大舛。胡山有众美，而千百年无从名之者乎？于山固遇不遇也。夫永迫象郡，古之有庳，以处迁谪，次山、子厚而下，殆不知几何。人不能安其身朝廷之上，而寻幽问奇，往往寄迹无用之地。若曰欲有所托而逃，其亦浅之乎知君子也！邵君守斋、崔君弘庵佥曰：'可刻石以示来者。'"见康熙《永州府志》卷二十《艺文志三》、康熙《零陵县志》卷十二《艺文中》。

道光《永州府志》载："明万历初，知府丁懋儒搜讨幽邃，穷其逸迹。于阴潜涧之南得'卷潮峰''小有洞天'诸胜，复建'澄虚亭'于山麓，创名本山曰'零虚山'，题刻岩顶。小洞内有石，如棋枰，可坐弈，人因即以此洞为'零虚'。懋儒又以石如青莲，名入门处曰'青莲峡'，建亭亦以'青莲'名之。当胜国中叶时，边疆肃清，长吏得以暇日留意山水，宜所在皆有文章。曹来旬、范之箴与懋儒三记，见岩壑遭际之盛。若彭而述诗，乱离悲苦于兹，亦足征世变云。"兹据丁懋儒《零虚山记》"抵境之逾月"，定榜书为万历二年。

## 126. 明万历十二年（1584）丁懋儒《与邓郡伯来溪、李太尹诚斋游浯溪》诗刻（102×136厘米）

### 与邓君伯来溪、李太尹诚斋游浯溪

冬日淡苍野，浯溪空白云。相将理舟楫，直渡大江濆。
亭僻景尤异，台高石不群。幽贞每自得，宦辙来何勤。
题壁多奇字，除苔见古文。忠心余耿耿，雅什竞纷纷。
偶此湖海会，因怀漫郎君。阳回怜秀霭，夕照对氤氲。
仙迹宛然在，宬尊仔细分。归轩傍灯火，逸兴散芳芬。
三观主人丁懋儒书。

石刻在祁阳浯溪，保存较为完整。
丁懋儒，见于上。

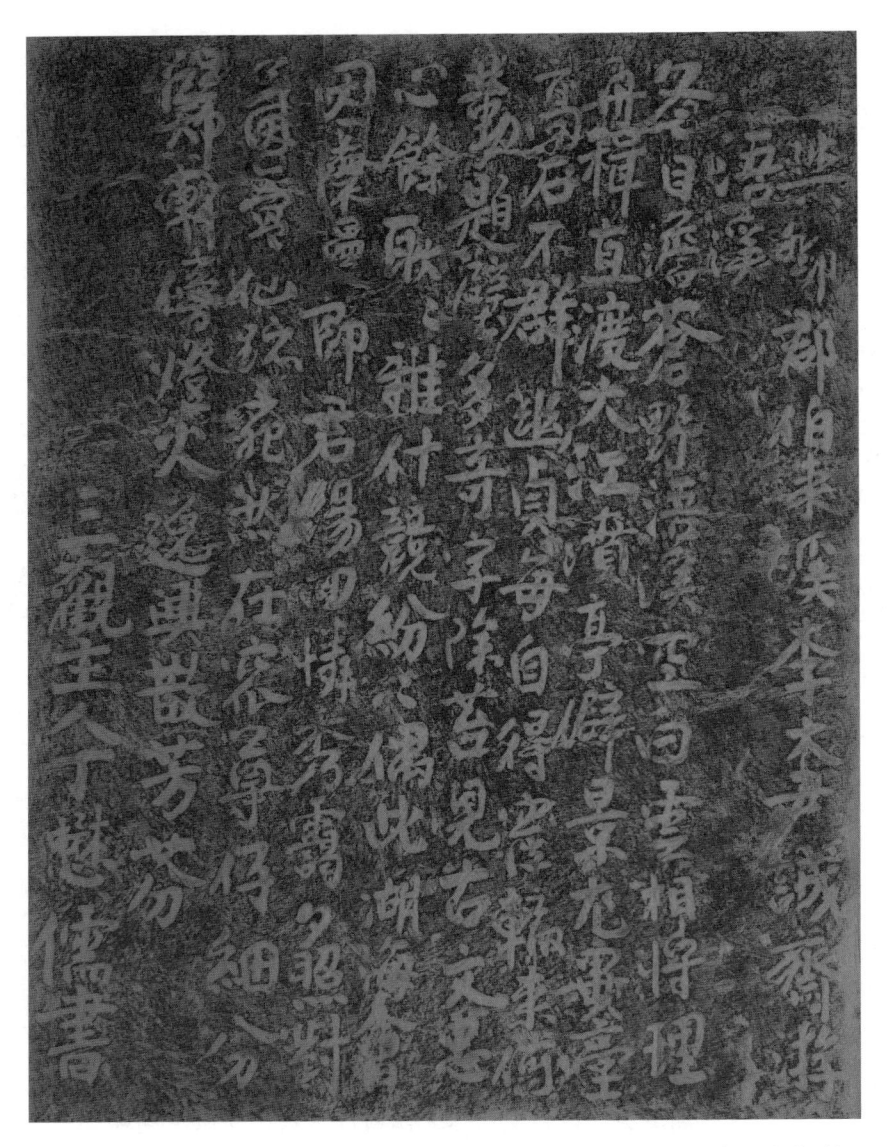

李太尹，即祁阳县令李迟，同治《祁阳县志》卷九《职官》载："李迟，铜梁人，（万历）十二年任。"

丁懋儒万历二年（1574）任永州知府，五年由华启直继任，十二年丁懋儒早已去职，故不署官职，仅署"三观主人"，暂定刻石时间为万历十二年。

丁懋儒在浯溪既有《大明中兴颂》的严肃文体，也有抒发情感的闲情小诗，代表了明代地方官员的肃穆理想与雅趣情怀的结合。

窊尊，祁阳有窊尊石，今存。"窊尊夜月"为"浯溪八景"之一。

## 127. 明万历二十年（1592）胡文衢"朝阳起凤"榜书（110×33厘米）

万历壬辰春仲

朝阳起凤

新安胡文衢书。

石刻在朝阳岩下洞右侧石壁高处。

胡文衢，字子达，安徽歙县人，一作江苏扬州人。一说江都人、歙县籍，一说歙县人、扬州籍。扬州古称江都，歙县古称新安，故榜书自署新安人。隆庆元年（1567）举人，第一名经魁。历官江西安义知县、河北磁州同知，万历十六年（1588）任永州府通判。

胡文衢在浯溪有"三浯胜概"榜书，署款"万历十八年季冬吉，新安胡文衢题"。

胡文衢在淡岩有"洞天"榜书。光绪《零陵县志》卷十四《艺文·金石》淡山岩胡文衢题名："万历壬辰春仲，'洞天'两大字，宏宇胡文衢书。""宏宇"或为胡文衢之字。

胡文衢在月岩有"参悟道真"榜书，署款"万历己丑春孟望，新安胡文衢书"。榜书今存。

胡文衢在永州，曾参与修建潇水浮桥，有惠政。

### 128. 明万历二十年（1592）陈之栋"碧云深处"榜书（186×66厘米）

壬辰仲冬

碧云深处

明雒阳陈之栋。

石刻在朝阳岩下洞洞口左侧。大字及署款为行书，署款下有正方形阳刻钤印"陈之栋印"。

雒阳为洛阳之古称。段玉裁《说文解字注》："蔡邕石经残碑《多士》作'雒'，郑注《周礼》引《召诰》作'雒'，是今文、古文《尚书》皆不作'洛'。""'雒'音同'洛'。自魏黄初以前'伊雒'字皆作此，与雍州'渭洛'字迥判。"

陈之栋，事迹不详，待考。

明有四壬辰：永乐十年壬辰（1412）、成化八年壬辰（1472）、嘉靖十一年壬辰（1532）、万历二十年壬辰（1592）。

榜书当写于嘉靖十一年或万历二十年，姑暂定为万历二十年。

## 129. 明万历二十二年（1594）黄金色《郡公徐宾岳招游朝阳岩洞二首》诗刻（137×70 厘米）

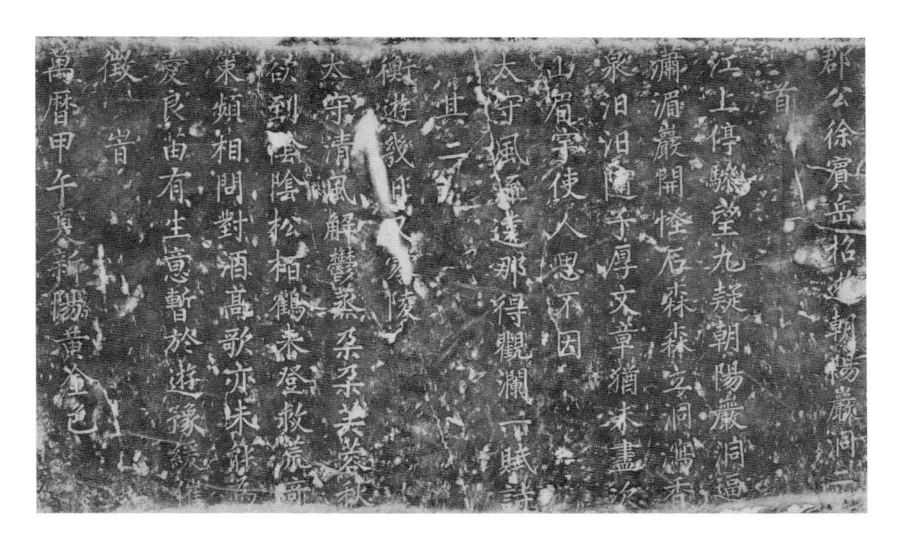

### 郡公徐宾岳招游朝阳岩洞二首

江上停骖望九疑，朝阳岩洞逼潇湄。
岩开怪石森森立，洞泻香泉汩汩随。
子厚文章犹未尽，次山眉宇使人思。
不因太守风流远，那得观澜一赋诗。

### 其　　二

衡游几日又零陵，太守清风解郁蒸。
朵朵芙蓉秋欲到，阴阴松柏鹤来登。
救荒奇策频相问，对酒高歌亦未能。
为爱良苗有生意，暂于游豫缓催征。
时万历甲午夏，新阳黄金色。

诗刻在朝阳岩下洞右青阳洞下，15 行，楷书。

黄金色，字铼之，晚更字九成，安徽休宁人，浙江仁和籍。隆庆元年（1567），举浙江乡试，二年中进士，官至广东布政司参议。

受学于钱德洪（号绪山）、王畿（号龙溪），为王阳明三传弟子。万历二十二年（1594），黄金色任广西驿传道参议兼佥事，途经永州。

诗刻中"衡游几日"，即道经衡山。诗刻中"救荒奇策频相问"，即《参议黄公传》所说"博稽古今救荒法，有得即札记之"。

诗题所说"郡公徐宾岳"，即徐尧莘，号宾岳，安徽潜山人。万历十四年进士，历任户部主事，寻阳知县，永州、衡州、荆州知府，辽阳兵备副使，湖广上江防道，广东岭南道，山东粮储参政，广东按察使，广西布政使。二十一年任永州府知府。据潜山敦睦堂《徐氏宗谱》，徐尧莘著有《湛思草》《课孙录》《山陬漫录》《先大夫行述》《两夫人行述》《家礼便俗集》。

观黄金色关心救荒，徐尧莘关心农灾，二人游赏之际，仍以"爱良苗"、"缓催征"为心，理政治民之意如出一辙。

## 130. 明万历三十三年（1605）安孝《偕寅友喻君士弘、沈君立相、张君天极、邓君云路游朝阳岩漫吟》诗刻（98×54厘米）

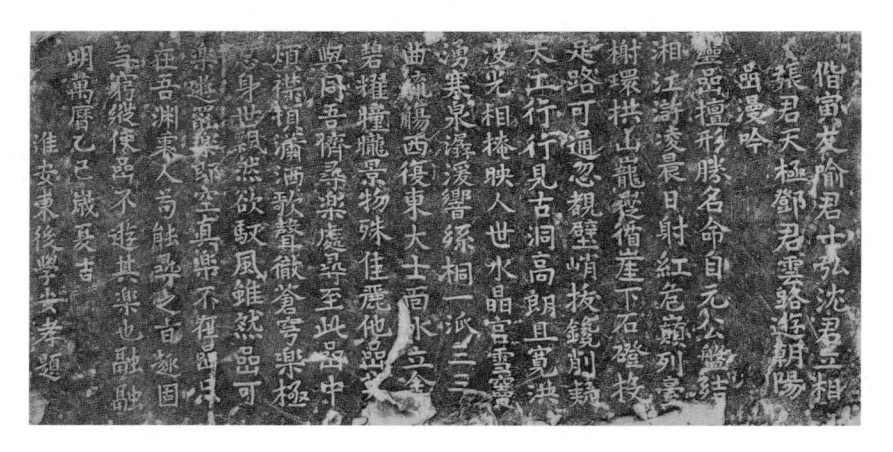

**偕寅友喻君士弘、沈君立相、张君天极、邓君云路游朝阳岩漫吟**

灵岩擅形胜，名命自元公。盘结湘江浒，凌晨日射红。
危巅列台榭，环拱山岜岌。循崖下石磴，投足路可通。
忽睹壁峭拔，镜削疑天工。行行见古洞，高朗且宽洪。

波光相掩映，人世水晶宫。雪窦涌寒泉，潺湲响丝桐。
一派三三曲，流觞西复东。大士面水立，金碧耀曈昽。
景物殊佳丽，他岩莫与同。吾侪寻乐处，寻至此岩中。
烦襟顿潇洒，歌声彻苍穹。乐极忘身世，飘然欲驭风。
虽然岩可乐，游罢乐即空。真乐不在岩，只在吾渊衷。
人苟能寻之，旨趣固无穷。纵使岩不游，其乐也融融。
明万历乙巳岁夏吉，淮安东后学安孝题。

诗刻在朝阳岩下洞右侧石壁。

安孝，字其止，号慕轩，明淮安府安东县（今江苏涟水县）人。岁贡生，历任湖州府训导、虹县教谕、广德州学正、永州府学教授、山西晋王府纪善。万历三十一年（1603）任永州府学教授。有文集五卷：《吴兴》《夏邱》《桐川》《芝城》《涟水》。

安孝另有《游澹山岩漫题》《柳岩漫吟》，朝阳岩、澹岩、柳岩三诗，均为歌行体，又均题"漫吟""漫题"。澹岩、柳岩诗均上石，惜已不存。据诗意，安孝当有华严岩诗、月岩诗。

喻士弘，四川内江人。沈立相，邵阳人。张天极，沅陵人。三人时皆为永州训导。邓云路，贵州清平卫人，零陵县学训导。见康熙九年（1670）《永州府志》卷四《秩官上》、道光《永州府志》卷十一上《职官表·府寮》及卷十一中《职官表·零陵》。沈立相为县学贡选，见康熙《邵阳县志》卷八《选举题名》。

# 结语 "中华文化为什么'兴'"

## ——中华文明、湘江文明的连续性和璀璨性

湖南永州的摩崖石刻呈现着清晰的阶段性和连续性，即唐代创始，宋代流衍，明代追摹，清代考据。

### 一 唐代开辟

元结是永州摩崖石刻最重要的开辟者。元结先后两任道州刺史，跨越十年。道州今为永州道县。元结为唐代古文运动之先驱，其在永州所作诗文，有十九铭一颂，多予上石。欧阳修《集古录》云："《大唐中兴颂》，元结撰，颜真卿书。书字尤奇伟，而文辞古雅，世多模以黄绢为图障。碑在永州，摩崖石而刻之。"此后名家品评不断，由是名声大著。今湖南永州境内阳华岩、朝阳岩、浯溪，均为元结开辟，而月岩、澹岩、玉琯岩、月陂未始不受元结影响，七处摩崖石刻均为全国重点文物保护单位。

### 二 宋代流衍

"北宋迁谪名流，大半途出湖南。"两宋是中国文治的顶峰，而党争亦持续不断。永州名曰楚南，实邻五岭，是贬逐官吏的重要场所。流寓的名臣，有邢恕，范纯仁，黄庭坚，邹浩，汪藻，苏轼、苏辙兄弟，范祖禹、范冲父子，张浚、张栻父子，杨万里、杨长孺父子，胡安定、胡寅父子，蔡元定、蔡沈父子等。永州又处潇湘之会，"无土山，无浊水"，清湘数丈，历历见底，江岸又多奇岩白石，

最宜镌刻。"残腊泛舟何处好，最多吟兴是潇湘。"于是凡贬谪者往往升华出名篇佳作。

## 三 明代追摹

明代文官书卷气最重，府县官佐人人皆似理学家，以文载道，移易风俗。尤其正德以后，历任永州知府曹来旬、何诏、吴永祯、黄焯、唐珤、范之箴、陈天然、钱芹、丁懋儒，大多能诗工文，所在修建书院，推崇先贤遗绪，往往刻石纪咏。曹来旬创建元刺史祠，唐珤扩建为寓贤祠，丁懋儒开辟朝阳岩零虚山。黄焯编纂《朝阳岩集》《澹岩集》《浯溪诗文集》，唐珤著《唐永州集》三卷。钱芹著《钱永州集》八卷，"其学出自湛若水，后乃改从王守仁，故于姚江一派，推挹颇深"。所谓"寓贤十贤"元结、黄庭坚、苏轼、苏辙、邹浩、范纯仁、范祖禹、张浚、胡铨、蔡元定，均为唐宋名流，而以理学人物居多，明人皆表彰追摹之。

## 四 清代考据

清代考据学大盛，于是承两宋金石学而张大之。如王昶《金石萃编》、瞿中溶《古泉山馆金石文编》、陆增祥《八琼室金石补正》、宗绩辰《留云庵金石审》、叶昌炽《语石》。延及民国，柯昌泗《语石异同评》、杨殿珣《石刻题跋索引》等，往往得力于永州摩崖。瞿中溶两游浯溪，三宿中宫寺。宗绩辰寓零最久，自署"十三年潇上寓客"。叶昌炽《语石》卷四云："危崖绝巘，人迹不到之区，赢粮裹毡，架梯引绠，然后得之。"

永州摩崖石刻的壮丽景观，体现了文明进程的连贯性，体现了从水石到人文的转换，体现了先圣后圣、乡贤寓贤的共同努力。

# 后　记

《湖南摩崖上的中兴气象》一书的完成，得益于潇湘摩崖之盛。潇湘流域是全国少有的摩崖石刻集中地，尤其荟萃于永州、郴州两地，这与湘南水清石白的地貌有密切关系，也与历代古人在此的活动经历有重要联系。潇湘摩崖石刻在唐代元结手中开辟创始，历经宋、元、明、清、民国，形成大规模的摩崖胜景，蔚为壮观，独放光彩，据初步统计，其数量在2000通以上。

张京华老师带领摩崖石刻研究团队自2004年以来几乎走遍永州、郴州各区县，考察次数不下300次，采集了大量的图片和文字资料。我有幸在本科和读研时向张老师问学，并多次参与了摩崖石刻的田野考察工作，包括2014年1月去零陵拙岩，2015年2月去东安九龙岩，2015年暑假更是与师友们在月岩待了一个星期，2016年又相继考察了江华阳华岩、寒亭暖谷、宁远清风岩、逍遥岩，以及祁阳浯溪碑林等摩崖景地。

2016年7月我进入高校工作，在张老师带领下考察、研究潇湘摩崖石刻，并尝试在高校开设了摩崖石刻相关课程。2019年5月我们摩崖石刻研究团队发起主办了首届全国摩崖石刻学术研讨会，2021年10月我们策划主办了"摩崖上的中兴颂——永州摩崖石刻拓片展"。在研究摩崖石刻七年有余，经历了上百次考察摩崖石刻、外出学习拓碑和编目、承办各种相关的活动，积累了较为丰富的材料的基础上，2022年我开始撰写现在这部书稿。

中华文化是多面的、丰富的，摩崖石刻与中华文化的联结，在于它以实存的方式体现古人的智慧、精神、气质、审美，在于它真实、生动地反映了中华文化的特点，摩崖石刻可谓是中华文化中的一个典型代表。湖南的摩崖石刻数量众多，内容繁富，主题纷呈，其中最重要、最核心、最具现实意义的主题则是"中兴"。自从元结作《大唐中兴颂》以来，后人大议"中兴"，刻石不断，乃有"大宋中兴""大明中兴"的延续。古代历史上有很多次"中兴"，无论如何评价其历史事实，写刻者的主观愿望都是对海宇清晏、国家富强、民族兴盛的期盼。

在斟酌书名的过程中，我记得有一天早上，张老师问我"中兴"二字搭配什么词语比较好，我说"气象"怎么样，其实他心中已经想到了这个词。张老师说"气象"一词比较形象，与摩崖石刻景群最为搭配，就用"气象"吧，没想到我的想法竟然与老师不谋而合，最终取书名为《湖南摩崖上的中兴气象》。

摩崖石刻的研究非常辛苦，清代金石学者为求得拓本，常常出入山陬海澨，顾炎武《金石文字序》记叙搜集石刻文献的经历称："比二十年间，周游天下，所至名山、巨镇、祠庙、伽蓝之迹，无不寻求。登危峰，探窈壑，扪落石，履荒榛，伐颓垣，畚朽壤，其可读者，必手自抄录，得一文为前人所未见者，辄喜而不寐。"我虽未能像亭林先生那般周游天下，但他采集文献的艰辛，收获新见石刻文献的"喜而不寐"之感，我是能感同身受的。

每忆旧游，登涉于山水之间，剔藓拂尘，摩挲审读古刻，片石只字，必且驻观，无论佳者之触动心魄。向来窃慕古人，今者以石为缘，结以古欢，岂不欣然！书稿既成，将付剞劂，书此识幸。

敖　炼

2023 年 11 月于湘南学院

图书在版编目（CIP）数据

湖南摩崖上的中兴气象/敖炼著. —北京：商务印书馆，2023
（潇湘国学丛刊）
ISBN 978－7－100－23083－4

Ⅰ.①湖… Ⅱ.①敖… Ⅲ.①摩崖石刻—研究—湖南 Ⅳ.①K877.494

中国国家版本馆 CIP 数据核字（2023）第185614号

权利保留，侵权必究。

## 湖南摩崖上的中兴气象

敖　炼　著

商　务　印　书　馆　出　版
（北京王府井大街36号　邮政编码100710）
商　务　印　书　馆　发　行
苏州市越洋印刷有限公司印刷
ISBN 978－7－100－23083－4

| 2023年12月第1版 | 开本 640×960　1/16 |
|---|---|
| 2023年12月第1次印刷 | 印张 19 |

定价：128.00元